LANGUAGE IN THE DIGITAL AGE
LAS LENGUAS EN LA ERA DIGITAL

Directores de la colección:
José Ramón Calvo-Ferrer, Jose Belda-Medina,
Frederic Chaume & Kristi Jauregi-Ondarra

VOLUME 2

Comunicación en la arena digital: un análisis de la interacción en los videojuegos MOBA

Sara Badia Climent

Comunicación en la arena digital: un análisis de la interacción en los videojuegos MOBA

PETER LANG
Berlin - Bruxelles - Chennai - Lausanne - New York - Oxford

Catalogación en publicación de la Biblioteca del Congreso
Para este libro ha sido solicitado un registro en el catálogo CIP
de la Biblioteca del Congreso.

**Información bibliográfica publicada por la
Deutsche Nationalbibliothek**
La Deutsche Nationalbibliothek recoge esta publicación en la
Deutsche Nationalbibliografie; los datos bibliográficos detallados
están disponibles en Internet en http://dnb.d-nb.de.

Este trabajo ha sido posible gracias al proyecto CIPROM/2021/038 "Hacia la caracterización diacrónica del siglo XX" (DIA20), de la Generalitat Valenciana, y al proyecto de I+D+I PID2021-125222NB-I00 "Aportaciones para una caracterizacion diacronica del siglo XX", financiado por MCIN/ AEI /10.13039/501100011033/ y por FEDER "Una manera de hacer Europa".

ISSN 2940-9306
ISBN 978-3-631-91028-3 (Print)
E-ISBN 978-3-631-91029-0 (E-PDF)
E-ISBN 978-3-631-91030-6 (EPUB)
DOI 10.3726/b21293

Publicado por Peter Lang GmbH, Berlín, Alemania

info@peterlang.com - www.peterlang.com

Esta publicación ha sido revisada por pares.

A cada uno de vostros y, en especial, a todos:
gracias desde lo más hondo de mi corazón.

Contenido

Índice abreviaturas

A:	ARAM
ADC:	Attack Damage Carry (Carrilero de ataque de daño)
AP:	Ability Power (Poder de habilidad)
ARAM:	All Random All Mid (Todos aleatorios todos al *mid*)
C:	Conversación / Mensajes sobre el estado de conexión
CMD:	Computer Mediated Discourse (Discurso mediado por ordenador)
CMC:	Computer-Mediated Communication (Comunicación mediada por ordenador)
(d):	intervención discontinua
D:	Mensajes sobre destrucción estructuras
E:	Intervención extralingüística
H:	Hipótesis
I:	Intervención
Ii:	Intervención iniciativa
Ir-i:	Intervención reactivo-iniciativa
Ir:	Intervención reactiva
Iind:	Intervención independiente
L:	Intervención lingüística/verbal
MJ:	Mensajes sobre muerte de Jugadores
MM:	Mensajes sobre muerte de Monstruos
MMORPG:	Massive Multiplayer Online Role Playing Game (Videojuego de rol multijugador masivo en línea)
MOBA:	*Multiplayer Online Battle Arena* (Batallas de arena multijugador en línea)
NPC:	Non Playable Character (Personaje no jugable)
NT:	No turno
P:	Mensajes programados por tiempo
PT:	Prototípica
PVP:	Player Versus Player (Jugador contra jugador)
R:	Reclutamiento
RPG:	Role Playing Game (Videojuego de rol)
SJ:	Sistema de Juego
T:	Turno
V:	Videojuego
Val.Es.Co.:	Valencia Español Coloquial

1 Empieza el juego

Los videojuegos como un nuevo universo discursivo digital independiente

1. ¿Qué es la comunicación? La interacción como una propiedad universal

El hecho de estar vivo, en sí mismo, requiere que el ser sea capaz de provocar estímulos y responder a otros, aunque sean *quiméricos*. De hecho, el único universal que se comparte por cualquier especie, como defienden autores como Levinson (2006; 2019; 2020; 2022), es esta capacidad de reaccionar, incluso, al ambiente y de generar, en definitiva, una transformación en su entorno, sea esta física o, como sucede con la interacción humana, mental.

La interacción, entendida desde una perspectiva general, abarca muchos tipos de situaciones: desde la reacción a un peligro o la cooperación para conseguir un fin hasta la construcción de una comunicación, simple o compleja, adaptada a las circunstancias en las que se produzca. Esta última, especialmente en el ser humano, toma formas distintas y puede producirse de múltiples maneras y haciendo uso de distintos medios o canales para ello.

En relación con esto, uno de los aspectos que ha ocupado el estudio de la comunicación es el análisis de los mecanismos que permiten a las personas el intercambio de información de acuerdo con el contexto que la rodee en cada caso: en la terraza de un bar conversando, en la consulta de un médico, en un documento legislativo, en el chat de una aplicación móvil, en una red social o, como es el caso que pretende estudiarse en estas páginas, mientras se desarrolla una partida de un videojuego. En todas estas situaciones, y en prácticamente cualquiera que se pueda imaginar, los hablantes son capaces de interactuar y, en consecuencia, de tratar de establecer un contacto que les permita activar una respuesta en otro interlocutor.

Las teorías que han tratado de construir el esquema básico que subyace a la comunicación contemplan la necesidad siempre de dos partes: una que emite información y otra que la recibe. En los modelos clásicos, esto se explicaba, sobre todo, desde la perspectiva de la parte receptora a la que le atribuían el mayor peso en la interacción, puesto que era la encargada de descodificar el mensaje (Saussure, 1916; Bloomfield, 1983; Shannon y Weaver, 1949) y de inferir el significado no explícito (Grice, 1975; Levinson, 2013). Sin embargo, este proceso no puede ponerse en marcha si no existe un primer estímulo; al igual que un practicante de kárate no puede intervenir, idealmente, si no existe un primer ataque (*karate ni sente nashi*).

Esta es la motivación que ha llevado a autores posteriores a considerar ese estímulo inicial como la parte fundamental y el principio de cualquier intercambio interactivo: teorías como la de la Relevancia (Sperber y Wilson, 1986) exponen que es el hablante el encargado de guiar el proceso comunicativo y el responsable último de que este llegue a buen puerto. No obstante, la intuición de todas estas perspectivas se materializó en los análisis que tuvieron en cuenta la interacción, como los estudios de la conversación de Sacks, Schegloff y Jefferson (1974); la escuela de Ginebra (Filliettaz y Roulet, 2002) o el modelo Val.Es.Co (2003 y 2014), entre otros. En ellos, no se observan los papeles comunicativos de manera estática, sino como un baile de roles en el que los interlocutores emiten y reciben información casi de forma simultánea, aunque alterna (Sacks, Schegloff y Jefferson, 1974; Levinson, 2020).

En otras palabras, el hablante que toma la iniciativa comunicativa puede intercambiar su papel en cualquier momento con uno de sus interlocutores y este, a su vez, con otro, en un proceso que puede repetirse de manera indefinida. Como consecuencia, los destinatarios de ese primer estímulo, la mayoría de las ocasiones, tratan de reaccionar con el fin de ser reconocidos como la nueva parte activa; aunque esta esté siempre condicionada por encontrarse en segundo lugar, como un contrataque ante una primera agresión (Peláez, 2023).

En el instante en el que alguien realiza una acción, entonces, puede provocar una reacción; sea esta su intención inicial o no. De hecho, la comunicación, a diferencia de lo que cabe esperar, no siempre empieza con un estímulo conscientemente dirigido y creado para un destinatario concreto: un movimiento, un gesto, un pensamiento en voz alta o, incluso, el mensaje de un programa de ordenador puede ser el desencadenante de nuevas interacciones.

Una vez la interacción se pone en marcha, las partes involucradas no actúan solo por *instinto*, *normas* o *reglas* que obliguen a mantener siempre un mismo patrón de conducta frente a una misma acción, sino que, a pesar de que estos elementos estén siempre presentes, los participantes cambian y se modifican tanto por la situación como por la historia que van construyendo intervención a intervención. Una historia que puede acabar convencionalizándose y crear nuevos marcos o normas que, de nuevo, influyan, pero no determinen el comportamiento de los usuarios. En otros términos, un ciclo constante que, mientras el ser humano sea capaz de moverse y hablar, seguirá creciendo, cambiando y, en conclusión, conformando nuevas interacciones.

De hecho, la comunicación, entendida en términos generales, no deja de ser un *juego*; una palabra que suele definir un espacio temporal (y a veces físico) que se define por dos elementos: 1) la consecución de un fin que, al mismo tiempo, suele marcar su final y 2) la explicitación de unas normas que influyen tanto en el comportamiento de los jugadores como en su manera de interactuar. En este contexto, cada participante suele adoptar un rol y realizar unas acciones que tienen sentido solo mientras la *partida* esté en marcha; una situación que, metafóricamente, puede describir cualquier tipo de interacción, aunque no siempre se expliciten las reglas del juego.

Esta es la idea que subyacía al *juego del lenguaje* que exponía Wittgenstein (1953). En ella se explica que las palabras y la comunicación en general tienen un significado y reglas que se aprenden y, a la vez, se modifican con el uso. Cada frase o enunciado es un movimiento en el *juego* que abre la posibilidad de seguir la *partida* y obtener más información de este:

> 10. ¿Qué designan, pues, las palabras de este lenguaje?— ¿Cómo debe mostrarse lo que designan si no es en su modo de uso? Y ya lo hemos descrito. La expresión «esta palabra designa esto» tiene que convertirse también en una parte de esta descripción. O: la descripción debe hacerse en la forma «La palabra… designa… ».[…] se conoce el modo y manera de este 'referir', esto es, el uso de estas palabras en lo restante. (Wittgenstein, 1953: 7)

Así pues, en cada contexto, sus normas se van adaptando y son los jugadores los que deben determinar qué *jugadas* son las que mejor se adecúan a la situación (Wittgenstein, 1953), hecho que no se aprende de manera teórica, sino con la práctica. Es decir, los hablantes están constantemente adiestrándose (ibid., 1953) con cada nueva interacción para aprender a *jugar*, un proceso que nunca acaba, dado que evoluciona de la mano de los participantes, sus relaciones, los contextos o los medios que se empleen para comunicarse.

Si bien es cierto que, independientemente de la forma, parece existir un *Principio Cooperativo* (Grice, 1957; 1975; 1989) que lleva a los interlocutores a colaborar para lograr que la comunicación llegue a buen puerto y a seguir unas normas que regulen la toma de la palabra (Sacks, Schegloff y Jefferson, 1974), también existen, a la vez, tendencias competitivas, como la lucha para obtener el turno en una interacción, que en los diálogos se traducen como interrupciones, solapamientos o intervenciones que no son tenidas en cuenta (Schegloff, 1999; 2007; Pascual, 2019). Se trata, en resumen, de un conglomerado de elementos que deben ser tomados en cuenta para tratar de entender que la interacción no va a ser siempre secuencial y estática y que estará influida por los rasgos situacionales del momento en el que se produzca.

A pesar de todas estas variables, sin embargo, es posible identificar las características asociadas a ciertos tipos de situaciones que, en términos lingüísticos, se suelen reconocer como *géneros discursivos* (Van Dijk, 1977, Stubbs, 1987, Schiffrin, 1994; López-Alonso, 2014). Como consecuencia de esto, se pueden parcelar las distintas maneras en las que el ser humano se comunica, de manera que se puedan establecer marcos de interacción sobre los que analizar y describir los patrones de comportamiento de los hablantes.

Este es, precisamente, el objetivo que se pretende abordar en estas páginas: describir la interacción de los hablantes en un contexto como los videojuegos *MOBA* (*Multiplayer Online Battle Arena*), representado en este estudio por el *League of Legends* (2009) y, en consecuencia, dar una definición del tipo de comunicación que se produce en sus fronteras a partir de esta propiedad. Para ello, es necesario conocer qué situación dibuja esta clase de software y qué elementos pueden influir en la comunicación y, en consecuencia, deben ser tenidos en cuenta para un análisis de la interacción.

2. ¿Por qué estudiar los videojuegos en línea? Las reglas del juego

En los videojuegos, los usuarios se introducen en un mundo virtual en el que, normalmente, están dirigidos a conseguir ciertos objetivos que hagan avanzar la *historia* y que, finalmente, les permitan ganar el juego. Al mismo tiempo, los jugadores están sometidos a multitud de estímulos, como las plataformas, *NPCs* (personajes no jugables, en inglés), mensajes del sistema u otros usuarios, entre otros; a los que deben reaccionar. Todo ello conforma un universo interactivo en el que la comunicación recibe influencia de cada uno de estos elementos. Esta característica va, incluso, más allá en aquellos videojuegos en los que, no solo se enfrenta a los jugadores entre ellos, sino también se les "obliga" a colaborar.

El atractivo de esta clase de entornos virtuales es tal que en la actualidad involucra a unos 2700 millones de personas en todo el mundo (ESA, 2022; IGDA, 2022). Es decir, se trata de un fenómeno de gran interés social, puesto que involucra a casi un tercio de la población mundial (unos 8000 millones en 2022). De entre estos jugadores, unos 400 millones pertenecen al género de los MOBA, como el *League of Legends* (2009). Este, además, es su máximo representante, puesto que cuenta con más de 130 millones de usuarios activos al mes (Turbosmurfs, 2024), una cifra que está muy por encima del segundo de esta clase de títulos, el *Dota 2* (2013), con 435 mil (esport, 2024).

Además de la relevancia social que los videojuegos presentan, también es posible observar ciertas características comunicativas que hacen este contexto interesante para su estudio: la intersección de distintos canales de comunicación, la dependencia con las acciones y la construcción de una interacción más fragmentada:

(1) **V-VIII - 25:40**
Equipo_esc: Talah you are completely useless
D: ¡vamos!↑
S_esc: yeah
D: [¡vamos!]
C: [ya está ¿eh?] ¡el come back el come back!
Equipo_acciones:**presionan a los enemigos**
D: (RISAS)
C: no pasa nada [(())]
Enemigos_esc: gg ez
D: [el tope] (()) // pues cállate↓
Enemigos_esc: EZ
D: no se entera de na'

Estos rasgos tienen sentido de acuerdo con la situación de partida que crean los videojuegos en línea. Se trata de un discurso que se produce a través de Internet, razón por la que deben considerarse como parte de los llamados *géneros 2.0.* o *discursos mediados por ordenador* (Morel, 1989; Ferrara, Brunner y Whittemore, 1991; Hafner y Lyon, 1998; Yus, 2010;Herring, 2007; Herring y Androtsopoulos, 2015; ver apartado 1 del siguiente capítulo). Estos comparten la propiedad de producirse a través de la pantalla de un dispositivo y de permitir la comunicación a distancia, sea esta síncrona o asíncrona; sea por escrito, audio, video o multimodal[1].

Asimismo, la comunicación que se produce en los videojuegos se desarrolla en un entorno virtual en el que los hablantes se mueven por medio de avatares; personajes capaces de realizar ciertos movimientos y acciones de acuerdo con la programación del juego. Asimismo, esta plataforma permite la comunicación de los jugadores por medio de tres canales: 1) el escrito, 2) el oral y 3) el físico-virtual; como se ha podido observar en el ejemplo (1).

1 A grandes rasgos, la multimodalidad define el uso de diversos canales de comunicación (escrito, oral, kinésico, visual…) en un mismo discurso o situación interactiva (Van Leuween, 2017).

Además, cabe señalar que en el contexto que dibujan los discursos mediados por ordenador surge una entidad que no está presente en la vida real: el sistema. La programación de este puede ser muy distinta de acuerdo con los objetivos de la plataforma: desde limitarse solo a permitir determinadas funcionalidades, como la interfaz de un chat, hasta la transmisión de información o controlar el movimiento de los personajes.

Sin embargo, en los videojuegos la mayoría de las veces el sistema es el encargado de dar vida a los *NPCs*, introducir a los usuarios en las historias, narrar los tutoriales u ofrecer mensajes a los usuarios destinados a facilitar la interacción con la plataforma. Estos últimos enunciados suelen informar del estado de la partida o sucesos importantes que deben ser conocidos por todos los jugadores, como la muerte de un jugador en el siguiente ejemplo:

(2) **V-II – 17:07**
SJ: ha muerto un enemigo
S: ole
C: no no no no estamos muertos fuera↓
B_acciones: **escapa de Vel'Khoz y Xayah**
C: e no tiene la últi peroo fuera de aquí↑
D: mm
S: lár[guense] (RISAS)

Además, el hecho de que los usuarios necesiten de una interfaz para interactuar a través de esta clase de géneros discursivos dota a la situación de una serie de rasgos que facilitan el juego identitario: los interlocutores no se encuentran cara a cara y, al mismo tiempo, se hace uso de pseudónimos. Esta característica la comparten muchas plataformas digitales, ya que permite mantener la privacidad de la persona que emplea el programa o aplicación. Asimismo, cada usuario es libre de publicar los elementos que considere dentro de los límites de cada plataforma, como las fotos, videos o textos de una red social. Incluso, algunas de ellas otorgan el control de avatares que pueden reproducir total o parcialmente las acciones y movimientos de un usuario real, como sucede en los videojuegos.

(3) **V-I – 14:15**
A_acciones:**Observa el contador de ulti**
A: bueno yo ya tengo ulti→
C: yo es que a mí me están echando de línea cada dos por tres entonces todavía noo↓
A: ahoraa→ / cuando me recupere→ / pasaré por mid→

Por lo tanto, se trata de una situación comunicativa en la que entran en juego una serie de elementos que afectan de manera directa a la interacción entre los hablantes: el videojuego es un espacio lúdico que, al contrario de lo que intuitivamente pueda pensarse, requiere que sus participantes conozcan las *reglas del juego* y se comporten de acuerdo con sus mecánicas para asegurar el éxito de la comunicación y, en consecuencia, facilitar la victoria de su personaje o equipo. En definitiva, este es un universo complejo en el que cada una de sus características dota a la comunicación de forma propia y que merece la pena ser estudiado de manera pormenorizada.

3. ¿Qué estudiar en los videojuegos en línea? La preparación del equipo

En el apartado anterior se ha visto el interés que un espacio como los videojuegos MOBA presentan. La posibilidad de jugar por Internet ha permitido crear interacciones en las que el único espacio común entre los participantes sea el videojuego. Al igual que sucede con otros géneros discursivos digitales, esta situación puede ser analizada para observar qué forma toman sus rasgos comunicativos y, por lo tanto, proporcionar una descripción de las propiedades que definan el discurso que se produce en este contexto.

Esta monografía tratará de dar luz a uno de los aspectos clave en la comunicación de los videojuegos: la interacción. Para ello, será necesario delimitar qué elementos se van a analizar y, sobre ello, la organización que se va a seguir en el libro: desde las bases teóricas necesarias para entender este universo digital, pasando por los elementos que sustentan el análisis, hasta la discusión de los resultados obtenidos.

3.1. Objetivos

La meta que persigue este libro es estudiar, analizar y describir las características de la comunicación interactiva que se da durante la partida de un videojuego *MOBA*. Para ello, esta tarea se ha subdividido en dos objetivos secuenciales: 1) la comparación de las características situacionales e interactivas de la conversación con el videojuego MOBA y 2) la descripción individual de los rasgos de este género discursivo digital. El primero de ellos se ha realizado con el fin de observar qué diferencias son relevantes para considerarlo un tipo de interacción distinta, basado especialmente en los rasgos postulados por el grupo Val.Es.Co. para el primer género (1995, 2003, 2010), su modelo de segmentación (2014; Hidalgo, 1997; 2003; Pons y Estellés, 2014; Pascual, 2019; Pons, 2022) y su herramienta de visualización interactiva (Briz, 2006; 2007; Espinosa-Guerri,

2016; en prensa; Espinosa-Guerri y García-Ramón, 2019; Badia, 2018; Bertomeu, 2020; Badia, 2023). Una vez realizado el estudio contrastivo, para alcanzar el segundo se pretende centrar la mirada en este tipo de videojuego y describir sus características a partir una perspectiva estructural que atienda a la interacción. El fin último de esta investigación reside en identificar al discurso que se produce durante una partida de videojuego como un tipo de comunicación autónoma e independiente y que, en consecuencia, esta siente un precedente en el estudio de este tipo de género discursivo digital desde una visión lingüística.

En resumen y de manera esquemática, los objetivos que se pretenden alcanzar son:

1. Comparar los rasgos conversacionales e interactivos de las grabaciones realizadas del videojuego *League of Legends* (2009), perteneciente al género de los *MOBA*, con conversaciones coloquiales conformadas por los mismos participantes (capítulos 3 y 4).
   a. Desde una perspectiva individual que estudie si existen cambios en el comportamiento de los hablantes de acuerdo con el contexto.
   b. Desde una perspectiva general que analice los patrones dialógicos (*figuras*) que identifican a cada uno de los géneros estudiados.

2. Establecer una propuesta de clasificación de los tipos de comunicación que se pueden dar en los diferentes géneros de videojuegos, de manera que pueda compararse el discurso producido en el *MOBA* con otros títulos similares o de otra clase (capítulos 2).

3. Realizar una primera descripción de las características interactivas de los videojuegos *MOBA* con el fin de caracterizarlos como géneros discursivos autónomos (capítulos 2 y 5). De esta manera, tomando los datos recopilados con el objetivo 1 sobre la interacción, se observará si existe un comportamiento que identifique de manera general la interacción en este contexto a partir de analizar.
   a. Los distintos modos de juego
   b. Las distintas agrupaciones de equipo

4. Extraer un análisis interactivo que facilite la comprensión del comportamiento de los distintos elementos involucrados en la comunicación (capítulo 5):
   a. Observar el tipo de reacción e interacción que mantienen los hablantes con el Sistema de Juego.
   b. El rol conversacional que mantienen los sistemas de juego, a pesar de no haber sido programados con este fin.

5. A partir de este objetivo anterior, facilitar una descripción de la interacción en los videojuegos que permita desarrollar máquinas y sistemas de juego más interactivas y comunicativamente relevantes (capítulo 6).

3.2. Estructuración de los capítulos

El esquema organizativo que se va a seguir en este libro se ha diseñado en función de, en primer lugar, la perspectiva de los dos géneros discursivos que se van a contrastar (objetivo 1), ya que a través de los diferentes estudios que se han encargado previamente de estos se pondrán de relieve los elementos que se han tenido en cuenta para la presente investigación. Los capítulos 2 y 3 constituyen el marco teórico en el que se han expuesto las características de los videojuegos, los géneros 2.0. y de la conversación, además de los distintos elementos empleados en el análisis. Con ello, se han establecido las bases sobre las que se ha asentado los análisis y datos presentados en los capítulos 4 y 5 (objetivos 1 y 3). Cabe señalar que en el capítulo 2 se muestra una propuesta teórica para clasificar los distintos tipos de comunicación en los que pueden agruparse los géneros de videojuegos de acuerdo con su comunicación (objetivo 2) y, de esta manera, establecer qué lugar ocupa el caso que se va investigar, el *League of Legends* (2009). El resultado de este proceso se expondrá, finalmente, en el capítulo 5, en el que se tratará de establecer una tipología de rasgos que identifique al discurso de los MOBA y el comportamiento de los participantes con respecto a este universo (objetivos 3, 4 y 5).

De manera detallada, en el capítulo 2 se han expuesto las bases para entender qué clase de situación y contexto crean los videojuegos en general y, especialmente, el tipo que se pretende estudiar a lo largo de estas páginas, los videojuegos MOBA. Por ello, se va a exponer brevemente su historia y sus características (Kent, 2001; Donovan, 2010; Taylor, 2012; Stanton, 2015; Jucker *et al.*, 2018; Rogers, 2019, entre otros) para observar, a partir de su evolución, qué elementos están involucrados en el contexto que crean, de manera que pueda extraerse una tipología teórica de géneros de acuerdo con el tipo de comunicación que cada género de videojuegos propicia.

Cabe señalar que, dentro de dicho capítulo, se han recopilado distintas aportaciones que han estudiado los géneros 2.0 (Morel, 1989; Ferrara, Brunner y Whittemore, 1991; Krause y Hitzenberger, 1992; Herring 2007; 2013; 2019; Herring y Androutsopoulos, 2015; Yus, 2010 y 2014; Montero-Fleta, Watts y García-Carbonell, 2005, entre otros). Con ello, será posible situar a los videojuegos en línea respecto a otros discursos digitales.

Por su parte, el capítulo 3 se ha empleado para describir los elementos necesarios para realizar la investigación tanto en la comparación con la *conversación* como en la descripción individual de la comunicación del videojuego. En primer lugar, se han descrito las características situacionales que se le han asociado a la conversación a partir de la propuesta del grupo Val.Es.Co (Briz et al. 1995, Briz 2010) y que sirven para el contraste con otros géneros. En segundo, se ha expuesto su modelo de segmentación (2003; 2014; Pons, 2022) en el nivel interactivo, pero sin obviar las aportaciones de otras escuelas o sistemas de segmentación (Sacks, Schegloff y Jefferson, 1974; Fillietatz y Roulet, 2002; Chafé 1994; Simon y Degand, 2011…).

Los resultados de esta investigación se han expuesto en los capítulos 4 y 5. El primero de los dos se centra en la comparativa interactiva entre el género conversación y el MOBA desde dos perspectivas: el comportamiento individual de los participantes y su interacción grupal. Con ello, puede observarse si existen diferencias estructurales que reflejen los diferentes rasgos situacionales que presentan cada uno de estos discursos. Por otro lado, el capítulo 5 se ha dedicado a realizar una descripción pormenorizada de la interacción de acuerdo con las variables que presenta esta situación discursiva: el número de participantes y los modos de juego, respectivamente.

A partir de todos estos elementos, en el último capítulo se ha recopilado los resultados obtenidos con el fin de ofrecer las conclusiones que permitan dar una visión de este tipo de discurso que suponga, en última instancia, un punto de partida sobre el que establecer una nueva tipología de comunicación y de géneros discursivos desde la perspectiva de la interacción vinculados a los videojuegos.

No obstante, antes de abordar estas cuestiones, es necesario conocer el corpus que se ha empleado y la manera en la que los ejemplos de este libro se van a presentar. Por esta razón, el último apartado de este capítulo introductorio se ha dedicado a presentar tanto el material que se ha recogido para este estudio como el tratamiento que este ha recibido para facilitar su análisis interactivo.

4. ¿Cómo estudiar la comunicación de los videojuegos?

4.1. Corpus

Uno de los trabajos que se ha necesitado realizar para esta investigación ha sido la recolección, transcripción y organización de un corpus en el que se recogieran muestras de interacción dentro de diferentes partidas del videojuego que nos ocupa. Asimismo, con el fin de mostrar las similitudes y diferencias con el género dialógico oral menos restrictivo, la conversación cara a cara, se han tomado también grabaciones de los mismos interlocutores en esta clase de contexto. A continuación, se realizará una breve exposición de los postulados que han servido para la explotación del corpus de acuerdo con los fines planteados en los objetivos de esta monografía (cfr. §3.1).

4.1.1. Lingüística con corpus: una perspectiva de investigación

Este apartado va a dedicarse a dar una breve justificación teórica del tipo de trabajo que se ha seguido en el libro y al tipo de uso que se le ha dado al corpus recogido. Con ello, se pretende mostrar las bases sobre las que se ha fundamentado su construcción y el posterior procesamiento, de forma que queden expuestos tanto sus puntos fuertes como sus limitaciones.

En primer lugar, se debe admitir que ninguna observación es completamente neutral, ya que nuestras preguntas de investigación influyen en cómo tomamos y analizamos los datos (Marina, 1993; Torruella y Llisterri, 1999; López-Serena, 2016 y 2019). En otras palabras, no existe un análisis totalmente puro y no condicionado. Aun así, se suelen identificar dos enfoques para trabajar con corpus: por un lado, uno *inductivo*, que implica observar datos y desarrollar teorías a partir de ellos con las mínimas asunciones previas; un hecho que obliga a seleccionar los elementos concretos sobre los que se pretende realizar la observación. Por otro, uno *deductivo*, que sí parte de teorías y categorías previas que, posteriormente, busca verificarlas con datos (López-Serena, 2019: 187), aunque puede sesgar la manera en la que se analicen las muestras o ejemplos.

Independientemente del acercamiento que se escoja, la tecnología ha desempeñado un papel crucial al permitirnos recopilar y analizar grandes cantidades de información. Este hecho ha facilitado la investigación, especialmente gracias al trabajo a través de los ordenadores que han permitido la ordenación, selección y posterior clasificación de los materiales. Este tipo de trabajo se ha llamado, en términos generales, *lingüística de corpus* (Leech, 1991; Gries, 2009; Kennedy, 2014; Gries y Berez, 2017), a la que se le atribuye la recopilación, tratamiento y estudio de bases de datos que permitan analizar fragmentos de la realidad; una forma, en definitiva, de dotar de objetividad a la investigación.

Sin embargo, existen dos acercamientos distintos que abordan el trabajo con corpus. La primera de ellas, conocida como *corpus-based* [lingüística con corpus] (Biber, Conrad y Reppen, 1994; Storjohann, 2005; Biber, 2015; Subtirelu y Baker, 2017), cercana al método deductivo, emplea la información recopilada para probar ideas que se han planteado de manera previa al análisis de los datos. Es decir, es una forma de justificar las teorías creadas a partir de la deducción y el estudio de rasgos generales, un enfoque que suele emplearse por estudios basados en el *análisis del discurso* (Van Dijk, 1977, 1993, Stubbs, 1987; Brown y Yule, 1993) y *funcionalistas* centrados en la categorización de los usos del lenguaje (Hopper, 1987).

Por otro lado, la segunda perspectiva, conocida como *corpus-driven* [lingüística de corpus] (Francis, 1993; Glynn y Fischer, 2010; Biber, 2015), cercana al método inductivo, plantea el uso de los corpus con fines exploratorios que no cuenten prácticamente con teorías previas, de manera que puedan descubrirse elementos o rasgos nuevos en la comunicación sin que haya un sesgo o predeterminación previa. En ellos, suele emplearse bases de datos muy extensas que faciliten la detección de patrones o constructos recurrentes que, al final, puedan ser vinculados a un determinado tipo de discurso o, incluso, sean extensibles a la comunicación general. Esta es la forma de investigación que adopta, por ejemplo, el *análisis de la conversación* (Sacks, Schegloff y Jefferson, 1974; Gallardo-Pauls, 1990 y 1996) o la *escuela de Birmingham* (Sinclair y Coulthard, 1992); dado que, con unas categorizaciones mínimas, investigan sus datos con fines exploratorios.

No obstante, como se ha señalado al principio del apartado, resulta prácticamente imposible observar los datos sin ningún tipo de asunción previa[2] (López-Serena, 2019), ya que el estudio de un determinado corpus posee, de partida, una selección de la información de manera previa que no pueden obviarse y que suele tener influencia en los resultados obtenidos. De hecho, la tradicional distinción entre *lingüística de salón*, asociada a teorías fundamentadas en ejemplos inventados, y *lingüística de corpus*, relativa al uso de ejemplos reales para sustentar dichas teorías, es poco operativa, puesto que la realidad es que una a otra se retroalimentan.

Esta perspectiva mixta es la que se ha tomado para esta monografía. Como se ha planteado en los objetivos, el propósito del libro es definir un nuevo género discursivo a partir de sus rasgos dialógico-estructurales—la interacción de los videojuegos *MOBA*—. Con este fin, primero, se ha comparado con otro discurso más estudiado por la bibliografía como es la conversación cara a cara y, en concreto, a partir de los postulados planteados por Val.Es.Co. (Briz et al. 1995, Val.Es.Co. 2003, 2010, 2014). Para ello, ha sido necesario emplear un sistema de unidades como el de este mismo grupo de investigación (2003,

---

2 Existen casos extremos, como el de Biber y Reppen (2016), en el que solo asumen el concepto de *palabra* para abordar su estudio con corpus.

2014; Briz, 2006; 2007; Espinosa-Guerri, 2016; Pons y Estellés, 2014) que den cuenta del elemento que se pretende abordar, la interacción. Asimismo, en este mismo libro (y en otras publicaciones [Badia, 2023 y en prensa]) se ha creado una propuesta de clasificación teórica de los tipos de comunicación que pueden encontrarse en los videojuegos. De esta manera, se cuenta con un modelo donde insertar la comunicación del *League of Legends* (2009) que permita, en definitiva, su comparación con otros títulos similares o de otros géneros.

Tomando en consideración estos postulados, se procederá a continuación a describir las características del corpus que se ha recogido y de los participantes seleccionados (§4.1.2.1. y §4.2.1.2.). Posteriormente, se hará un resumen de la transcripción que se ha realizado sobre los materiales de acuerdo con los tres canales de comunicación que se han empleado para el estudio: oral, escrito y actancial (§4.2.1, §4.2.2., §4.2.3.). Por último, se describirá cómo se han transliterado los ejemplos seleccionados para la monografía (§4.2.3.).

4.1.2. Composición del corpus

Uno de los objetivos que se propone esta investigación es contrastar la comunicación de los videojuegos MOBA con la conversación coloquial. La razón para esta elección fue que esta última se considera el discurso dialógico menos restrictivo y prototípico de la interacción oral debido a tres razones principalmente: 1) la interacción se va autorregulando por los propios hablantes sin normas externas (Sacks, Schegloff y Jefferson, 1974), 2) los hablantes no necesitan ninguna instrucción especial para ser competentes y 3) las diferencias sociolingüísticas tienden a nivelarse más (Briz et al. 1995).

Estos rasgos pueden suponer un buen punto de comparación con el MOBA por dos razones: por un lado, es esperable que la interacción se vea influida y dependa de manera necesaria (aunque no exclusiva) de los sucesos del juego. Por otro, los rasgos sociolingüísticos de los hablantes también se difuminarían, pero se tendrán en cuenta otros: sus características como jugadores.

En el capítulo siguiente se ofrecerá una descripción pormenorizada del funcionamiento del *League of Legends* (2009, ver § 4.1.). Sin embargo,se hace necesario avanzar algunos detalles para entender algunas decisiones tomadas en la construcción del corpus de trabajo. En primer lugar, los equipos que pueden formarse en el videojuego están compuestos siempre por cinco jugadores que pueden comunicarse a través de un chat. No obstante, el canal oral solo se comparte cuando parte o la totalidad de sus miembros se han unido previamente a la partida (equipo *premade*). Debido a esto, se genera una casuística de cuatro escenarios comunicativos en los que se usa de manera diferente el canal oral[3] (ocho posibilidades en total): el modo *Reclutamiento* (estándar), desarrollado en el mapa principal (caracterizado por dividirse en tres carriles y una *tierra de nadie* llamada *jungla*) en el que los jugadores seleccionan a los personajes que van a controlar; y el modo *ARAM*, caracterizado por transcurrir en un mapa de carril único y en el que el sistema selecciona aleatoriamente los personajes para los jugadores. Por esta razón, en el diseño de esta investigación se estableció la necesidad de contar con la representación de estas variantes, es decir, con las diferentes composiciones de equipo *premade* en los dos tipos de partida. Sin embargo, cabe señalar que se cuenta con más grabaciones de los equipos completos o casi completos (5 o 4 participantes, respectivamente), ya que es la circunstancia en la que hay una mayor interacción oral en el videojuego.

El material se ha recopilado de dos maneras: por un lado, para las conversaciones cara a cara se ha seguido la metodología tradicional, pues se ha hecho uso de una grabadora secreta de la que los participantes no eran conscientes (a excepción de la investigadora). Por otro, en el videojuego se ha grabado tanto el audio como el video de la pantalla del juego, de manera que se ha podido obtener el máximo de información de los elementos que puedan modificar la interacción en este entorno virtual.

Por último, cabe mencionar que el corpus se ha recopilado en cinco años diferentes aprovechando las diferentes fases en las que esta investigación se ha ido desarrollando. Todas las partidas cuentan con una duración variable que comprende desde la búsqueda de partida y selección de personajes hasta el final de esta, en el que se han dejado los instantes siguientes en los que los jugadores son redirigidos a una pantalla de estadísticas sobre el juego. Por consiguiente, el número de intervenciones y de palabras también variará de acuerdo con la partida. Asimismo, en las partidas ARAM, al moverse todos los jugadores en una misma línea y no necesitar planear estrategias tan complejas, se suele reducir el número de intervenciones y de palabras de los participantes.

Otro aspecto interesante es que se cuenta con grabaciones procedentes de cinco años distintos que han servido para comprobar, a pequeña escala, la continuidad del género *MOBA* y, en concreto, de este videojuego (2017–2021).

3 Se han prescindido de las grabaciones en solitario porque en ellas no se interactúa a través del canal oral con el resto de los miembros del equipo. Sería interesante estudiar la interacción escrita y deíctica que se da entre miembros de un mismo equipo que no se conocen y tienen que hacer uso del chat.

Como consecuencia, se ha podido observar si las actualizaciones del juego[4] han afectado a la interacción de los participantes y sus intervenciones. Además, se ha conseguido recopilar un corpus que tenga como mínimo una muestra de cada una de las conformaciones de equipo que pueden darse en cada uno de los modos de juego.

4 Estas, en muchas ocasiones, han modificado aspectos menores; como la adición o supresión de objetos. Pero, en otras, se han modificado elementos más relevantes, como ubicaciones del mapa o características de ciertos personajes.

Tabla 1. Corpus de grabaciones del videojuego League of Legends (2009)

ID	ID2	Tipo de partida	Año	Resultado	Jugadores	Intervenciones lingüísticas	Tiempo	Palabras
01_R_4	V-I	Reclutamiento	2017	Perdida	4	448	37' 40"	3245
02_R_5	V-II	Reclutamiento	2018	Perdida	5	766	40'	4187
03_R_5	V-III	Reclutamiento	2019	Ganada	5	493	31'26"	2922
04_R_3	V-IV	Reclutamiento	2020	Ganada	3	548	35'12"	3243
05_R_5	V-V	Reclutamiento	2021	Ganada	5	745	44'17"	5636
06_R_3	V-VI	Reclutamiento	2021	Ganada	3	467	33'36"	3192
07_A_4	V-VII	Aram	2020	Ganada	4	190	20'	1272
08_A_3	V-VIII	Aram	2020	Perdida	3	315	26' 46"	1782
09_R_2	V-IX	Reclutamiento	2021	Ganada	2	328	25' 53"	2787
10_R_5	V-X	Reclutamiento	2021	Perdida	5	609	26' 10"	4494
11_A_5	V-XI	Aram	2021	Perdido	5	435	30' 10"	2374
Total						4909	5h 51' 10"	28707

En cuanto a las conversaciones cara a cara recopiladas, es reseñable destacar que todas las grabaciones cuentan con una duración aproximada de cuarenta minutos con la finalidad de equilibrar, al menos temporalmente, la comunicación de los participantes. Por último, todas las grabaciones se realizaron en espacios cerrados y privados (un local arrendado para el ocio y la casa particular de uno de los hablantes) para evitar el ruido de fondo que pudiera interferir, posteriormente, en la realización de las transcripciones.

Tabla 2. Corpus de conversaciones coloquiales

ID	ID2	Año	Participantes	Video	Intervenciones	Tiempo	Palabras
I_C_17	C-01	2017	5	No	758	40'	5779
IIa_C_18	C-02-v1	2018	5	Sí	728	27'06"	5766
IIb_C_18	C-02-v2	2018	4	Sí	381	16'	4056
IV_C_20	C-03	2020	5	No	545	40'	5114
Total					2412	2h 5' 06"	20715

En resumen, para esta investigación se ha recogido un corpus propio que, sumando el total de los dos tipos de discursos, cuenta con unas 8 horas de duración (5h 40" y 2h y 5"; respectivamente), 50.735 palabras (35134 y 15601) y 7211 (5344 y 1867) intervenciones. A continuación, se detallarán los rasgos concretos de los participantes, de manera que queden claros todas las características que componen el corpus recopilado.

4.1.3. Rasgos de los participantes

Uno de los puntos más relevantes y problemáticos para el estudio fue la selección de los participantes y la elección de mantener a los mismos a lo largo de la presente investigación. La intención era que estuvieran todos los miembros del equipo para que el contraste entre los dos géneros no contara con variables sociolingüísticas que pudiesen afectar al comportamiento de los usuarios, ya que el objetivo era establecer un estudio general piloto que, posteriormente, sirviera de base para observar el comportamiento de otros participantes con características distintas en este videojuego y en otros.

Otro de los elementos que se tuvo en cuenta fue que los participantes escogidos fueran representativos del tipo de jugadores que suelen frecuentar el *League of Legends* (2009). Según una encuesta realizada por *Reddit* en 2020, el 86 % de los usuarios tiene entre 18 y 30 años. De estos, el 87 % son hombres y el restante son mujeres. Asimismo, el 60 % son estudiantes, el 13 % trabajan en el sector secundario y el resto se dedican a alguna profesión con estudios universitarios.

De esta forma, se ha grabado a 3 hombres y 2 mujeres de entre 23 y 31 años[5] de nivel sociocultural medio (grado superior de cocina [C], electrónica [B] y asistencia veterinaria [A]) y dos de nivel alto (grado en diseño gráfico [D] y en estudios hispánicos [S]). Todos ellos estudiaron en la misma zona de Valencia (comarca de la Ribera), aunque un par de ellos fueron escolarizados sus primeros años en Cuenca y en Alcázar de San Juan. Además, todos ellos son bilingües de español y valenciano, aunque cuentan con distintas lenguas de preferencia.

Tabla 3. Rasgos de los participantes

Participante	**A**	**B**	**C**	**D**	**S**
Edad	23–27	25–30	26–31	26–31	22–26
Género	M	M	M	F	F
Procedencia	Albalat de la Ribera	Algemesí	Cuenca	Alcázar de San Juan	Albalat de la Ribera
Residencia	Valencia	Valencia	Algemesí	Algemesí	Valencia
Lugar de escolarización	Albalat de la Ribera	Algemesí	Algemesí	Alcázar de San Juan y Algemesí	Albalat de la Ribera
Nivel sociocultural	Medio	Medio	Medio	Alto	Alto
Bilingüe	Sí	Sí	Sí	No	Sí
Lengua de preferencia / Lengua de uso	Valenciano	Castellano	Castellano	Castellano	Valenciano
N.º de conversaciones en las que participa	6 + 3	7 + 3	10 + 3	8 + 3	9 + 3

No obstante, siguiendo los estudios realizados por el grupo Val.Es.Co. (Briz et al. 1995,2010, ver apartado 1.1. del capítulo 3), se considera que las características de los participantes tienden a nivelarse en algunos contextos, como en

5 Se debe tener en cuenta que su edad se incrementó debido a que los mismos participantes fueron grabados a lo largo de los cinco años en los que se ha desarrollado este estudio, tal y como se ha reseñado en el apartado anterior.

la conversación cara a cara, debido a ciertos rasgos situacionales. Entre ellos, se debe tener en cuenta la mayor o menor *igualdad jerárquica* que se establece entre los hablantes, ya que esta puede cambiar entre ellos dependiendo de la situación en la que se encuentren (Pons y Estellés, 2014: 4). En el caso del videojuego, todos los interlocutores son, a priori, jugadores miembros de un mismo equipo; aunque las posiciones y roles que ocupan pueden ser las causantes de que exista cierta jerarquía entre los usuarios (cfr. § 2.1. del capítulo 4).

Este rasgo se puede relacionar también con el *tema* y el *marco de interacción*: por un lado, existen ciertas temáticas en las que los interlocutores pueden ser más o menos especialistas y, por otro, el espacio puede invitar a interacciones más o menos formales. En el caso del videojuego, se trata de un entorno lúdico en el que la temática y, en consecuencia, la comunicación en general está mediatizada por *ganar el juego* (cfr. § 2.2.2. del capítulo 5). Por último, la *relación vivencial* de los participantes (su historia compartida) será otro punto que acerque o aleje su interacción. En el caso del género digital, esta se verá relacionada con la mayor o menor experiencia de juego que los participantes hayan compartido.

Como consecuencia de esto, los participantes suelen mostrar un menor control sobre sus emisiones, ya que las *planifican sobre la marcha* y su tenor comunicativo es, en esencia, *interpersonal* (Val.Es.Co., 2010). Este último rasgo será uno de los más relevantes para la comparativa entre la conversación y el *MOBA*, puesto que, como se acaba de exponer, en el videojuego sí existe un objetivo que mediatiza toda la comunicación producida en sus fronteras.

Por esta razón, en la selección de los participantes se tuvo en cuenta el tipo de relación que estos mantenían: en primer lugar, se pretendía que los hablantes se conocieran previamente y durante un tiempo extenso (mínimo un par de años) y que su interacción fuera asidua tanto en el videojuego como en la vida real. Asimismo, las grabaciones de las conversaciones coloquiales se realizaron en espacios que todos frecuentaban asiduamente (un local de ensayo y un garaje).

Tabla 4. Rasgos situacionales de la conversación y del MOBA

Rasgos situacionales	Conversación	MOBA
Relación vivencial participantes	Amistad de más de 10 años	
Relación de igualdad	Igualdad jerárquica	Influida por la posición y experiencia
Marco de interacción	Local de ensayo y garaje	Mapa de juego
Temática	Variable	Videojuego

No obstante, en el videojuego se involucran otros rasgos que también deben ser tomados en cuenta en la interacción de los jugadores. En primer lugar, el momento en el que empezaron a jugar, ya que esto determina el conocimiento de la evolución del juego que estos tienen; en segundo, la frecuencia de partidas que realizan a la semana, dado que aquellos que lo hacen con mayor asiduidad contarán con mayor conocimiento. Relacionado con ello, la clasificación que mantienen en la liga del juego es indicativa de la experiencia que tienen. Otro rasgo relevante es el tipo de posición y personaje que suelen jugar[6], ya que esta puede afectar a la comunicación en dos sentidos: por una parte, hay posiciones en el juego que tienen asociado un tipo de rol conversacional; por otra, tendrá relación con la asiduidad del jugador con la posición y/oel personaje que escogen cada partida, ya que, por ejemplo, será de esperar que si un jugador selecciona la posición en la que otro está especializado, estos dos mantengan un mayor número de interacciones motivadas principalmente por su desconocimiento (consejos y preguntas sobre la mecánica de la posición), como se observa en el ejemplo (4).

(4) V-x - 9:25

C: vale ahora / cuando te acabes eso↑ / te vas a base↓ / y vuelves a golem↓
D: [¡pero si ya he ido a base!↑]
C: [(())] // pues // te vas a base otra vez↓ // y empiezas otra vez con el golem↓

En consecuencia, estas características también se tuvieron en cuenta para la elección de los hablantes: los participantes de este estudio empezaron a jugar más o menos al mismo tiempo a este videojuego (2011–2012), aunque con diferente frecuencia y continuidad: algunos de ellos jugaban lo suficiente para mantenerse en las ligas oficiales (jugadores A, C y D) mientras que otros lo hacían de forma más esporádica (B y S). Cada uno está especializado en una posición dentro del juego y un tipo de personajes como se muestra en el siguiente cuadro.

6 Los personajes que son más jugados por un usuario, bien por preferencia, bien por experiencia, se denominan *main*.

Tabla 5. Información de los participantes como jugadores

Participantes	A	B	C	D	S
Año de inicio	2011	2012	2011	2012	2012
Frecuencia de partidas a la semana (2017)	6–7	4–5	7–8	7–8	2
Frecuencia de partidas a la semana (2021)	3–4	1–2	4–5	4–5	1
Posición preferida	Top o Jungla	Carry o Support	Mid o Jungla	Support	Support
Tipo de personaje	Tanque – ADC	ADC – Apoyo	AP	Apoyo	Apoyo – Tanque
Clasificación	Oro IV	N/C	Plata I	Plata I	N/C

Estos datos servirán para entender mejor el tipo de interacción que mantienen los participantes en las grabaciones. En primer lugar, conocer el tipo de vinculación que cada uno mantiene con el juego permite entender sus contribuciones a lo largo de las partidas, como, por ejemplo, el hecho de que dos hablantes se relacionen más porque comparten una misma línea de juego; o que un jugador se mantenga mayormente en silencio hasta la fase de grupos, como suele suceder con la posición *top*. Asimismo, conocer la relación de proximidad que mantienen los participantes fuera de las pantallas permite entender que los jugadores comenten cuestiones externas o que no tienen vinculación con la partida en curso, aunque se trate de fragmentos conversacionales breves.

Con toda esta información es posible comprender que el material recopilado presenta una complejidad que hace necesario una preparación previa para su investigación: los dos tipos de géneros discursivos y las distintas formas en las que se han grabado, la transcripción de los canales involucrados en cada contexto o la atención a los elementos propios de cada situación son algunas de las cuestiones que se tratarán en el siguiente apartado.

4.2. Tratamiento de los datos

La naturaleza de los materiales recopilados para esta investigación hace necesario, además de su clasificación, tratarlos de manera que puedan trabajarse y faciliten las tareas de análisis sobre ellos. En esta sección se detallará, por un lado, el procedimiento de transcripción de las grabaciones, en el que se explicará la selección de la información escogida (§ 4.2.1.) y, por otro, las distintas metodologías seguidas para reflejar la información de los distintos canales de comunicación (§ 4.2.2.). Por último, se mostrará cómo se han transliterado las transcripciones en esta investigación con el fin de facilitar su lectura (§ 4.2.3.).

4.2.1. Selección de la información y transcripción

Existen distintos niveles de transcripción de audio que pueden ser tomados en función de las características del corpus y, sobre todo, de acuerdo con los objetivos de la investigación. Autores como Pons (2022) establecen cinco niveles de referencia dependiendo del grado de complejidad y de cercanía de la transcripción respecto a la grabación:

> Nivel I: codificación ortográfica
> Nivel II: codificación según los principios del Análisis de la Conversación
> Nivel III: codificación de nivel II con el añadido de la información prosódica
> Nivel IV: codificación de nivel II con el añadido de información kinésica y paralingüística
> Nivel V: codificación de nivel IV con el añadido de video(s) de los participantes
> (Pons, 2022: 43)

Cabe destacar que dentro del nivel de información kinésica y paralingüística (niveles III y IV) pueden codificarse distintos tipos de información (Poyatos, 1994 y 2018). Entre ellos, se puede dar cuenta de la gesticulación del cuerpo, las actividades realizadas por los participantes o el registro de aquellos elementos contextuales que puedan influir en la comunicación (Poyatos, 2018)[7].

Tomando estas consideraciones, se ha recopilado el material de dos maneras distintas que atienden a los objetivos de este volumen: por un lado, las conversaciones coloquiales se han grabado solo con audio, de los que se ha registrado parte de las acciones y gestos que los participantes realizaron durante la interacción (nivel IV). Por otro, todas las partidas del videojuego fueron grabadas tanto en audio como en video, pero solo la pantalla de juego, no a los participantes[8]. De ellas, por lo tanto, se han registrado las intervenciones de los hablantes y sus acciones como avatares del juego (nivel V en el plano digital).

Toda esta información se ha transcrito a través del programa informático *Elan* (Max Planck Institute for Psycholinguistics, 2022) que permite establecer una alineación temporal entre el audio (o el video) y lo escrito. Una de sus

---

7 Se detallará en 4.2.3. qué tipo de información extralingüística se ha tomado para esta investigación y la manera en la que se ha transcrito.

8 Queda abierta la posibilidad de realizar grabaciones a los participantes mientras juegan (con una cámara frontal) y vincular sus gestos reales.

utilidades es la forma en la que se trabaja en su interfaz: el usuario puede crear líneas o *tiers* en los que se puede clasificar y codificar distintos tipos de información y asociarlas a un mismo participante. De esta manera, pueden separarse las intervenciones lingüísticas orales, las escritas, el paralenguaje y las acciones extralingüísticas de los interlocutores sin perder su vinculación. En otras palabras, gracias a las posibilidades de esta interfaz se puede realizar una transcripción multimodal de las grabaciones.

Tabla 6. Líneas de transcripción empleadas en el Elan

Líneas/Tiers de la conversación		Líneas/Tiers del videojuego	
Nombre	**Información**	**Nombre**	**Información**
Phon	Oral	Phon	Oral
Acciones	Acciones realizadas por los hablantes	Acciones	Acciones realizadas por los avatares de los jugadores
Observaciones	Información complementaria para entender la grabación	Observaciones	Información complementaria para entender la grabación
		Chat	Escrita
		Sistema de juego	Información general sobre la partida (cambios de pantalla o acciones automáticas del programa)

Como se puede observar en la tabla 6, la distribución de la información se realiza de manera similar en ambos tipos de grabaciones, pero presentan algunas diferencias motivadas por la naturaleza de cada uno de los discursos.

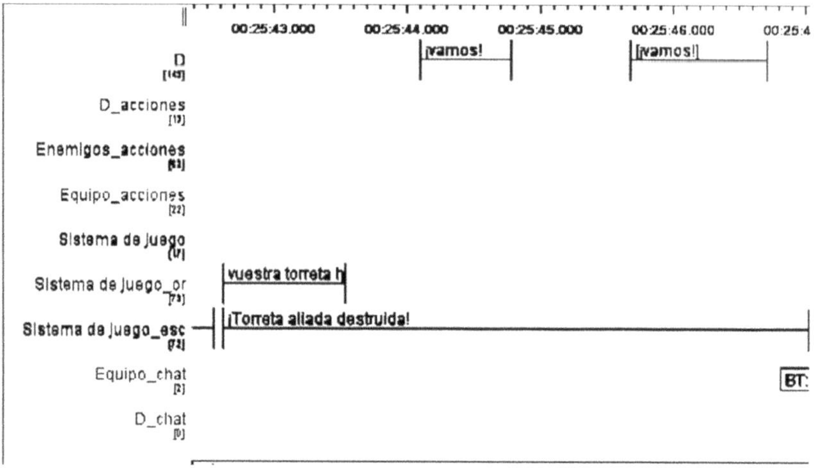

Imagen 1. Líneas de Elan (2022) para el videojuego MOBA.

Por una parte, las transcripciones realizadas del videojuego se organizan como muestra la imagen anterior (1). En primer lugar, los participantes cuentan con tres líneas asociadas: a) una que se refiere a lo que se dice de palabra (*X_phon*), b) otra a los chats del juego (*X_chat*) y c) la última a las acciones del jugador dentro del universo del *League of Legends* (*X_acciones*). En segundo lugar, d) se han creado dos líneas únicas que registran tanto las intervenciones de los miembros del equipo que no forman parte del *premade* (*Equipo_chat*), sean el número que sean, como los enemigos (*Enemigos_chat*), ya que sus contribuciones son escasas. En estas, el autor de cada intervención se reseña en los espacios (o cajas) creados en cada uno de los momentos en los que se transcriben sus enunciados, representados por el nombre del personaje que controlan[9]. Del mismo modo, e) sus acciones se han reflejado también en un único *tier* (*Equipo_acciones* y *Enemigos_acciones*, respectivamente). Posteriormente, se explicará la manera en la que se ha escrito el contenido de todas las líneas vinculadas a las acciones (ver apartado 2.2.3).

9 Se ha tomado esta decisión con la finalidad de respetar la privacidad de los jugadores que no formaban parte directa de la investigación, ya que sus nombres de usuario pueden ser localizados. Además, no es posible la confusión entre jugadores ya que un personaje solo puede ser escogido por un único usuario en cada partida.

Además, f) también se ha transcrito la actividad del sistema de juego y se ha dividido sus diferentes contribuciones en tres líneas: la primera (*Sistema_de_juego*) describe los diferentes movimientos que realiza el juego que afectan a los jugadores: cambios de pantalla, mostrar tiempos de espera, movimientos de cámara automáticos, acciones de los monstruos, etc.; g) La segunda y la tercera de ellas (*Sistema_de_juego_or* y *Sistema_de_juego_esc*) transcriben la información lingüística que ofrece a los jugadores a través del canal oral y del escrito; puesto que, a pesar de mostrar el mismo tipo de información al mismo tiempo, la escrita suele ser más completa. Estos mensajes suelen informar de los sucesos más relevantes[10] del juego que deben ser conocidos por los jugadores, de modo que sean conscientes de cualquier acción que pueda influir en su comportamiento durante la partida.

Por otra parte, las líneas de la conversación coloquial se distribuyen de manera similar, aunque de forma más simple, como se puede observar en la imagen (2):

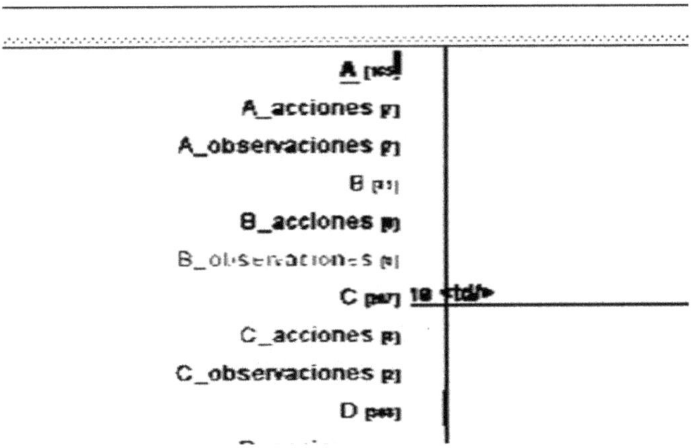

Imagen 2. *Líneas de* Elan *(2022) para la conversación coloquial*

10 Se ha establecido una clasificación preliminar de los tipos de mensajes emitidos por el sistema de juego según su contenido (apartado 2.2.2.). Posteriormente, en el análisis, se realizará un estudio de los tipos de mensajes que puedan ser más propensos a formar parte del discurso como intervenciones validadas por los usuarios humanos (apartado 3.3. del capítulo 7).

Como se puede observar, cada uno de los hablantes en la conversación cuenta con tres tipos de líneas que se corresponden a tres tipos de información: primero, a) se transcribe lo que cada uno de ellos dice a través del canal oral (tier X_phon). A diferencia del género discursivo MOBA, en este los participantes no se encuentran en un espacio multimodal en el sentido digital de la palabra, en el que puedan hacer uso de manera indistinta del canal oral u escrito ; razón por la que no se ha incluido una línea para el último. Luego, b) se ha incluido un tier en el que se transcriben las acciones y gestos que se vinculan de manera directa con la conversación (X_acciones). Esta circunstancia ha hecho necesario que se realizara un análisis interactivo en dos niveles: el primero, sin las anotaciones gestuales o kinésicas para comprobar qué elementos faltaban en la comunicación y, el segundo, después de tener la transcripción completa con las acciones. Cabe señalar que esto se hizo sobre el recuerdo y sobre las acciones de los hablantes, no sobre los gestos o la kinésica, razón por la que las transcripciones realizadas sobre el material extralingüístico de las conversaciones cara a cara de este corpus pueden catalogarse como anchas (aunque de nivel IV).

Por último, c) se ha incluido una línea en la que se relatan todas aquellas informaciones sobre las participantes (observaciones) necesarias para entender el contenido de algunas de sus intervenciones y para dar ciertos datos prosódicos relevantes para su interpretación. Estos tiers no se han tenido en cuenta posteriormente para realizar el análisis interactivo, ya que no suelen constituir intervenciones o acciones en sí mismas, sino comentarios a los dos tipos de líneas explicadas anteriormente.

Todos estos elementos, como se ha reseñado antes, sirven para clasificar el tipo de intervenciones y el contenido que cada uno de los hablantes va creando durante el desarrollo del discurso. No obstante, la manera de representarlo variará en función de su naturaleza y las características que cada tipo de información contiene, es decir, la transcripción será diferente de acuerdo con el tipo de información que se escriba en el *tier.* Por esta razón, a pesar de que se ha tomado como base el sistema de transcripción Val.Es.Co (2014), se han realizado ciertas modificaciones y adaptaciones para esta investigación.

4.2.2. Transcripción

En el apartado anterior se ha explicado que cada tipo de comunicación e información de los hablantes se ha codificado en una línea distinta, de manera que permitiera clasificar cada tipo de contenido (oral, escrita o extralingüística) desde la base de datos (ver tabla 6, p. 25). Cada una de ellas se ha trabajado de diferente manera y con un sistema de transcripción acorde a las exigencias de cada tipo de información que pueda dar cuenta de todos los elementos que influyen en la comunicación.

4.2.2.1. Material escrito

Este tipo de material ha resultado el más sencillo de trabajar, ya que no requiere de la interpretación del transcriptor, sino solo su recopilación (Orihuela, 2021). En primer lugar, como se ha mencionado anteriormente, se han tomado únicamente las grabaciones del *MOBA*, ya que se trata de un contenido que estaba presente en la interacción dada la naturaleza del discurso. En segundo, existían dos tipos de fuentes que emitían mensajes escritos: los jugadores y la máquina.

Por un lado, las intervenciones escritas de los participantes se han transcrito directamente del chat del juego, copiando y pegando su contenido en el momento en el que surgen. La extensión de cada una de las cajas se ha delimitado a un segundo de manera arbitraria en el *Elan*, dado que estos mensajes permanecen en el chat durante toda la partida y pueden consultarse en cualquier momento, como se puede observar en los ejemplos de las imágenes (3) y (4):

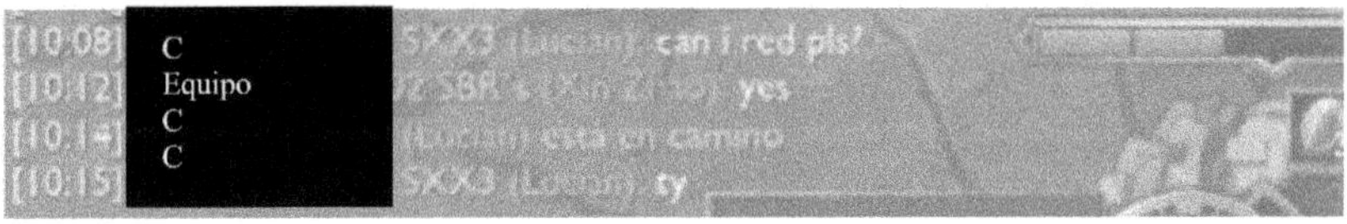

Imagen 3. Chat del juego

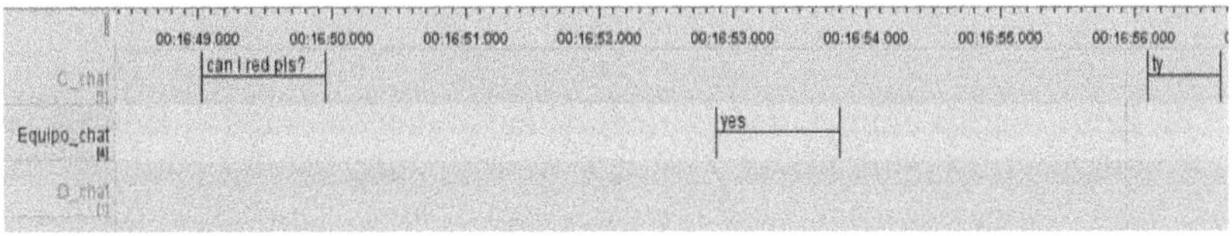

Imagen 4. Líneas de transcripción de Elan para el chat

Por otro lado, los mensajes emitidos por el sistema de juego también se han recopilado copiando y pegando su contenido, aunque con unas consideraciones especiales. Cada vez que sus mensajes mencionaban directamente a un jugador por su nombre de usuario, se anonimizaba de dos maneras: bien tomando la letra con la que se ha identificado a cada participante del estudio, bien mediante el nombre del personaje que controlaban los miembros del equipo asignados aleatoriamente o los jugadores enemigos. Cabe decir que, en este caso, la duración de las cajas de alineación de *ELAN* (2022) ha estado marcada por el tiempo que la máquina mostraba cada mensaje, ya que la información mostrada en pantalla tiene una permanencia limitada, como se muestra en las siguientes imágenes (5) y (6).

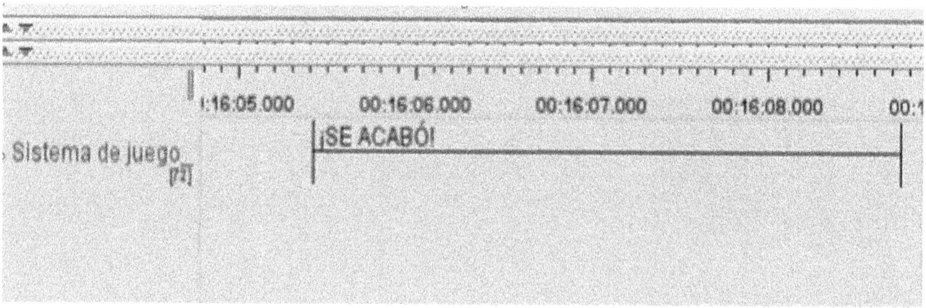

Imagen 5 y 6. Mensaje de la máquina y transcripción del mensaje de la máquina

En resumen, los enunciados escritos de las grabaciones del videojuego se han tomado de manera literal y trasladado a las cajas de transcripción. De esta forma, se ha registrado uno de los canales por los que los participantes se pueden comunicar dentro del *League of Legends* (2009), aunque, como se verá en el análisis, su uso está en cierta medida especializado. En otras palabras, los jugadores atribuyen al chat unas funciones específicas y su contenido no resulta tan impredecible como el de las intervenciones orales, aunque estas también vengan predeterminadas por los sucesos del juego. Sin embargo, su registro por escrito necesitará de una serie de símbolos que ayuden a que la transcripción muestre la realidad oral, como se pretende mostrar en la siguiente sección.

4.2.2.2. Material oral

Uno de los dos objetivos principales de esta investigación es el de comparar dos discursos que, principalmente, transcurren a través del canal oral. Este es el contenido, por tanto, que ha recibido un trato más detallado en la base de datos. De hecho, se ha tratado de reflejar tanto la información prosódica de cada una de las intervenciones como los distintos fenómenos discursivos que se producen en el habla (acortamientos, alargamientos, solapamientos…). Asimismo, dentro de este canal oral se ha tenido en cuenta tanto las emisiones estrictamente verbales como el contenido paralingüístico, ya que este último forma parte de la interacción y, en muchas ocasiones, incluso está parcialmente codificado (Poyatos, 1994 y 2018; Hidalgo, 2003; Val.Es.Co, 2003).

Con la finalidad de lograr una representación escrita del audio que se acerque, en la medida de lo posible, a la realidad, se ha optado por el método de transcripción desarrollado por el grupo Val.Es.Co. (2003, 2014; Pons, 2022), pero con algunas modificaciones. La unidad que sirve como punto de partida para la transcripción es la *intervención*, delimitada por el cambio de hablante (Val.Es.Co. 2014: 17).

La transcripción sigue una codificación ortotipográfica enriquecida con la marcación de algunos rasgos orales (Val.Es.Co. 2014). Para lograr que todos ellos puedan ser procesados de manera sencilla a través de una base de datos, reciben una etiqueta en formato XML[11] (*lenguaje de marcas extensible*, en español) que los identifique (ver tabla 9)[12]. El grupo Val.Es.Co. cuenta con un sistema de etiquetado XML que puede procesarse a partir de la aplicación web que aloja su corpus (Pons, 2022). El nombre que reciben cada una de las etiquetas trata de respetar el criterio de identificabilidad por el usuario, de manera que cada fenómeno recibe su nombre o un acortamiento de este. Estas, además, pueden clasificarse en tres tipos: fenómenos fonéticos, paralingüísticos e información

11 «Etiquetar un documento -en este caso, una conversación- es un proceso por que se marcan, mediante un metalenguaje específico, características del texto, que quedan así identificadas y pueden ser recuperadas en una búsqueda. […] Al etiquetar, se inserta en un texto un conjunto de marcas XML anidadas, delimitadas por comillas simples (<>) a la izquierda y a la derecha de cada marca, al inicio y al final del fenómeno que se pretende transcribir». (Pons, 2022: 44)

12 Anteriormente, cuando las transcripciones se realizaban en hojas en blanco de un procesador de textos, el sistema de transcripción que se seguía en este grupo de investigación partía de los símbolos que ofrecía el teclado de un ordenador, como los paréntesis, los corchetes, los apóstrofes… Para más información, se pueden consultar los artículos de Briz y Albelda (2009) o Hidalgo y Val.Es.Co. (2005), entre otros.

de la conversación. Puede consultarse la nómina en el cuadro siguiente tanto del sistema de transcripción tradicional como de lacodificación XML actual:

Tabla 7. Etiquetas del sistema de transcripción Val.Es.Co.

Etiquetas fonéticas	Paralenguaje	Información
Fonética sintáctica	Risas	Observaciones
<fsr t =“texto”>	<risas/>	<obs t =“”> </obs>
pa’l	(RISAS)	Nota al pie
Pronunciación marcada	Enunciado entre risas	Anonimización
<enf t =“prm”></enf>	<e_risas> </e_risas>	<an> </an>
MAYÚSCULAS	(ENTRE RISAS)	
Silabeo	Toses	Texto ininteligible
<enf t =“sil”></enf>	<tos/>	<in/>
SI-LA-BE-O	(TOS)	(())
Tonema ascendente	Gritos	Transcripción dudosa
<ta/>	<grito/>	((texto))
↑	(GRITO)	
Tonema descendente	Suspiros	Palabra extranjera
<td/>	<suspiro> </suspiro>	<ext t = “”> </ext>
↓	(SUSPIRO)	Nota al pie
Tonema suspendido		Solapamientos
<ts/>		[]
→		
Tonema circunflejo		
<tc/>		
Susurro		
<s> </s>		
°(texto)°		
Alargamientos		
<al/>		
aa		
Reinicios		
-		

Por su parte, los fragmentos de transcripción que se muestran para su análisis en estas páginas no se tomarán de manera directa por medio de capturas de pantalla del *ELAN* (2022), sino que se copiará su contenido a una estructura de transcripción tradicional en vertical que facilite su lectura[13], así como se transliterarán las etiquetas al sistema ortotipográfico tradicional de este grupo por resultar más sencillas para la lectura (ver § 4.2.3.).

Por otra parte, los mensajes emitidos por el sistema de juego a través del canal oral han recibido un tratamiento especial. Debido a que se trata de mensajes programados, se ha buscado simplificar su transcripción y, en consecuencia, se ha programado un vocabulario[14] con todos sus posibles mensajes:

Tabla 8. Vocabulario para los mensajes del sistema de juego

Mensajes sobre jugadores-equipo	Mensajes sobre estructuras	Mensajes sobre el estado de la partida
Un invocador se ha reconectado	Tu equipo ha destruido una torreta	Bienvenidos a la grieta del invocador /al abismo de los lamentos
Un invocador ha abandonado la partida	Vuestra torreta ha sido destruida	Treinta segundos para súbditos
Te han matado	Tu equipo ha destruido un inhibidor	Se han generado súbditos
Ha muerto un enemigo	Vuestro inhibidor ha sido destruido	Rugido
Ha muerto un aliado		Victoria
Asesinato doble/triple/cuádruple		Derrota
Pentakill		
Dominación		
Destrucción		
De leyenda		
Aniquilados		
Racha de asesinatos		
Se acabó		

Se han creado 23 entradas diferentes que pueden clasificarse en tres tipos de mensajes: 1) referidos a los miembros de los equipos y que se generan cada vez

13 «…la transcripción con ELAN es el cambio de orientación: frente a la transcripción en papel, que es claramente vertical, con una línea por turno, la transcripción aquí tiene tantas líneas como hablantes y su lectura se asemeja […] a un papiro gigante.» (Pons, 2022:51)

14 Sobre la incidencia de los mensajes se tratará más extendida en el apartado § 3.3. del capítulo 7.

que uno de los avatares actúa o es afectado por la circunstancia que describe la máquina, 2) relacionados con las estructuras de los equipos y 3) vinculados al estado de la partida y que, o están programados por tiempo (los cuatro primeros), o como delimitadores del principio y del final de la partida. Como se puede comprobar, estas entradas permiten analizar cómo el juego se comunica con los jugadores a lo largo de la partida.

De acuerdo con lo expuesto en los dos últimos apartados, puede observarse que las grabaciones recopiladascuentan con una transcripción que da cuenta de todo el material lingüístico oral o escrito emitido por los participantes, ya sean humanos o no. Sin embargo, la comunicación no solo se compone de intervenciones verbales o emisiones orales, sino también se introducen en la comunicación otro tipo de intervenciones de los participantes que inciden de manera directa en la comunicación: las acciones.

4.2.2.3. Material extralingüístico

La representación de las acciones de los interlocutores es un reto aún mayor si cabe que la transliteración de la oralidad a texto escrito (Poyatos, 1986; Torruella y Llisterri, 1999). Entre otras problemáticas, se debe describir lo que hace el participante y no *copiar* lo que dice o escribe, un factor que otorga a la labor del transcriptor mayor grado de subjetivismo que cuando se enfrenta a material lingüístico. Este hecho, además, es especialmente relevante en los casos en los que no se dispone del video para comprobar cada acción y se ha transcrito a partir de la memoria del investigador o de los participantes (Poyatos, 1994).

Uno de los puntos clave en este estudio es comprobar la incidencia de los comportamientos extralingüísticos de los participantes en la comunicación. Sin embargo, cabe mencionar que estos no se van a referir a la kinésica o gesticulación de los hablantes, ya que los jugadores no pueden mirarse (a la persona real) durante el desarrollo de una partida, sino que lo que ven son sus avatares en el mapa del videojuego a través de una pantalla. Estos avatares, además, no poseen la capacidad de recrear la gesticulación de los usuarios, solo se mueven y realizan las acciones que vienen programadas. Por esta razón, para equiparar la información de la conversación cara a cara y del videojuego, se han transcrito las acciones tanto del primero como del segundo entendidas como actividades de los hablantes durante la interacción (Poyatos, 2018). Asimismo, se han anotado también comportamientos de los usuarios no participantes en el estudio y los movimientos que el sistema de juego realizaba de manera autónoma.

Para su transcripción, se han creado cajas de alineación para cada uno de los momentos en los que un hablante realizaba una acción relevante y se ha tratado de ajustar su extensión a la duración de cada suceso. La forma en la que se han descrito ha tratado de mantener una misma forma lingüística, como se observa en la imagen (7):

"verbo de acción + receptor de la acción"

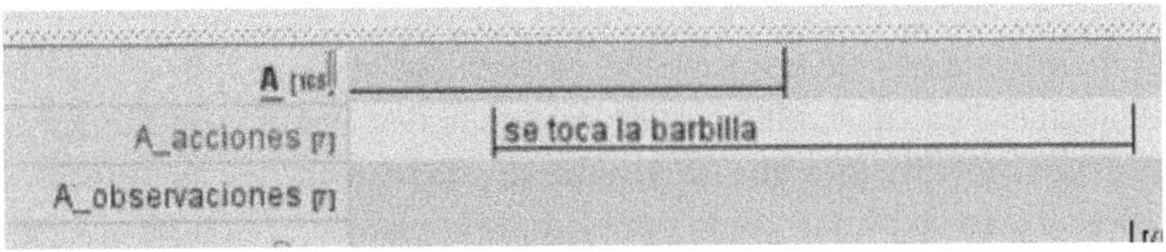

Imagen 7. Ejemplo de transcripción de una acción en la conversación

Por otra parte, la representación de las acciones en el videojuego no supuso tantos problemas en su descripción, ya que el movimiento de los avatares que controlan los jugadores está limitado por la programación. Por esta razón, para facilitar su transcripción, se creó un vocabulario en el que se registraban todas las posibilidades que ofrecen los personajes en el juego. Asimismo, se añadieron ciertas acciones que los participantes pueden realizar en las pantallas precedentes y siguientes a la propia partida, es decir, en la de selección de personajes y en la pantalla de estadísticas.

Tabla 9. Vocabulario para las acciones de los avatares

Acciones de los personajes		Movimiento del cursor del jugador	
Movimiento	**Ataques / habilidades**	**Deixis**	**Acciones externas**
Se dirige a bot / top / mid / jungle / base / centro del mapa	Uso de habilidad: ataque / defensa	Señala que un enemigo ha desaparecido	Selecciona un personaje
Escapa	Fallo de una habilidad	Señala un punto en el mapa	Compra en la tienda
Persigue a un enemigo	Destruye una torreta / inhibidor	Señala una información de su personaje / de la partida	Selecciona una posición
Pelea con un personaje / monstruo	Pone un ward	Hace una señal de ayuda / peligro	Bloquea a un personaje
Se retira	Mata a un enemigo / monstruo		Configura a su personaje
Gankea a un enemigo	Destruye un ward		
Se dirige a la base enemiga			

En la tabla anterior (9), se muestran todas las entradas del vocabulario creado para representar las intervenciones extralingüísticas que se dan durante una partida de *League of Legends* (2009). La clasificación que se ha hecho de cada contenido ha atendido, en primer lugar, a dos factores: por un lado, se han agrupado las entradas que representaban acciones realizadas directamente a través de los avatares de los usuarios, ya sean movimientos, desplazamientos por el mapa o el uso de habilidades de los personajes. Por otro, se han agrupado los distintos movimientos que un jugador puede realizar por medio del cursor sin repercutir en su avatar, como por ejemplo las señales deícticas que permite realizar el juego o las acciones externas a la partida.

En definitiva, el material extralingüístico supone un reto porque, precisamente, no se trata de contenido perteneciente a la lengua, aunque forme parte ineludible de la comunicación humana (Narbona, 1986; Poyatos, 1986 y 1994; Llisterri, 1992, 2003; Val.Es.Co., 2003 y 2014). Los hablantes, en ocasiones, reaccionan y, de hecho, responden con acciones o movimientos acompañados o no de emisiones verbales. Cuando estas no se tienen en cuenta, parte de la interacción se pierde y algunas intervenciones, incluso, parece que no han obtenido respuesta; con la consecuencia de que se catalogan como independientes (Cabanes, 2023). Si, por el contrario, el esquema interactivo se amplía y se toman en consideración las actividades de los participantes, este se enriquece y revela nuevos patrones interactivos (Cabanes, 2023), como se ha tratado de demostrar en el apartado 2.2.2.2. del capítulo 4.

Como una de las hipótesis de esta investigación es, precisamente, que el género de los videojuegos *MOBA* tiene un componente transaccional, se ha centrado la mirada en las acciones de los participantes en el sentido estricto de la palabra para observar qué dependencia hay de la comunicación con respecto a lo que hacen. Queda por estudiar, sin embargo, la relación de los gestos y la kinésica en general y su contribución dentro del universo de los discursos digitales y, en concreto, de los videojuegos. En otras palabras, sería interesante observar el alineamiento kinésico con las acciones o movimientos de los avatares que controlan los jugadores.

En definitiva, la transcripción de las grabaciones es una tarea necesaria si se pretende estudiar el material recopilado, ya que facilita su procesamiento y la adición de diversas informaciones que pueden captarse de manera perceptiva con el audio o el video, pero que, de no registrarse, dificultarían su localización y recuento. No obstante, el hecho de transcribir, no solo lo que se dice o hace, sino la manera en la que se produce una intervención añade una serie de elementos al texto que pueden dificultar su lectura; lo que hace necesario adaptar las transcripciones para su publicación.

4.2.3. Transliteración de las transcripciones en el trabajo

Como se ha expuesto en los apartados anteriores, para poder ser procesados en la base de datos, los materiales se han transcrito de una manera que puede llegar a complicar su lectura. Entre otros problemas, el uso de la alineación de audio y texto a través del *Elan* con su modo de visión horizontal resulta contraintuitivo a la lectura vertical (Pons, 2022: 51). Del mismo modo, el uso de un etiquetado informático (XML) para la marcación de los fenómenos discursivos satura el texto de información; aunque pueda resultar, en cierta medida, más explicativo que el uso de símbolos ortotipográficos, pues el texto de las etiquetas contiene el nombre del fenómeno señalado o parte de él.

Por esta razón, con motivo de facilitar la lectura de este trabajo, los ejemplos que se han seleccionado tanto en el marco teórico como en el análisis han sufrido una ligera transformación. El único contenido que no ha recibido ninguna adaptación ha sido el material escrito, ya que no se ha empleado ningún símbolo más allá de la ortografía ni tampoco ha sido necesario hacer uso de una marcación especial, como se puede observar en (5).

(5) **V-iv - 17:04**
D: <cita> ¿Te hago feliz Rakan?</cita><ta/> / <cita>cada día</cita><td/>

(5') **V-IV - 17:04**
D: *¿Te hago feliz Rakan?*↑ / *cada día*↓

En este fragmento, el texto que contiene la etiqueta *cita*, una marca que señala que el contenido está siendo usado en estilo directo (discurso reportado), se ha marcado con el uso de la cursiva (*te hago feliz Rakan).* Por otro lado, la identificación de la inflexión final de los grupos entonativos anteriores como el *tonema ascendente* (ta), se ha convertido en una flecha hacia arriba (↑). La correspondencia completa entre las etiquetas XML y el sistema antiguo puede consultarse en la tabla 9 del apartado 4.2.2.2.

En cuanto a las intervenciones del sistema de juego, debido a que no pertenecen a un interlocutor humano (ni siquiera a una inteligencia artificial dedicada a la comunicación), se ha pensado en una marcación distinta para sus enunciados que permita diferenciar sus aportaciones a simple vista y, al mismo tiempo, distinguirlos de las aportaciones de los hablantes. Por esta razón, todas las intervenciones del sistema estarán indicadas con el uso de la negrita:

(6) **V-II - 31:10**
SJ: Asesinato doble [aliado]
B: [(RISAS)]
SJ: Asesina[to triple aliado]
C: [nene] / [tú cuando quieras dejas de matar→]
A: [madre mía la triple del support]

Por último, también se han señalado de manera distinta las acciones realizadas por los interlocutores, aunque en este caso se ha preferido el uso doble del símbolo asterisco (*) al principio y al final de cada una de las contribuciones.

(7) **V-I - 28:55**
S_acciones: **mata a Talon**
SJ: ha mu[erto] [un enemigo]
S: [ole]
C: [ahí] estáá bien ahí↓

En resumen, la recopilación de un corpus propio hizo necesario plantearse la manera en la que dar cuenta de este en dos espacios que, si bien guardan relación, presentan necesidades distintas: por una parte, en la base de datos era necesario encontrar una forma de transcribir todos los fenómenos objetivo de esta investigación de manera que pudieran ser contabilizados y procesados de manera automática. Por otra, la representación de esta transcripción en el presente trabajo debía enfocarse en facilitar la identificación para los lectores de aquellos elementos que resultan relevantes para esta investigación.

2 La selección de los personajes

Las características de los videojuegos y su comunicación

Desde la óptica de los años veinte del siglo XXI, es posible decir que la historia de los videojuegos cuenta ya con más de setenta años de recorrido en los que ha pasado de ser una simple demostración de la potencia de las computadoras hasta convertirse en un fenómeno de masas (Donovan, 2010; Stanton, 2015). En ellos, los jugadores asumen el control de avatares mediante los que acceden a mundos virtuales en los que casi siempre se les enfoca hacia un objetivo. Estos personajes, además, pueden ser prácticamente cualquier cosa: desde la raqueta en un estadio de tenis recreado en dos dimensiones hasta un *ente invisible* que gestiona y controla una civilización.

Estas características se han ido desarrollando de la mano de la evolución de los ordenadores y, posteriormente, de las videoconsolas. Con cada nuevo avance, los videojuegos han ido mejorando, se han ampliando y, en consecuencia, se han complicado sus mecánicas y propiedades. Conocer parte de este recorrido es necesario para entender de dónde proceden ciertas características de los juegos actuales y cómo han sido percibidas por los usuarios a lo largo de su trayectoria.

Por esta razón, este capítulo va a dedicarse a realizar un breve resumen del desarrollo histórico de los videojuegos, tanto de manera individual (§2.) como tomando en cuenta su conexión con Internet (§3.), de forma que pueda dibujarse una definición general de esta clase de género de entretenimiento digital. Asimismo, a modo de introducción, se incluirá una breve descripción sobre lo que se ha considerado como discursos mediados por ordenador o géneros 2.0. (1.) con el fin de situar los videojuegos en línea con el resto de discursos digitales. Posteriormente, gracias al estudio de estos rasgos, se expondrá una propuesta teórica de clasificación de los distintos videojuegos que relaciona el tipo de comunicación que se da en ellos y las características principales que definen los géneros más conocidos (§4.).

Con ello, se habrá dibujado una descripción general de los elementos que definen a los videojuegos y las consecuencias generales que tienen en el plano comunicativo. A partir de esta información y después de realizar la presentación del funcionamiento y mecánicas del videojuego que pretende estudiarse en esta monografía, el *League of Legends* (2009), perteneciente a los MOBA, será posible estudiar qué lugar ocupa este de acuerdo con el resto de géneros de videojuegos.

1. Los géneros discursivos digitales: la era de Internet

Desde la invención del teléfono hasta las computadoras modernas, la tecnología ha revolucionado la forma en la que nos comunicamos, permitiendo interacciones rápidas e inmediatas sin importar la distancia. Originalmente, el objetivo era emular la comunicación cara a cara, pero pronto se entendió que la comunicación digital tiene sus propias características y no siempre replica la interacción presencial. Además, a pesar de las expectativas iniciales, las formas textuales de comunicación siguen siendo predominantes (Herring, 2017), como evidencian plataformas como *WhatsApp*, *Telegram* y *Facebook*.

Los primeros servidores de Internet se instalaron en las universidades de California en Santa Bárbara y Los Ángeles, Utah y Stanford (UIT, 2021) y, de ahí, se fueron expandiendo a lo largo del mundo a través de las décadas. Las utilidades que se le fueron encontrando fueron innumerables y aún hoy en día se siguen explorando nuevas vías más allá de compartir paquetes de información, como la comunicación mezclando canales de audio, video y/u otras tareas.

Por este motivo, las plataformas digitales han evolucionado independientes, buscando no solo mejorar la calidad y alcance de sus servicios, sino también enriquecer la experiencia del usuario. Ejemplos de esto son la incorporación de emojis en los chats, el envío de imágenes, audios y la posibilidad de enviar mensajes a grupos.

En términos generales, la comunicación en línea se ha definido de diversas maneras, aunque siempre destacando su potencial para la interacción humana:

> *Computer-mediated discourse* (CMD) is the communication produced when human beings interact with one another by transmitting messages via networked or mobile computers, where "computers" are defined broadly to include any digital communication device. (Herring y Androutsopoulos, 2015: 127)
>
> CMC includes the multilingual and multimodal texts, interactions, and associated ideologies produced in situated, mobile, online and offline social practices that are mediated by digital communication technologies. This discourse is used by people to achieve their social goals, establish and maintain social relationships, and enact social identities. (Hyland, 2021: 220)

Estas y otras definiciones (Yus, 2011; Androutsopoulos, 2014) subrayan la capacidad única de los medios digitales para permitir la interacción a distancia. En la actualidad, estas facilitan el uso de múltiples canales de comunicación de forma simultánea, ya sea mediante la combinación de texto con imágenes como los emoticonos o mediante la intersección del audio y el video.

En los siguientes apartados se hará un breve repaso de las características de los géneros discursivos digitales a partir de la distinción de dos grupos: los monomodales y los multimodales. Los primeros centran su uso en una forma comunicativa, que suele ser el canal escrito, para la transmisión de la comunicación, aunque se complementan la mayoría de las veces con otros elementos visuales como los emojis o la inserción de imágenes o videos (Herring, 2017), como sucede con los chats. Por su parte, los géneros multimodales son aquellos en los que la comunicación se nutre de distintas fuentes de manera conjunta, ya sean estas escritas, orales y/o visuales, como sucede con las redes sociales. Con ello, se dejarán las bases sobre las que poder observar qué lugar ocupan los videojuegos dentro de los *discursos mediados por ordenador.*

1.1. Los géneros 2.0 monomodales

Las formas de comunicación escritas han sido (y siguen siendo) las grandes protagonistas de Internet (Herring, 2013; Herring y Androtsopoulos, 2015). Originalmente, las computadoras solo eran capaces de procesar texto, lo que llevó naturalmente a una comunicación predominantemente textual (Ferrara, Brunner y Whittemore, 1991; Herring, 2007). Con el tiempo, la capacidad de incorporar imágenes y otros medios enriqueció la comunicación digital, un hecho que permitió acercar esta a la realidad (a través de la voz, de avatares, imágenes en tiempo real…). Sin embargo, como se ha mencionado, los discursos escritos siguen siendo los preferidos en la actualidad (Herring, 2017). Una de las principales causas es que, a medida que Internet se fue expandiendo entre la población popular, los jóvenes, especialmente los adolescentes, encontraron este canal mucho menos invasivo para sus personalidades en formación:

> Es muss also was Besonderes dran sein, wenn Menschen, insbesondere junge Menschen so sehr auf textbasierte Kommunikation setzen – gegen jeden technischen Fortschritt, gegen striktes ökonomisches Kalkül, trotz großer Schreibfaulheit[15]. (Petzold, 2002: 3)

El correo electrónico fue el primer género discursivo en la red, creado inicialmente para monitorear servidores y datos transmitidos. Su utilidad fue evidente desde prácticamente sus inicios, convirtiéndose en una herramienta de

15 Traducción: «Por lo tanto, debe haber algo especial cuando las personas, especialmente los jóvenes, dependen tanto de la comunicación basada en texto, en contra de cualquier progreso técnico, en contra de cálculos económicos estrictos, a pesar de la gran pereza al escribir.».

comunicación esencial para la década de 1970 (Hafner y Lyon, 1998) que se ha mantenido a lo largo de los años con múltiples fines.

En términos de los Discursos mediados por ordenador (*CMD* [*Computer Mediated Discourses*], Herring, 2007), su funcionamiento resulta relativamente sencillo: se trata de un sistema de entrada y salida de mensajes en el que, típicamente, un usuario puede enviar un mensaje a otro (sistema *one to one*[16] [Romiszowski y Mason, 2013]) de manera *privada* (solo pueden acceder los participantes involucrados directamente). Este se guarda en una base de datos personal a la que se puede acceder en cualquier momento por el receptor y su respuesta, por lo tanto, no tiene que ser inmediata (medio de comunicación asíncrono [ibid., 2015: 132]).

Asimismo, cabe destacar que se trata de uno de los géneros discursivos digitales preferidos para la comunicación formal (Yus, 2010; Kooti *et al.* 2015). La razón para ello reside en las características previamente mencionadas, ya que, entre otros factores, los interlocutores disponen de tiempo para la planificación y preparación del mensaje porque no se espera una reacción inmediata.

Por su parte, el chat es un género discursivo que se caracteriza por el intercambio rápido de mensajes escritos. Desde su aparición en 1988 con el *Internet Relay Chat*, ha sido uno de los discursos que mayor repercusión y trayectoria han presentado denle el mundo de Internet con distintos formatos, como el popular y ya desaparecido *Messenger* (1999) o el actual *WhatsApp* (2009). Aunque cada tipo de chat tiene una serie de implementaciones distintas, casi todos comparten una serie de características en la actualidad: el uso de emojis, el envío de audio y video o, incluso, de otros formatos de archivo; aunque siempre como elementos secundarios al texto.

A pesar de que la comunicación a través del chat es diferente a la interacción cara a cara (Holmer, 2008), esta se ha percibido cercana a los discursos orales por diversas razones: en primer lugar, se hacen uso de expresiones de relleno que ayudan a la planificación del discurso (aunque se cuente con un poco más de tiempo que en el habla natural) y de interjecciones que expresan emociones (Forsyth y Martell, 2007). En segundo lugar, se hace uso de una escritura fonética que provoca errores en la ortografía (Forsyth y Martell, 2007), pero que contribuye a la economía del lenguaje y, en definitiva, a imitar la rapidez y coloquialidad de las conversaciones prototípicas.

---

16 Se ha dicho *típicamente* ya que un mismo mensaje puede enviarse a más de una persona a la vez. No obstante, los receptores no acceden a un único mensaje, sino que cada uno tiene una copia dentro de su buzón de entrada.

Sin embargo, esto también provoca que los chats puedan ser percibidos como una comunicación más desordenada que la interacción oral. Primero, los participantes pueden emitir enunciados con distinto tópico de manera consecutiva sin necesidad de que el interlocutor haya respondido al primer turno. En segundo, un participante puede no responder a un mensaje por dos motivos principalmente: por un lado, se puede estar haciendo otras tareas a través del ordenador y de los chats (*multitasking*), hecho que puede provocar que un mensaje se pierda en el historial de la conversación; por otro, es posible que el participante esté ya escribiendo un mensaje y no quiera interrumpirlo. En relación con esto último, la tercera característica hace referencia a la posibilidad de cortar un turno a un usuario, ya que en los chats suele enviarse cada línea de texto por separado de la siguiente.

Gracias a su sencillez, los chats se han empleado como complemento para multitud de aplicaciones con distintos fines. De esta manera, se implementa la comunicación como parte de las tareas digitales y los usuarios, por tanto, se ven envueltos en un tipo de «convergent media computer-mediated comunication» (Herring *et al.* 2009: 3). En esta clase de situaciones, lo que se dice se ve altamente imbricado con lo que está sucediendo en la aplicación, a semejanza de la interacción que se pueda dar en una situación transaccional real.

Por último, las características que definen a los *foros* de discusión de Internet (Montero-Fleta, Watts y García-Carbonell, 2005; Herring, 2013; Myrendal, 2019) están a caballo entre los dos géneros discursivos anteriores. Se trata de una comunicación que se realiza de uno a varios (aunque se puede responder de forma directa a un enunciado de otro usuario y los mensajes están accesibles para todos los usuarios que, al menos, estén registrados en el foro) y asíncrona, motivo por el que cuenta con cierto grado de planificación (Lapadat, 2002). No obstante, no se asocia con estructuras fijas o constantes y se suele situar en un registro que oscila entre lo coloquial y lo formal, rasgo modificado especialmente por la temática y el grado de proximidad de los usuarios.

La interacción de los participantes, asimismo, es fácilmente rastreable (Holmer, 2008), ya que las respuestas suelen estructurarse o bien de manera sucesiva o bien citando la intervención a la que se pretende reaccionar. Asimismo, la identificación de los usuarios en los foros permite mantener cierta historia de cada uno de ellos que, en muchas ocasiones, nada tiene que ver con su vida real (Wu, 2018): su pseudónimo, el número de mensajes publicados, de hilos creados, la fecha de inscripción… Todos estos datos dan cierta información al contexto del discurso que ayudan a interpretar los mensajes de cada usuario.

Por otra parte, existe un factor en la construcción de los enunciados de los foros que tiene que ver con la permanencia y accesibilidad de estas plataformas.

Al tratarse de mensajes que están al alcance de cualquier internauta[17], los emisores construyen el discurso desde una perspectiva doble: por un lado, se tienen presentes a los receptores directos (es decir, los usuarios del foro y, en especial, aquellos que participan en el hilo o tema) y, por otro, a todos los potenciales visitantes externos al discurso:

> ...the contributions are designed for a wider audience than the limited number of possible interactants (e.g., members of a discussion forum). On non-password-protected websites they are visible to a potential online audience of many millions. (Giles *et al.*, 2015: 49)

De esta manera, el correo electrónico, el chat o los foros se han constituido como los discursos 2.0 básicos y más ampliamente extendidos por aprovechar el canal escrito base de la comunicación por Internet. Cada uno de ellos ha evolucionado y se ha adaptado de maneras distintas a las nuevas posibilidades que cada día se desarrollan. Por lo tanto, casi todos ellos se han fusionado con otros recursos (videojuegos, redes sociales, plataformas de trabajo cooperativo...), aunque el género que más versatilidad ha demostrado hasta el momento ha sido el *chat*. Este, incluso, acompaña a los discursos que emplean el canal oral como un medio de seguridad para garantizar la comunicación, puesto que, aún hoy en día, los géneros 2.0 orales siguen sin ser igual de estables y fiables. Es decir, estos espacios se van a caracterizar normalmente por la multimodalidad comunicativa.

1.2. Los géneros 2.0. Multimodales

El ser humano es el único animal con la facultad de intercambiar información verbalmente (Levinson, 2019) a través de un sistema artificial de comunicación que se ha creado gracias a la confluencia de ciertas facultades cognitivas, como el desarrollo del área de Broca y Wernicke, o a la morfología del aparato fonador (López, 2014). Sin embargo, existen otros medios de comunicación extralingüística que actúan de manera aislada o simultánea a las intervenciones lingüísticas (Torruella y Llisterri, 1999; Olza, 2011; Val.Es.Co., 2014; Pons, 2022): desde el paralenguaje, como las risas o las toses intencionales, pasando por la kinésica o los gestos deícticos, hasta las acciones mismas de los hablantes, como coger un objeto. En otras palabras, en la interacción cara a cara la comunicación depende de más elementos que el lenguaje en sí mismo.

17 Hay foros que cuentan con hilos y tópicos restringidos para usuarios e, incluso, para aquellos que cuenten con un determinado rango.

Esta multimodalidad también existe en los géneros 2.0, aunque viene dada por las posibilidades que cada plataforma ofrece, ya sea en un chat o dentro de un mundo virtual con avatares que pueden representar cualquier sonido, gesto o acción que los usuarios necesiten. Los videojuegos multijugador son, precisamente, un tipo de programa en el que los hablantes controlan a un personaje con unas posibilidades de movimiento adaptadas a los objetivos del juego. La comunicación, por lo tanto, estará influida por este rango de acciones y por la dinámica de las partidas, como se verá en los siguientes apartados

Cada plataforma plantea una serie de rasgos y posibilidades que influyen en la forma en la que los usuarios interactúan y que favorecen un tipo de canal de acuerdo con sus características (Djonov y Leuween, 2017). Las interfaces intentan ofrecer la mayor cantidad de recursos comunicativos sin renunciar a la simplicidad, buscando enriquecer las formas de interacción de los participantes de manera que tengan todas las herramientas necesarias para expresarse como necesiten:

> A conversation is far more than an exchange of information. It is a complex social interaction in which the words people say (or write) are only one part of the message. By building visual interfaces to on-line conversations and their archives, our goal is to increase the ability of this medium – computer-mediated discussion – to carry subtler and more nuanced messages... (Donath, Karahalios y Viégas, 1999; Sección *Visualizing conversation*, párrafo 16)
>
> Their design therefore facilitates the use of visual modes (photographs, illustrations, drawings, information graphics and all other pictorial forms) as initiating moves. Instant messaging applications such as Viber, WhatsApp, Hangouts, iMessage, and Messenger promote the use of the verbal mode for initiating moves through its conspicuously designed type-in boxes. (Leuween, 2018: 687)

Parte de este tipo de géneros discursivos (la gran mayoría en la actualidad) se han clasificado como *comunicación convergente mediada por ordenador* («Convergent media computer-mediated communication» [Herring, 2015; 2017], de ahora en adelante DCCMO). En ellos, los usuarios tienen la capacidad de utilizar el canal, recurso o elemento más adecuado de acuerdo con sus necesidades comunicativas, enriqueciendo el componente lingüístico (ya sea oral o escrito) por medio de la imagen en un intento de acercarse a la comunicación cara a cara[18].

Siguiendo la clasificación de Herring (2017), los DCCMO se dividen en tres tipos de acuerdo con la clase de multimodalidad que presentan (imagen 8): 1)

18 Cabe señalar, no obstante, que aún se sigue investigando los factores que llevan a un usuario a utilizar un recurso o canal en un momento concreto (Sindoni, 2012).

las plataformas multimodales interactivas, 2) la comunicación mediada por ordenador gráfica y 3) las videollamadas.

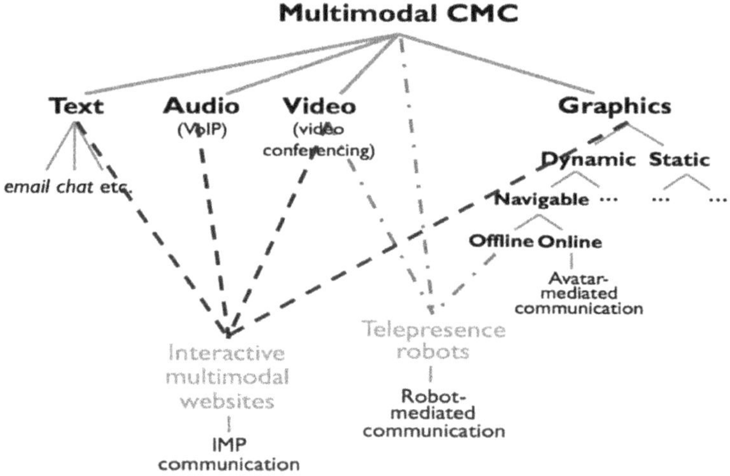

Imagen 8. Comunicación multimodal mediada por ordenador (Herring, 2015: 398)

El primer grupo está conformado por los discursos que más consolidados están en la red y que cuentan con mayor recorrido, ya que sus orígenes se encuentran en la aparición de los navegadores, una herramienta que sirvió para unir diversos servicios de la red, como el correo o el chat a través de una única interfaz (íbid., 2017: 93). Se definen, de manera general, a partir de la confluencia de canales y características que trajo consigo la web 2.0: el desarrollo de contenido dinámico y multimedia, la participación de los usuarios en dicho contenido o la creación de comunidades sociales conectadas solo a través de Internet.

> Interactive multimodal platforms (henceforth, IMPs) allow social media users to comment on multimodal content via multiple channels on a single website—and even within a single thread or conversation. An IMP minimally involves text plus one other mode (audio, video, and/or graphics); the modes may be synchronous or asynchronous (Herring, 2015: 2).

Uno de los ejemplos más representativos de este tipo de discursos son las *redes sociales* (Yus, 2014; Herring, 2015; 2017; Djonov y Leuween, 2018; Kaakinen *et al.* 2020; Padilla, 2023). En la gran mayoría de ellas, los usuarios pueden compartir contenido a través de texto, audio o video de manera pública (a través de los muros o *historias*) o privada (por medio de los chats individuales o grupales) accediendo a una única dirección web.

Se trata de un entorno que se sitúa, entonces, a medio camino entre lo privado y lo público. Además, en todas ellas los usuarios necesitan identificarse mediante un usuario para acceder a un espacio en el que pueden controlar en mayor o menor grado qué espectadores acceden a sus publicaciones: aquellos que forman parte de su red o cualquiera. Por esta razón, uno de los factores que influye en sus contribuciones en el canal escogido es el tipo de audiencia que va a recibir su contenido: por un lado, el texto sin imágenes es una comunicación más anónima porque no hay ninguna imagen que identifique al referente, más allá de su nombre de usuario. Por otro, las imágenes o videos suelen ser más personales porque, aunque no muestren de manera directa a la persona (se publique una foto de un paisaje, por ejemplo), suelen estar relacionados con su entorno.

Por otra parte, existen otras en las que el componente gráfico o visual se convierte en el elemento principal de las publicaciones, como *Instagram* (2010) o *TikTok* (2017). Este tipo está constituido por todos aquellos discursos en los que la comunicación se realiza «parcialment o íntegrament per icones gràfiques» (Herring, 2017: 101). Su diferencia principal con el grupo anterior es que tienen la capacidad de transmitir un mensaje completo solo a través de gráficos, sean elementos estáticos como emoticonos o *memes*; o sean elementos dinámicos, como gifs o videos (Cramer, de Juan, and Tetreault 2016; Dürscheid and Siever 2017; Dainas y Herring, 2021). En otras palabras, tienen la capacidad de sustituir al lenguaje escrito.

> …research has shown that emoticons help clarify a sender's intended meaning, tone, emotion, attention, and self-presentation (Lo 2008; Ganster, Eimler, and Krämer 2012). Yus (2014) created a taxonomy of pragmatic functions of emoticons that includes mitigating, intensifying, or contradicting the propositional attitude expressed in the sender's text (Dainas y Herring, 2021: 5).

En resumen, las redes sociales y otros discursos emplean los elementos gráficos como los emoticonos, gifs o videos con la finalidad de compartir contenido con el resto de los usuarios de manera más cercana. De esta manera, el uso de estos elementos visuales suele vincularse con la intención de los participantes de restar importancia, seriedad o carga negativa a sus comentarios, mientras que los mensajes que solo contienen texto se emplean, mayormente, con intenciones más formales, serias o, incluso, sarcásticas (Dresner y Herring, 2010; Herring, 2015, 2017; Demarest y Herring, 2017;).

En relación con estas características, los videojuegos en línea son un tipo de plataforma que facilita la intersección de canales comunicativos de acuerdo con la mecánica de este y el uso de elementos gráficos no es una excepción. Muchos de ellos cuentan con iconos o señales prediseñadas asociadas a un tipo de información que solo tiene sentido dentro del espacio virtual de cada partida; una manera de transmitir un mensaje sin palabras de manera rápida y, en muchas ocasiones, más precisa, ya que incluso se pueden emplear para señalar ubicaciones del mapa de juego.

Por último, el representante más conocido de la *comunicación cara a cara digital* es la videollamada. Esta ha sido uno de los géneros 2.0. que más ha pretendido acercarse a la realidad gracias al gran protagonismo que le ha dado al componente visual. Se trata de un discurso síncrono versátil, ya que se ha usado tanto para contextos transaccionales (trabajo) como interpersonales (comunicación familiar), en los que también se puede ofrecer la posibilidad de conectarse uno a uno o en grupo.

Como la mayoría de los programas desarrollados en la era 1.0 de Internet, al principio se desarrollaron las videollamadas con la finalidad de conectar espacios de trabajo (Finn, 1997; Heath y Luff, 1991) o académicos (Aoki y Pogroszewski, 1998). Por esta razón, en un primer momento, se concibió como una herramienta complementaria a otras tareas, de manera que los usuarios podían verse a través de la pantalla mientras ejecutaban otras actividades. Es decir, estaba pensado para facilitar la comunicación transaccional. Esta mecánica, entre otros factores, fue la que posibilitó el uso de las (video) llamadas para otros fines que, si bien eran transaccionales, no necesariamente estaban vinculados a entornos laborales, como jugar a videojuegos *online* (Badia, 2023).

La característica principal que se desprende de este tipo de discurso es su pretensión de acercarse a la comunicación cara a cara, ya que el componente visual se funde con el auditivo para crear una sensación de proximidad entre los interlocutores (Jucker *et al.*, 2018). No obstante, la mediación de la cámara hace que no se pueda acceder a toda la información situacional, kinésica o praxeológica (Pereiro, 2019), que sí es accesible en un contexto no digital. Esto provoca un mayor esfuerzo para las partes en el proceso de interpretación de los enunciados, una característica que explica la incapacidad de muchos usuarios de mantener la atención en una videollamada por más de un breve espacio de tiempo (Heath *et al.*, 2010).

De hecho, uno de los elementos que más suele diferenciar las videollamadas de la conversación cara a cara es la dificultad para mantener el contacto visual entre las dos partes debido a la cantidad de estímulos que muestra la pantalla, además de la imagen de los participantes (Dumont *et al*, 2009). No obstante, para facilitar la focalización de la comunicación en el participante más relevante en cada momento, la gran mayoría de esta clase de programas muestra a todos los usuarios en un lateral de la pantalla, mientras que la parte central la ocupa el interlocutor que mantiene el turno en ese instante (Herring y Androtsopoulos, 2015; ibid., 2016). Además, los usuarios pueden ver también la imagen que muestra su cámara; una manera en la que pueden tener más conciencia de sí mismos gracias a la posibilidad que ofrece poder observar de uno mismo los gestos, miradas o maneras de expresarse (Sindoni, 2014).

En conclusión, la evolución de los géneros 2.0 multimodales ha redefinido nuestra percepción y uso de la comunicación digital. A medida que las plataformas avanzan y se diversifican, se ha hecho evidente que no solo nos comunicamos a través de palabras, sino que empleamos una vasta gama de modalidades, desde emojis hasta videos, para expresarnos y conectar con los demás en el vasto ecosistema digital. La flexibilidad y riqueza de estos géneros han permitido que se asemejen, en muchos aspectos, a la comunicación cara a cara, aunque con particularidades y desafíos propios del medio digital. Sin embargo, hay un ámbito donde la fusión de la multimodalidad y la interacción digital alcanza una dimensión especial: los videojuegos en línea. Esta esfera, no solo ofrece una plataforma de entretenimiento, sino que también se ha convertido en un espacio social y comunicativo en constante evolución.

1.3. Los géneros 2.0 y los videojuegos en línea

En la actualidad, prácticamente cualquier aplicación ofrece más de un canal de interacción, razón por la que los discursos mostrados en este capítulo deben observarse desde una óptica doble: por una parte, la característica única que los diferencia de los demás (el uso de información textual síncrona como en los chats, por ejemplo) y, por otra, la interfaz o *marco* al que pertenece. Este hecho permite identificarlos como un *canal* dentro de un entorno digital (como el chat, el foro, el *feed* o las *historias* dentro de una red social como *Facebook*).

De esta manera, cada plataforma conforma un mundo único, dado que cada desarrollador pretende desmarcarse de sus competidores con la finalidad de dar la experiencia más completa y atractiva a sus usuarios; a pesar de que todos, finalmente, acaben confluyendo en características similares por tratar de ofrecer el mayor número de canales comunicativos posibles. No obstante, cada una potenciará uno u otro, hecho que influirá decisivamente en la manera en la que los participantes la utilizan. La clasificación que se ofrece en la tabla siguiente hace un resumen de las características de los géneros 2.0 más relevantes que se han expuesto, aunque cabe señalar que no se trata de una tipología estricta debido a la enorme variabilidad que existe en cada tipo de discurso:

Tabla 10. Características géneros multimodales (adaptación y ampliación sobre la propuesta de Herring [2017])

Discurso	**Red social**	**Video-llamadas**	**Servicios de mensajería móvil**	**Videojuegos**
Tipo	Multimodal	Multimodal	Gráfica (Multimodal)	Multimodal
Canales	- Texto - Imágenes - Emoticonos - Video - Audio	- Audio - Video - Texto	- Texto - Emoticonos - Imágenes - Audio - Video	- Texto - Audio - Avatares - Video
Caracterís-ticas	- Confluencia de canales en el *feed* - Posibilidad de emplear comunicación privada o pública	- Comunic. privada - Mayor uso del audio o video -	- Comunic. privada - Mayor uso del texto combinado con emoticonos o emojis en conversaciones informales y cercanas	- Comunic. privada (por equipos) o pública (salas o ubicaciones del videojuego) - Importancia de las acciones del avatar
Ejemplos	*Facebook*	*Skype*	*Whats app*	*World of Warcraft*

En resumen, los géneros digitales multimodales son los protagonistas de la escena actual de Internet.Estos han ido evolucionando hacia una convergencia de canales con la finalidad de ofrecer a los usuarios la experiencia comunicativa más completa posible. Si bien las predicciones apuntaban a la desaparición casi total del texto en los discursos digitales (Herring, 2004), se ha visto que se trata de uno de los canales de comunicación más fiables y que menos problemas, al menos de momento, presenta debido a la poca carga que supone para la red. Por esta razón, la mayoría de los nuevos servicios de comunicación digital incluyen un canal escrito, a través del cual los usuarios pueden estar informados de problemas, fallos técnicos o cualquier inconveniente que el canal de comunicación principal pueda experimentar.

La atención de los usuarios, por tanto, no está focalizada solo en un canal o entrada de información, sino que se fragmenta y tiene que mantenerse alerta para conseguir atrapar el mayor número de elementos que se involucren en la interacción: videos, audios, imágenes, emoticonos, texto, mensajes del sistema, etc (Herring, 2017; Badia, 2018; 2023). Un ejemplo de esta fragmentariedad lo representan los videojuegos cooperativos o competitivos en línea, como los

MOBA que se pretenden estudiar en esta monografía. En ellos, los usuarios deben prestar atención a los sucesos e información de la partida mientras interactúan con los compañeros o enemigos, como se observa en la imagen (9) y la transcripción (1) asociada a ella:

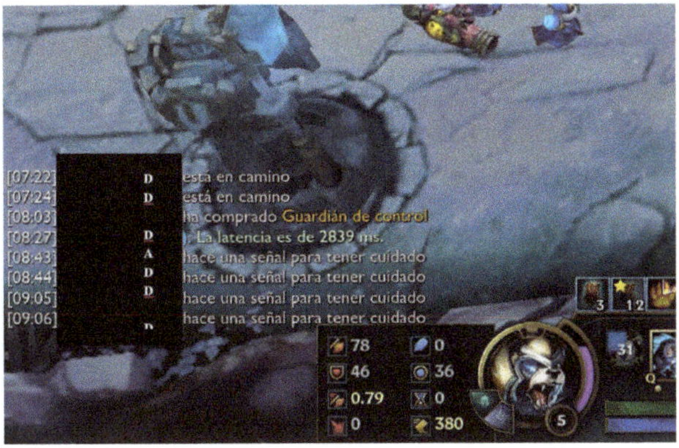

Imagen 9. *Captura de pantalla* League of Legends (2009)

(1) **V-II - 10:20**
B_acciones: **da un salto**[19]
B: venga hasta [luego]
E_acciones: **Lee Seen mata a B**
SJ: [ha muerto] un aliado
C: [uaa] lo que dura chaval

Los videojuegos son un tipo de *software* que también ha experimentado innumerables cambios desde sus primeras creaciones y parte de ellos han estado vinculados con Internet y el desarrollo de nuevas posibilidades de conexión entre los jugadores, razón por la que se han expuesto sus características en relación con los géneros 2.0. Sin embargo, cabe señalar que prácticamente todos los CMD se crearon con vocación de facilitar el contacto entre dos o más participantes, es decir, se trata de discursos dialógicos.

Habiendo establecido la relevancia y características de los géneros 2.0 y su relación intrínseca con los videojuegos en línea, es esencial recordar que estos

19 Se pondrá doble asterisco a aquellas transcripciones que se refieran a acciones, no a palabras dichas.

no nacieron en el ámbito digital avanzado actual. Antes de adentrarse más en la complejidad y sofisticación de los juegos contemporáneos, es crucial entender sus raíces y evolución. Para comprender completamente cómo los videojuegos en línea han llegado a formar parte de esta era de comunicación digital polifacética, debemos remontarnos en el tiempo y explorar su historia, desde sus inicios rudimentarios en la informática básica hasta la creación de universos digitales intrincados y ricos en interacción que conocemos en la actualidad.

2. Breve historia de los videojuegos: de la informática básica a universos complejos

Los inicios de los primeros videojuegos deben buscarse fuera del ámbito del entretenimiento, concretamente en la investigación matemática y el desarrollo de computadoras. Estas, en un principio, se diseñaron para facilitar y automatizar tareas de cálculo y su funcionamiento siempre dependía de la introducción de variables concretas sobre las que estos primeros sistemas pudieran operar.

De hecho, este es el funcionamiento del primer *juego* ejecutado por una máquina, inventado en 1912 por Torres Quevedo. En él, se empezaba al final de una partida de ajedrez en la que el jugador tenía que intentar ganar a una máquina que calculaba los movimientos necesarios para realizar jaque mate en el menor número posible de acuerdo con la situación de las piezas en la partida.

Sin embargo, como se ha planteado, esto solo era una forma de demostrar el potencial matemático que presentaba el trabajo mediante sistemas computarizados que, en aquel momento, ni siquiera eran capaces de interactuar directamente con datos introducidos de manera externa por los usuarios. Para ello, habría que esperar hasta la Segunda Guerra Mundial, momento en el que se puso a prueba una versión de la *máquina de Turing* (Copeland, 2013) con el fin de desencriptar los códigos de la máquina alemana conocida como *Enigma* (Hodges, 2012).

En informática teórica, una máquina Turing es un sistema automático virtual capaz de ejecutar algoritmos con ciertas restricciones y/o normas que pueden especializar su comportamiento. Su funcionamiento, a grandes rasgos, se podía resumir de las siguientes formas:

> The author [i.e. Turing] proposes as a criterion that an infinite sequence of digits 0 and 1 be "computable" that it shall be possible to devise a computing machine, occupying a finite space and with working parts of finite size, which will write down the sequence to any desired number of terms if allowed to run for a sufficiently long time. As a matter of convenience, certain further restrictions are imposed on the character of the machine, but these are of such a nature as obviously to cause no loss of generality (Church, 1937: 55)

Al mismo tiempo, se estaba comprobando la potencia de máquinas automatizadas con experimentos que permitían observar su potencia para ejecutar tareas más complejas que simplemente la introducción de números, como la toma de decisiones. Este fue el caso del desarrollo de *Nim*[20] (1940) por Condon, quien fue el primero en inventar una máquina que, realmente, estaba destinada al entretenimiento (aunque fuera con fines científicos) (Donovan, 2010):

> The Nimatron serves no other useful purpose than to entertain, unless it be to illustrate how a set of electrical relays can be made to make a 'decision' in accordance with a fairly simple mathematical procedure (Condon, 1942: 330)

Imágenes 10 y 11. Máquina del Nim (1940) y versión del Chess en el instituto de Massachusetts[21]

Este fue el caso también del *Chess* (1950), un intento de crear una máquina que fuera capaz de jugar una partida completa de ajedrez a partir de la introducción de las posiciones de las distintas piezas en juego. Sin embargo, esta

20 El funcionamiento de este juego consiste en enfrentar a dos usuarios que deben extraer elementos de distintos grupos de objetos por turnos. El objetivo final es o extraer el último elemento o no.

21 Foto extraída de periodistasenespañol.com

versión solo podía calcular una serie de movimientos y nunca desde el principio de la partida, hecho que no se logró hasta 1967 por Greenblatt.

No obstante, el primer juego en tiempo real no basado en la introducción de posiciones de un juego de mesa sería el *Tennis for two* (1958), en el que

> recreated a side-on view of a tennis court with a net in the middle and thin ghostly lines that represented the players' racquets. The large box-shaped controllers created for the game allowed players to move their racquets using a dial and whack the ball by pressing a button. (Donovan, 2010: 12)[22]

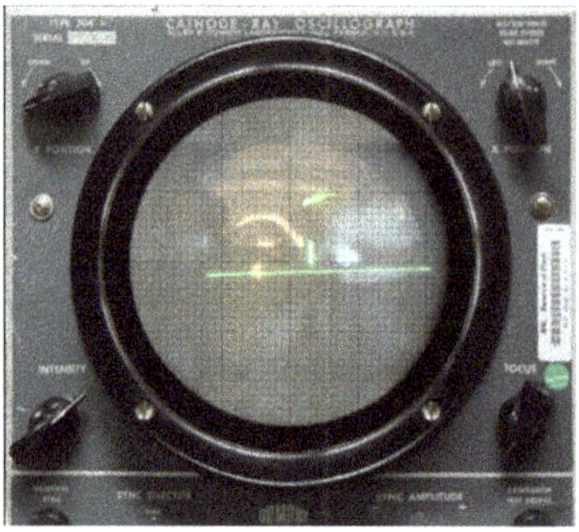
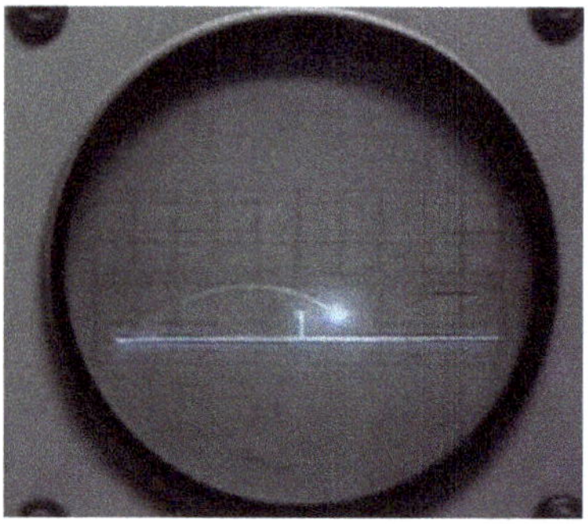

Imágenes 12 y 13. Tennis for Two (1958)

En las pantallas no se ofrecía ningún tipo de información lingüística o numérica a los usuarios que indicaran marcadores, puntuaciones, mensajes de victoria o derrota, etc. Los jugadores tan solo se enfrentaban uno al otro tratando de vencer, objetivo que se conseguía logrando que el contrincante no devolviera la pelota. Como es de esperar, su comunicación se reducía a comentar distintas jugadas que, probablemente, serían los errores o éxitos tanto del contrario como de uno mismo. Es decir, la pantalla habilitaba una nueva situación comunicativa similar a los juegos de mesa, pero que se diferenciaba de estos en cómo se accedía al juego (Donovan, 2010: 10): el entorno virtual.

El proyecto se hizo famoso y fue expuesto durante dos años seguidos (1958 y 1959) en el *Brookhaven National Laboratory*, pero no se patentó ni se comercializó de ninguna forma, sino que se mantuvo como una curiosidad científica. Este quedó olvidado hasta inicios de los sesenta, momento en el que se

22 Se cita la posición por tratarse de un *ebook*, no la página.

verían las posibilidades que ofrecía ejecutar programas de entretenimiento en las computadoras. Un grupo de estudiantes conocidos como *The Tech Model Railroad Club*, desarrolló un primitivo *Spacewar!* (1962), un videojuego que permitía controlar una pequeña nave que iba sorteando obstáculos (Donovan, 2010; Kent, 2001).

Cinco años más tarde se trataría de construir un primer dispositivo que permitiera interactuar con la televisión: se patentó la licencia de las máquinas recreativas y se creó una versión del *Spacewar!* (1962) para estas en 1971. Mientras tanto, se fundó Atari, la empresa encargada de desarrollar juegos como el *Pong* (1972) o, posteriormente, su versión casera: el *Home Pong* (1975). De esta forma, el camino hacia las videoconsolas quedaba abierto: en 1976 salía a la venta la primera de uso doméstico que empleaba cartuchos, la *Channel F* y, un año más tarde, Atari lanzaba su *2600* (Kent, 2001).

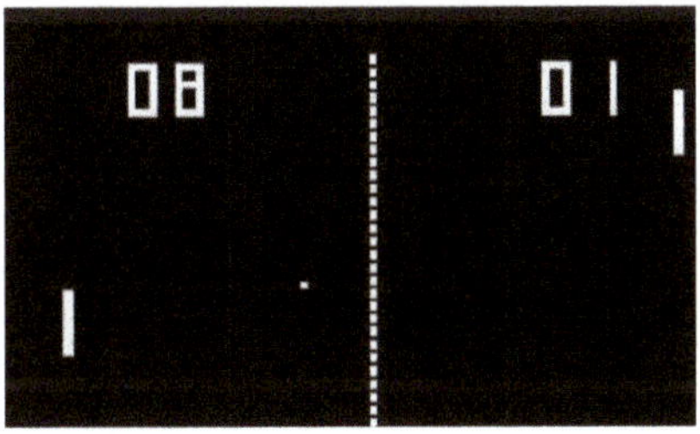

Imágenes 14 y 15. Pong (1972) y mando Home Pong (1975)

Cabe reseñar que las consolas y máquinas recreativas se caracterizaron por ser sistemas dedicados casi en exclusiva a ejecutar videojuegos[23]. Todas ellas contaban con su propio mando o joysticks, aunque estos siempre estaban diseñados con el fin de facilitar el control de los personajes y la comunicación entre el usuario y la máquina (Cummings y Vandewater, 2007; Ripamonti *et al.* 2017).

No obstante, los ordenadores también entrarían en la escena del mundo de los videojuegos, con productos como el *ZX Spectrum* (1983), en el que el sistema

23 Ello no quiere decir que en un ordenador no puedan ejecutarse videojuegos de géneros pensados para consolas o viceversa, De hecho, en la actualidad, tanto las consolas como los ordenadores ofrecen multitud de accesorios y programas muy similares que permiten jugar a cualquier videojuego sea en la plataforma que sea. No obstante, en la mayoría de los casos, los jugadores que juegan a través de Internet a un mismo título siguen separándose por la plataforma que emplean.

de entrada era el teclado. Esta distinción entre los sistemas de entrada ha sido crucial para distinguir entre aquellos videojuegos destinados principalmente a consolas (aventuras, plataformas, *RPG*) de los que se pensaron para ordenador (estrategia y simulación).

Imágenes 16 y 17. Teclado ZX Spectrum (1983) y mando Atari 2600 (1983)

En la década de los ochenta, estos productos ya se consideraban cotidianos y las grandes empresas, muchas aún hoy en activo, estaban ya en funcionamiento: *Nintendo*, *Capcom*, *Activision*, *Namco*, *Sega*, etc. Todas ellas partieron del desarrollo de gráficos en 8 y, posteriormente, 16 bits con los que recreaban una sensación de dos dimensiones, como si se trataran de dibujos de un libro (Donovan, 2010; Kent, 2001; 2021). Poco a poco se fueron añadiendo distintas características que facilitaban, mejoraban o, incluso, complicaban la experiencia de los jugadores: informaciones en pantalla, objetos o escenarios escondidos (conocidos como *huevos de pascua*), recreación de historias, etc. Los géneros más representativos de esta época eran los de aventura (como el *Wonder Boy* [1986]), arcade (*Lady Bug* [1981]) y pelea (*Karate Champ* [1984] o *Street Fighter* [1987]), aunque hubo también títulos que pretendían simular deportes como el fútbol (*Cassette 24: Fussball* [1978] o *Pele's Soccer* [1980]), el atletismo (*Track and Field* [1983]) o el baloncesto (*Super Basketball* [1984]).

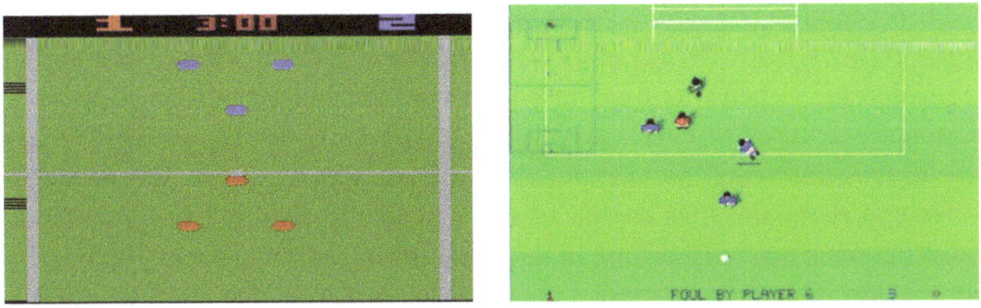

Imágenes 18 y 19. Pele's Soccer (1980) frente a Kick Off (1988)

Imágenes 20 y 21. Donkey Kong (1981) frente a Psychic 5 (1987)

En las imágenes anteriores se muestra la evolución de dos de los géneros mencionados, los de deportes y los de plataforma arcade: la imagen de la izquierda corresponde a un título del género de principios de los ochenta, mientras que la segunda corresponde con un videojuego de finales de esa misma década. En el primer par se observa una clara evolución de los gráficos, que pasan de mostrar a los jugadores de los equipos de futbol como puntitos a figuras más o menos humanas. Asimismo, la información que se ofrece en pantalla ha aumentado sustancialmente, llegando incluso a mostrar un pequeño mapa en el lateral de la pantalla del videojuego de 1988.

En el segundo par de imágenes (20) y (21) se vuelve a reflejar la evolución de los gráficos: mientras que en el *Donkey Kong* (1981) todos los elementos que se pueden ver tienen una finalidad dentro del videojuego (servir de apoyo al personaje, representar enemigos, obstáculos…), en el *Psychic 5* (1987) se han creado elementos con finalidad puramente decorativa, ya que se ha rellenado el fondo con elementos más complejos que una simple capa de color. Asimismo, la información en el primero se limita a la puntuación del usuario y la máxima puntuación registrada por todos los usuarios, mientras que en el segundo se indican otros elementos como los objetos, el tiempo, *vidas* restantes, los personajes accesibles, etc.

En esta década también se le empezó a dar protagonismo a la máquina como rival. Mientras que el *Tennis for Two* (1958) o el *Pong* (1972) fueron diseñados casi exclusivamente para jugar dos personas de manera competitiva, fue a finales de los 70 con el *Space Invaders* (1978) y a principios de los 80 con el *Pac-Man* (1980) cuando se crearon los primeros videojuegos con sistemas capaces de generar niveles y *NPCs* con apariencia de autonomía. No obstante, su comportamiento se caracterizaba por ser predictivo (Lara-Cabrera *et al.*, 2015), ya que cada movimiento en las partidas estaba establecido de antemano por la programación.

La industria del videojuego fue progresando y, con ella, la tecnología de las consolas y los ordenadores hasta llegar, en los noventa, a trabajar con los 32 y 64 bits en pantalla y procesadores y memorias capaces de soportar programas más complejos. Este nuevo hito permitió recrear los primeros escenarios en tres dimensiones con el *Virtua Fighter* (1993), un videojuego que mostraba, por primera vez en el mundo recreativo, profundidad en la pantalla o, en otras palabras, tres dimensiones.

Por otra parte, se empezaron a desarrollar títulos de mayor envergadura y sofisticación en los que el sistema ya no se comportaba solo a partir de una secuencia programada o reaccionando a comportamientos muy limitados del jugador, sino que empezaba a tener en cuenta sus movimientos y decisiones (Stanton, 2015). De esta forma, se siguió profundizando en los géneros de aventura y plataforma en las consolas con videojuegos como el *Crash Bandicoot* (1996) o el *The Legend of Zelda* (1998), en los que su complejidad volvió a las historias menos lineales y a los *NPCs* menos predictivos.

Mientras tanto, en los ordenadores se empezó a experimentar con géneros que aprovechaban al máximo las entradas de información del usuario: el desplazamiento y la selección rápida de elementos a través del ratón o la configuración de múltiples acciones en cada tecla o combinación de ellas. Ejemplos de ello, fueron los videojuegos de estrategia en tiempo real, como el *Age of Empires II*

(1999) o el *Starcraft* (1998); los de simulación como el *Simcity* (1989) o el *Theme Hospital* (1997); o los *shooters* como *Woolfstein 3D* (1992) o el *Doom* (1993).

Imágenes 22 y 23. Starcraft (1998) y The Legend of Zelda (1998)

Además de la mejora evidente de los gráficos, la información que ofrecían los videojuegos en esta década se volvió mucho más compleja: cualquier título de estrategia mostraba un mapa donde se reflejaba la posición de todas las unidades visibles del usuario, los comandos de acción de las unidades y sus estadísticas. Por otra parte, títulos del género *RPG* como el *Zelda* (1998) solían mostrar la barra de vida del personaje, sus objetos y estadísticas y, en ocasiones, el mapa del mundo virtual.

Este desarrollo no se ha detenido y los ordenadores y las videoconsolas siguen experimentando constantemente una evolución progresiva que ha permitido aumentar la calidad y profundidad de los mundos desarrollados dentro de ellos. En la actualidad, se pueden controlar personajes caracterizados con todo lujo de detalles y con unas posibilidades de movimiento que no se concebían hace apenas treinta años: personalización de su apariencia, control total de su cuerpo, interacción compleja con los *NPCs* a través de diálogos y acciones…

Asimismo, una de las principales metas de los desarrolladores ha sido explotar el apartado gráfico, ya que se concebía como uno de los elementos que más problemas había dado en cuestiones de verosimilitud, puesto que dificultaban la inmersión del usuario en el juego (comparar imágenes 22 y 23). No obstante, superado este problema, en la actualidad muchas compañías han vuelto al concepto de videojuego con gráficos en 2D o menos *realistas.* En ellos, parece que se hace patente la idea de *mundo imaginario* a los que transportar a los jugadores y, de esta manera, conectar directamente con su imaginación (Rogers, 2019).

Como se ha mencionado, los sistemas de juego y la programación han experimentado una evolución que los ha convertido en sistemas muy complejos: los personajes, entornos y el desarrollo de los mundos virtuales se han vuelto impredecibles y con una máquina capaz de mantener, en ocasiones, conversaciones con los usuarios de maneras muy diversas, evaluando las acciones pasadas y futuras de los jugadores y ajustándose a su comportamiento. Esto ha llevado a que la información y los mensajes que la máquina expone haya seguido complicándose y empleando más espacio en la interfaz, llegando a ocupar en ocasiones gran parte de la pantalla o teniendo que dividir la información en *menús* accesibles solo desde la pausa del juego (ver imagen 25).

Imágenes 24 y 25. Cloud de Final Fantasy VII de 1997 vs. 2020

Imagen 26. Menú de pausa de The Witcher III (2016)

En resumen, el nacimiento y el desarrollo de los videojuegos ha experimentado grandes cambios en los que se ha pasado de pantallas que mostraban solo los elementos indispensables para la mecánica del juego y su jugabilidad, como sucedía en el *Space Invaders!* (1968), a la posibilidad de crear mundos en los que cada detalle cuenta para llevar más lejos la experiencia de los jugadores dentro del universo digital.

Asimismo, estas mecánicas fueron evolucionando también en el apartado multijugador. En sus inicios, los videojuegos solo enfrentaban a los jugadores en partidas de corta duración, como en el *Pong* (1972) y, en muchas ocasiones, por turnos en los que se comparaba la puntuación de los jugadores, como sucedía, por ejemplo, en el *Pac-Man* (1980) o el *Lady Bug* (1981). Más adelante, se empezaron a crear los primeros juegos cooperativos, en los que dos usuarios recorrían los niveles al mismo tiempo, como el *Super Mario* (1985), el *Captain Commando* (1991) o *Knights of the round* (1991). Este hecho marcó un hito en la comunicación entre los jugadores, ya que las conversaciones que se mantenían en el marco de una partida se enriquecieron: los comentarios no solo se dirigían a comentar aspectos negativos o positivos de las jugadas, sino que se comentaban estrategias, se avisaban de peligros y objetos entre otras posibilidades[24].

La interacción, por tanto, se ha ido volviendo también más compleja hasta convertirse muchas veces en poco accesible para las personas ajenas a un tipo de videojuego o para los novatos. Las partidas entre gente inexperta cuentan con un aspecto divertido y de pasatiempo que poco a poco van perdiendo los jugadores más experimentados hasta prácticamente desaparecer en las ligas profesionales de videojuegos:

> Playing against the computer is nothing compared to playing against someone else. And when you are playing at the very beginning when you don't know that much, it's really fun and everyone's laughing and all that kind of stuff but as soon as you start gathering skill, you start gaining a lot of skill, it starts to get more serious and it's more rewarding. (Taylor, 2012: 6)

En la actualidad, incluso, esta especialización se ha desarrollado hasta el punto de emplear vocabularios específicos de cada género, creados con la finalidad de dar nombre a las realidades y fenómenos que solo existen dentro del mundo virtual de una clase de videojuegos. Una muestra de ello se observa en los siguientes

---

24 En muchas ocasiones, la comunicación que se establece en el contexto de una partida parece guardar relación, por ejemplo, con el contexto bélico: los jugadores se avisan de peligros inminentes, objetos que pueden recogerse o acciones más recomendables a seguir. Incluso se han llegado a desarrollar papeles específicos en los juegos cooperativos en los que cada jugador asume un papel que, en muchas ocasiones, están asociados con una mayor o menor jerarquía dentro de la partida.

fragmentos de conversación de una partida de *League of Legends* (2009), en los que se emplean términos como *tanquea* (acción de defender, ejemplo (2)), *q* (habilidad que se utiliza con esa letra del teclado) o *skillshot*[25] (ataque realizado con una habilidad, ejemplo (3)):

(2) **V-I - 35:40**[26]
B: vamos Alma tanquea↑ (RISAS)
S: sí claro espérate↑ [(RISAS)]
B: [(RISAS)]
(3) **V-I - 8:38**
A: ya ya gracias→
B_acciones: **deja de atacar y vuelve a su línea**
D_acciones: **deja de atacar y vuelve a su línea**
C: ¡bua!↑/ la Lux ha empezado con q / y encima ha fallao / una skillshot ahí que lo flipaas↓

Sin embargo, este camino en el desarrollo de los videojuegos se nutrió también de otra herramienta que permitió la conexión de sistemas a larga distancia: Internet. De esta manera, la historia de la expansión masiva de los videojuegos multijugador estuvo vinculada con el desarrollo de la red. Gracias a él se posibilitó la conexión entre jugadores a lo largo del mundo, promoviendo la creación de ligas y campeonatos en los que ya no era necesario compartir un mismo espacio para participar, aunque en la actualidad muchos de ellos se desarrollen presencialmente, pero siempre conectando los dispositivos a través de Internet. Hoy en día estas competiciones se han convertido en fenómenos de masas semejantes al fútbol o el baloncesto con partidas multijugador disputadas por jugadores o equipos de *e-sports* (*electronic sports*) famosos.

3. Los videojuegos en línea y los e-sports

El mundo de los videojuegos ha experimentado una transformación radical desde su concepción. En las primeras etapas, los videojuegos eran una novedad tecnológica que se disfrutaba en el salón de recreativas, pero luego, con el auge de las consolas, pasaron a ser un entretenimiento casero que se disfrutaba en solitario o con amigos cercanos. Sin embargo, la red posibilitó que se convirtiera en una nueva forma de socializar, ya que esta permitía la conexión entre

25 Este vocabulario se ha desarrollado, principalmente, en inglés; razón por la que muchos términos proceden de este idioma.
26 S lleva un personaje que no aguanta el daño ni es defensivo.

jugadores a distancia. Para ello, fue necesario fomentar los entornos multijugador a través de las competiciones entre los usuarios, precursoras de lo que hoy se conoce como *e-sports* (deportes electrónicos, en inglés).

Su origen parte un par de décadas antes de que Internet empezara a expandirse. En 1972 se celebró el primer torneo de videojuegos en Stanford con el *Spacewar!* (1962), limitado a usuarios de la universidad. Pocos años después, en 1978, *Taito Corporation* creó el primer campeonato nacional de videojuegos con el *Space Invaders* (1978) como protagonista (Rogers, 2019). Pero fue en los 80, cuando la cultura de los recreativos se había asentado, cuando se convirtieron en verdaderos eventos multitudinarios (Rogers, 2019) y se fueron celebrando encuentros y torneos cada vez más frecuentemente.

Al mismo tiempo, el progresivo desarrollo y popularización de la red e Internet se aprovechó también para *conectar* a los usuarios a través de videojuegos más allá de un mismo dispositivo y, posteriormente, de un mismo espacio físico. En la década de los setenta se desarrolló uno de los primeros juegos multiusuario: el *Dungeon and Dragons* (1974), una versión del aclamado juego de rol (Stanton, 2015; Rabin, 2010) que permitiría la conexión entre ordenadores (en un mismo lugar aún) para jugar de manera simultánea a un mismo juego.

Sin embargo, el verdadero cambio se produjo con la aparición de la World Wide Web en 1989 y los navegadores en 1990. Estas nuevas tecnologías se emplearon, inicialmente, para acceder de manera sencilla a contenidos creados entorno a los videojuegos con el fin de promocionarlos, como *demos*[27], imágenes o canciones. Poco tiempo después, se aprovechó la red para permitir la conexión entre los internautas con la finalidad de jugar también a grandes distancias.

Uno de los principales atractivos de estos nuevos *deportes* era que los enfrentamientos no tenían nada que ver con las capacidades físicas de las personas, sino que se competía a partir de la destreza que cada jugador tenía en el dominio de las acciones que cada videojuego presenta (Taylor, 2012). Este hecho fue decisivo para lograr su expansión y popularización, ya que trajo como consecuencia que se empezaran a crear competiciones más serias, primero, a escala nacional y luego en el ámbito internacional. En 1996, en Estados Unidos, tuvo lugar la primera *QuakeCon*, donde se utilizaron ordenadores conectados mediante tecnología LAN (Red de Área Local, en inglés). Al año siguiente, en Europa, nació la *Deutsche Clanliga*, que agrupaba torneos de diferentes videojuegos.

27 Fragmentos de un videojuego, normalmente del principio de la historia, que se dan o se pueden descargar gratuitamente con el propósito de promocionar el producto.

Para el año 2000, esta liga se transformaría en la *Electronic Sports League*. En ese mismo año, Corea del Sur albergó el primer campeonato internacional de ciber juegos, el *World Cyber Games tournament* (Stanton 2015; Donovan, 2010), consolidando así las bases de los actuales *e-sports*.

Uno de los protagonistas más importantes de estos campeonatos iniciales fue el *Starcraft* (1998) (Donovan, 2010: 360; Stanton, 2015), cuyo atractivo residía, tanto para jugadores como para espectadores, en el equilibrio entre «... three asymmetric races, tests a wide range of skills and has an enormously high skill ceiling» (Stanton, 2015). En otras palabras, ofrecía la posibilidad de enfrentamientos con un sistema justo y equitativo, pero que también contaba con suficientes diferencias entre las civilizaciones que se podían escoger para garantizar situaciones únicas en cada partida.

De este modo, las bases para el crecimiento de los *e-sports* estaban asentadas: Internet permitía a una gran cantidad de gente conocerse y mantener contacto entre ellos, interesarse por un mismo videojuego y compartir la experiencia a distancia. Asimismo, la labor de las instituciones que se fueron creando, como las citadas anteriormente (*QuakeCon* o *Deutsche Clanliga*), se encargaron también de establecer reglas comunes para unificar las formas de jugar, de manera que se facilitara la interacción de los usuarios, ya fuera en partidas *amateur* o competitivas (Summerley, 2020).

Uno de los requisitos para facilitar la jugabilidad e interacción de los usuarios fue la de proporcionar formas de comunicación dentro de las fronteras del videojuego. Como se ha señalado anteriormente, el género 2.0. más factible y que menos problemas suele provocar por la poca carga que supone para la red y para la propia plataforma es el *chat* (Herring, 2017; Yus, 2011), razón por la que desde el principio se seleccionó para acompañar las partidas multijugador en línea.

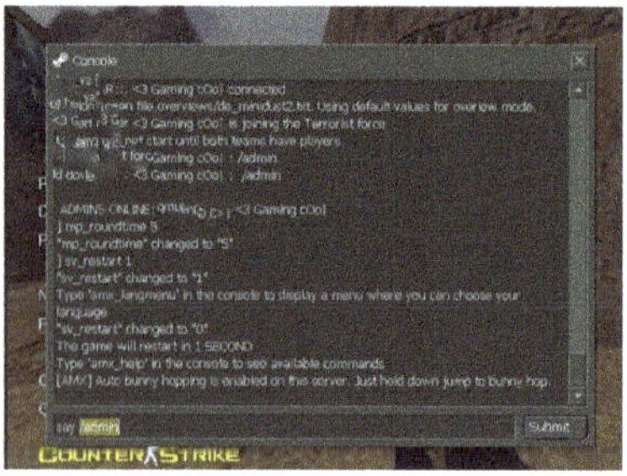

Imágenes 27 y 28. Consola de chat de Age of Empires II (2002) y Counter Strike (2000)

No obstante, el chat en ocasiones resultaba insuficiente para lograr una comunicación fluida, especialmente entre jugadores que pertenecían al mismo equipo, ya que era necesario detener cualquier tarea que se estuviera realizando en el videojuego para escribir o leer; además de que podía llegar a estorbar la visión del campo de juego si se desplegaba por completo, como se observa en las imágenes 26 y 27. Por esta razón, los usuarios solían apoyarse en servicios externos de voz como *Skype* o *Teamspeak* para suplir esta carencia, aunque esto restringía la comunicación a jugadores que se conocían previamente a la partida.

Frente a esta necesidad, poco a poco se fueron incluyendo dentro de los videojuegos servicios de transmisión de voz que consumían menos recursos del ordenador que mantener un segundo programa en marcha. Esta característica se implementó, especialmente, entre integrantes de un mismo equipo o grupo, aunque en los *MMORPG* (videojuegos multijugador-masivos de rol-play, en inglés) también se facilitó para conversar con personas que se encontraran en la misma ubicación, como en el *World of Warcraft* (2004) a partir de 2017. Esta característica, no obstante, no fue sinónimo de fluidez en el habla como en una conversación interpersonal, sino que la comunicación quedó sujeta a los fines del videojuego creando, por ejemplo, momentos de silencio, como en cualquier tipo de interacción con un grado de transaccionalidad:

> These gaps may also occur in face-to-face communication; they are very typical for situations such as driving a car, working together on a project, watching TV together, playing video games in a group etc. (cfr. Baldauf and Klemm,1997; Ayaß 2012; Piirainen-Marsh, 2012). (Jucker *et al.*, 2018: 93)
>
> FPS chat differs from other CMC, however, in that messages tend to focus on the stated purpose of the site (the game), rather than digressing onto other topics (Herring, Kutz, Paolillo y Zelenkauskaite, 2009: 9)

Otro rasgo que casi todos los videojuegos en línea suelen compartir es la importancia de la información accesible durante el desarrollo de las partidas. Al tratarse de usuarios que están conectados a distancia y que en algunos videojuegos no pueden ver lo mismo a la vez, el sistema tiene que actuar de *comentarista* y *juez*[28] (ver apartado 2.3.). Por esta razón, las pantallas de los usuarios ofrecen cierta información sobre los sucesos de la partida a los jugadores con la finalidad de unificar la visión de los usuarios (imagen 29), hecho que no sucede en los

---

28 El papel de la máquina se ha ido volviendo cada vez más complejo, llegando, incluso, a trascender su función informativa. Por ejemplo, existen ocasiones de empate en las que la máquina debe decidir y anunciar quién es el ganador de un encuentro.

videojuegos de un jugador (imagen 30) o multijugador con una misma pantalla (imagen 31).

Imágenes 29 y 30. *Videojuego online (*League of Legends *[2009]) anunciando muerte de un personaje y videojuego de un jugador (*Mass Effect 3 *[2012]) sin anunciar muerte de un personaje*

Imagen 31. Videojuego multijugador en el que se comparte la misma pantalla (Dragon Ball Z: Budokai 3 [2004])

En la comunicación entre humanos un oyente solo necesita una pequeña fracción de su enunciado para presuponer cómo puede reaccionar a la emisión del hablante inicial (Schegloff, 1999 y 2006; Levinson, 2013). Es decir, el contenido de las intervenciones es parcialmente predicho o supuesto por el oyente mientras el enunciado del hablante está en marcha, una capacidad que permite aumentar el tiempo del que un hablante dispone para crear su reacción y razón por la que los silencios no suelen ser muy extensos en las conversaciones cara a cara (Levinson, 2013; Levinson y Torreira, 2015):

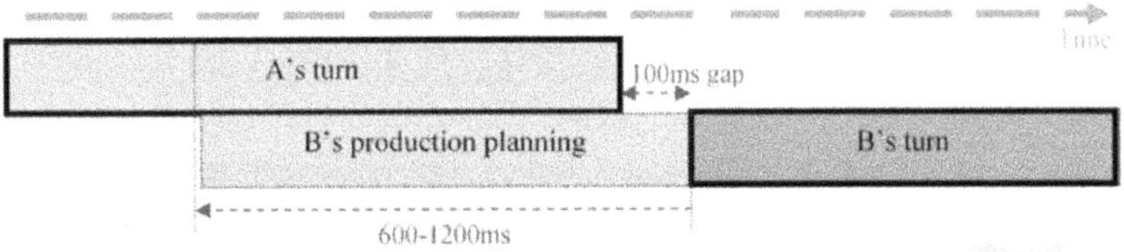

Imagen 32. Proceso de comprensión y producción durante un solapamiento en la conversación (Levinson, 2013: 102)

Esta *habilidad* se emplea también en el mundo de los videojuegos. Como se acaba de mencionar, el sistema genera emisiones (normalmente, programados de antemano) que anuncian o ratifican los sucesos más relevantes que se desarrollan durante la partida (Badia, 2023; en prensa). Tomando en cuenta el proceso de comprensión y producción de Levinson (2013) de la imagen anterior y dado que los enunciados del sistema de juego son un inventario preestablecido de frases, los jugadores más experimentados aprenden estos patrones y pueden anticipar el final de los enunciados emitidos por la máquina, incluso con más éxito de lo que harían con un enunciado emitido por un humano. Por este motivo, en algunas ocasiones solo necesitan una fracción de segundo para entender qué ha sucedido y reaccionar a la información de la máquina que, además de anunciarse por el canal oral, se muestra también en pantalla:

(4) **V-1 – 28:55**
S_acciones: **mata a Talon**
SJ: ha mu[erto] [un enemigo]
S: [ole]
C: [ahí] estáá bien ahí↓

En el ejemplo (4), S realiza una acción que es inmediatamente anunciada por el sistema. A mitad de su mensaje, tanto S como C reaccionan a esta intervención, bien porque ya se prefiguran su contenido, bien porque han leído el mensaje en pantalla. En este sentido, el conocimiento de la mecánica de la partida y de los tipos de información que el videojuego transmite facilitan respuestas más rápidas de los usuarios.

En resumen, se reaccione de manera secuencial o anticipando parte del contenido, el papel de la máquina en los videojuegos no se limita solo a mostrar la información de la partida o de los jugadores, sino que puede ejercer influencia en la interacción de los participantes. El discurso, por lo tanto, se construye también gracias a las aportaciones del sistema (Badia, 2023 y en prensa).

Por último, cabe destacar que existe una amplia variedad de géneros de videojuegos que, en la actualidad, cuentan con su espacio en la red. En la tabla siguiente se muestra de manera sintetizada las características de aquellos que se han considerado más representativos para la investigación, bien porque son precursores del género objetivo (el *MOBA*), como los *Shooters*, los *MMORPG* y los juegos de estrategia en tiempo real; bien por su importancia y fama en Internet, como los juegos de coleccionables o de simulación deportiva.

Tabla 11. Resumen de las características de los videojuegos en línea

Tipo de videojuego	Características generales	Rasgos lingüísticamente relevantes
***Shooter* (*Call of Duty* [2003])**	- Cámara en primera persona - Temática bélica - Control de un personaje - Objetivo: destruir al enemigo o capturar sus posesiones	- Juego individual + por equipos - Estadísticas de muertes e información de la partida (tiempo de juego) - Chat y voz
Juegos de coleccionables (*Clash Royal* [2016])	- Visión general del espacio - Temática variable - Control de diversos elementos del juego - Objetivo: conseguir todos los elementos coleccionables	- Juego individual o por equipos (-) - Información de la partida - Chat (inventario reducido)
Estrategia en tiempo real (*Starcraft* [1998])	- Visión de *dios*[29] - Temática bélica - Control de múltiples personajes (de forma simultánea) - Objetivo: destruir al enemigo o capturar sus posesiones	- Juego individual (+) o por equipos - Puntuaciones de jugadores, estado de recursos e información de la partida - Chat

29 Referencia a la cámara que permite ver el mapa de juego desde arriba, aunque no de manera completa, como si se tratara de una grúa o dron que pudiera desplazarse libremente por el espacio de juego. Este tipo de visión se emplea, especialmente, en

Tabla 11. Continuación

Tipo de videojuego	Características generales	Rasgos lingüísticamente relevantes
Simulación deportiva (*NBA 2K20* [2019])	- Cámara lateral e inclinada - Temática deportiva - Control de múltiples personajes (una cada vez) - Objetivo: ganar partidos	- Juego individual - Estadísticas e información del encuentro - Chat (-) y voz (-)
MMORPG[30] (***World of Warcraft*** [2004])	- Cámara en 3.ª persona - Temática variable (bélica) - Control de un personaje (directo) - Objetivo: vencer a los enemigos y desarrollar al personaje	- Juego individual + por equipos - Estadísticas del personaje e información del entorno - Chat (+) y voz (-)
MOBA (***League of Legends*** [2009])	- Cámara en 3.ª persona (elevada) - Temática bélica - Control de un personaje (indirecto) - Objetivo: destruir la base enemiga	- Juego por equipos - Estadísticas del personaje e información de la partida - Chat (-) y voz (+)

A partir de los rasgos enunciados en la tabla anterior es posible observar de manera general qué comparten los videojuegos MOBA con otros géneros. En primer lugar, cabe destacar que los videojuegos en línea comparten la característica obvia de conectar a jugadores que no comparten el mismo espacio físico dentro de un mismo mundo virtual sea cual sea su tipología. Sin embargo, el modo de organizar a sus jugadores será uno de los elementos más importantes en tanto en cuanto al tipo de comunicación que se dé dentro de

los juegos de estrategia porque facilita el control de múltiples personajes, unidades y elementos en general al mismo tiempo.

30 Como curiosidad, existen un tipo de *MMORPG*, como *Habbo* (2000), *Second Life* (2003) o el *GTA Online* (2013), en los que no existe un objetivo concreto para los usuarios que pueden moverse, interactuar y ejecutar acciones libremente, de manera que «...there are no tasks or objectives for the residents, who are free to pursue their own interests, to interact with other residents, organise events...» (Jucker et al., 2018: 93)

sus fronteras: mientras que existen videojuegos de corte cooperativo que facilitan la comunicación entre los miembros de un mismo equipo, como en los MMORPG, los MOBA o los *shooters*; otros están diseñados para la competitividad y no cuentan o no se emplea de manera frecuente las herramientas comunicativas, como sucede en los juegos de simulación deportiva, de coleccionables o de estrategia en tiempo real.

En segundo lugar, cabe tener en cuenta que los *MOBA* son un género relativamente nuevo (el primer videojuego de este tipo se lanzó en 2009; el *League of Legends*[31]) que nace a partir de la confluencia de tres de los géneros expuestos en la tabla anterior. Primero, los *MOBA* se vieron influidos por los *shooters*, ya que fue en estos donde nació la mecánica de juntar a los jugadores en dos o más equipos y enfrentarlos entre sí. Asimismo, también guardan relación con los *MMORPG*, videojuegos de mundo abierto en los que se controla a un personaje que cuenta con distintas habilidades, poderes y estadísticas; además de un sistema de obtención de experiencia y niveles basado en el cumplimiento de objetivos, destrucción de estructuras o asesinato de enemigos; al igual que sucede en el *League of Legends* (2009).

Por último, los *MOBA* cuentan con una visión en tercera persona, aunque elevada, que recuerda a los juegos de estrategia militar. Este rasgo muestra el espacio alrededor del personaje del usuario en una visión de 360° que facilita un mayor control de la situación. Asimismo, el objetivo de destruir las bases parte también de la mecánica de esta clase de videojuegos, en las que los jugadores creaban estructuras para generar recursos y unidades y debían destruir las del contrario para lograr la victoria.

En conclusión, el desarrollo y evolución de los videojuegos ha hecho que la información mostrada a los jugadores y las mecánicas de juego se hayan vuelto, poco a poco, más complejas; un hecho que, además, ha afectado al tipo de comunicación e interacción que se da entre los usuarios. Se ha pasado de una interfaz sencilla con juegos con movimientos y acciones sencillas a la recreación de nuevos universos llenos de detalles y posibilidades en los que los jugadores, no solo viven historias o se enfrentan entre sí, sino que pueden colaborar para lograr sus objetivos.

El *MOBA*, por su parte, es uno de esos géneros en los que se promueve la cooperación entre sus jugadores, ya que organiza a estos en equipos, se conozcan de

---

31 En 2003 se creó un escenario personalizado para el *Warcraft III* (2002), conocida como *DOTA* (2003), que permitía a dos equipos enfrentarse uno contra el otro para destruir sus respectivas bases. No obstante, no solo se controlaba a un personaje, sino a toda una facción.

antemano o no, de manera que compartan el mismo objetivo: destruir la base de los enemigos. Esta situación provoca que el juego no se pueda desarrollar de manera individual o con alguna emisión aislada que solo valore los sucesos que se están llevando a cabo, sino que se produzca una relación más dinámica y fluida entre los usuarios.

En conclusión, la comunicación está en la base de cualquier género de videojuego, sea entre los usuarios o entre el jugador y con el sistema. Por este motivo, es posible observar las características que puedan influir en las formas que esta toma en cada tipo de género, de manera que puedan estudiarse con el fin de establecer semejanzas y diferencias. En consecuencia, el siguiente apartado se va a dedicar a establecer una propuesta de clasificación de los distintos tipos de comunicación que pueden encontrarse y, con ello, observar dónde se sitúa el tipo de juegos al que pertenece el objeto de estudio de esta investigación: los *MOBA*.

4. Los tipos de comunicación de los videojuegos

En los apartados §2. y §3. se ha ofrecido una panorámica general de la evolución de los videojuegos en la que se ha podido observar que la mayoría de ellos se pueden analizar desde una perspectiva multimodal (Mondada, 2007; Depperman, 2013; Herring, 2017 Bauer y Kato, 2018; Kato y Bauer, 2021). Esto se debe a que la mayoría de estos juegos ofrecen interfaces multifacéticas que permiten diversas formas de interacción, desde texto simple hasta (video)llamadas.

En otras palabras, en los videojuegos confluyen tanto las acciones y palabras de los jugadores en la vida real como sus interacciones dentro del entorno virtual mediante sus *alter-ego* (los avatares) y la información accesible desde su pantalla. Asimismo, la máquina también desempeña un papel importante en este discurso, puesto que es la encargada de hacer hablar y mover *NPCs* y de informar de las estadísticas y sucesos que se van desarrollando a lo largo de las partidas.

No obstante, como se ha visto en el desarrollo histórico de los videojuegos y de su vinculación con la red, no todos se estructuran u ofrecen el mismo tipo de información a los usuarios, pues dependerán del género, su finalidad y el tipo de jugabilidad que ofrecen. Por esta razón, más allá de las diferencias técnicas de cada uno, los juegos pueden agruparse en tres grandes grupos (Badia, 2023 y en prensa) de acuerdo con las características comunicativas que influyen tanto a los usuarios como a la máquina:

Tabla 12. Agrupación de videojuegos según el tipo de comunicación (Badia, 2023 y en prensa)

Tipo de comunicación	Rasgos	Ejemplos
Particular	- El sistema ofrece solo información relativa al usuario - No se muestran estadísticas generales de la partida en la pantalla de juego - La pantalla es individual para cada usuario - Interacción nula, con el sistema o narrativa (retransmisión de videojuegos)	***Shooters offline:*** - *Mass Effect* (2007) - *Halo* (2000) ***RPGs:*** - *Skyrim* (2011) - *The Witcher III* (2016) ***Estrategia en tiempo real:*** - *Evil Genius 2* (2021) - *Faraón* (1999) - *Starcraft* (1998)
Global	- El sistema ofrece solo información general de la partida - No se ofrece información individual - La pantalla se comparte entre los usuarios - Interacción competitiva (se comentan jugadas o se increpa al contrincante) o narrativa (retransmisión de videojuegos)	***Simulación deportiva:*** - *Fifa 21* (2020) - *NBA 2K20* (2019) ***Videojuegos de lucha:*** - *Street Fighter (1987)* - *Tekken 7 (2015)* - *Mortal Combat XI (2020)*
Mixta	- El sistema ofrece información general de la partida e individual - La pantalla es individual - Interacción grupal, competitiva y narrativa	***Shooters online*:** - *Team Fortress 2* (2007) - *Call of Duty 2* (2005) ***MOBA*:** - *League of Legends* (2009) - *Heroes of the Storm* (2013) ***MMORPG:*** - *World of Warcraft* (2004) - *Eve Online* (2003)

El primer tipo, los videojuegos de comunicación *particular*, permiten al jugador enfrentar desafíos y vivir narrativas con la máquina como principal interlocutor. Estos se juegan individualmente y ofrecen una experiencia única, centrada en el avatar o grupo de personajes que controla el jugador (ver imagen 32). La interfaz muestra información principalmente sobre este avatar, incluyendo estadísticas, habilidades y comunicaciones con otros personajes no jugadores (NPCs). Además, no solo se centran en la jugabilidad, sino también en la interacción narrativa, permitiendo a los jugadores dialogar con NPCs a través de un sistema de elección múltiple. La experiencia, por tanto, busca ser inmersiva y la distinción entre jugador y avatar tiende a difuminarse, ya que las decisiones tomadas pueden influir en la narrativa y desenlace del juego.

Imagen 33. Captura de pantalla de Skyrim (2011)

En este tipo de juegos, el jugador decide las acciones y diálogos, pero es el avatar quien los lleva a cabo. Las decisiones del usuario se convierten en las del personaje y tienen un impacto directo con la historia que se está desarrollando. De esta manera, se hace tangible una especie de polifonía de voces en la que el sujeto que escoge qué decir no es el mismo que el que pronuncia el enunciado ni tampoco es el mismo que el que experimenta las consecuencias psicológicas del discurso. En definitiva, en el mundo digital el jugador decide y el avatar actúa, mientras ambos comparten la carga psicológica del discurso.

La segunda clase de comunicación, la *global*, son videojuegos donde se enfrentan directamente dos o más jugadores, proporcionando a todos los participantes acceso simultáneo a la misma información y, en muchos casos, compartiendo la misma perspectiva o pantalla. Aún más, aunque los jugadores pueden no estar en la misma ubicación física, la información visual, como las estadísticas del juego y el estado de los avatares, es la misma para todos con el fin de crear una experiencia equitativa y competitiva. Además, estos juegos se caracterizan por espacios virtuales concentrados, como estadios o campos de batalla, donde la acción se centra en puntos específicos. Ejemplos de ello incluyen simuladores de deportes, donde la cámara sigue la pelota, y juegos de lucha que muestran a los combatientes enfrentándose (imágenes 34 y 35).

Imágenes 34 y 35. Capturas de pantalla de Mortal Kombat XI (2019) y Fifa 2020 (2019)

Cabe señalar, sin embargo, que la identificación entre el jugador y el avatar es menos intensa en comparación con los videojuegos de comunicación particular, puesto que no hay una vinculación individual exclusiva a través de la interfaz. No obstante, con esta modalidad se favorece la comunicación entre los jugadores, puesto que comparten una experiencia común, aun con objetivos contrapuestos: ganar la partida. Por esta razón, sus comentarios suelen limitarse al comentario o valoración de ciertas jugadas o acciones.

Por último, los videojuegos de comunicación *mixta* combinan características de los dos tipos presentados anteriormente, enfrentando a dos equipos con un objetivo común mientras también requieren colaboración dentro de cada equipo. Estos juegos, como los del género MOBA, presentan una interfaz que ofrece información tanto general como personalizada. Por ejemplo, el sistema se encarga de anunciar a todos los usuarios los eventos importantes del juego y ciertas estadísticas compartidas, pero la cámara sigue al personaje individual de cada jugador y la interfaz de cada jugador muestra las estadísticas específicas de su avatar. Asimismo, los jugadores suelen aprovechar los diversos canales que la interfaz posibilita, como la voz, el chat o las acciones de los avatares, creando una experiencia interactiva rica y compleja que requiere tanto cooperación como competencia.

Imagen 36. Captura de pantalla de League of Legends (2009)

(5) **V-x - 24:45**
C_acciones:**llega a bot**
C: ah que encima // están aquí todos / qué bien
B: no / el Amumu está colaborando en bot / ay en top
C: aayy / nice u

Dentro de estos juegos, la identidad del jugador se entrelaza con la del avatar que controla, influida tanto por la historia real del jugador como por las experiencias dentro del juego. Un ejemplo específico es el *League of Legends* (2009), donde la elección de posición y personaje del jugador define sus responsabilidades y expectativas dentro de la partida. Estas elecciones y roles dan forma a las interacciones y comunicaciones entre los jugadores. Esto es, los videojuegos de comunicación mixta ofrecen un contexto único y dinámico para estudiar la interacción y el discurso entre jugadores, presentando oportunidades para análisis en profundidad de cómo se estructura y evoluciona la comunicación en estos entornos digitales.

En resumen, a lo largo de este apartado, se ha explorado cómo los videojuegos se han desarrollado en términos de comunicación, evidenciando la creciente complejidad y riqueza de sus interfaces y modalidades de interacción: desde los videojuegos de comunicación *particular*, que ofrecen una experiencia inmersiva y centrada en el avatar, pasando por la comunicación *global*, donde los jugadores compiten en un terreno equitativo, hasta llegar a la comunicación *mixta*, que combina características de ambos y amplía la dinámica de juego a través de la cooperación y competencia en equipo. Cada tipo refleja una dimensión única de la experiencia del juego y subraya la interacción entre la realidad del jugador y el universo virtual.

De este modo, estas categorizaciones no solo proporcionan una comprensión más profunda de cómo los videojuegos han evolucionado y se han diversificado a lo largo del tiempo, sino que también sientan las bases para futuros estudios que tengan en cuenta todos aquellos aspectos que se han mencionado y que estén involucrados en la interacción de los jugadores: lo que se dice, lo que se hace, los mensajes e información que expone el sistema, la organización de cada equipo… Se abre la puerta, por tanto, a realizar un estudio que permita realizar una descripción de los elementos que identifican al discurso que se produce en este tipo de género de videojuegos y que sirva como base para compararlo con otros géneros discursivos, como se pretende en este libro.

5. LOS MOBA

A lo largo de este capítulo se han expuesto distintas características de los videojuegos: su desarrollo histórico, la evolución de sus mecánicas, la distribución de la información en las pantallas, su relación con Internet, etc., elementos que, posteriormente, se han empleado para describir el tipo de interacción que se da y ofrecer una primera propuesta que clasifique los distintos tipos de comunicación que pueden encontrarse en sus fronteras. Con ello, se ha tratado de dar un marco sobre el que situar el objeto de estudio de esta investigación, los videojuegos *MOBA*, de manera que pueda ponerse en relación con otros títulos de su tipología y observar las diferencias con otros géneros.

Partiendo de esta información, este apartado se va a dedicar a realizar una síntesis de los diferentes aspectos mencionados en relación con este género de videojuegos. Para ello, se describirá brevemente las características y funcionamiento del título escogido, el *League of Legends* (2009), para, posteriormente, exponer qué semejanzas y diferencias presenta desde una perspectiva teórica tanto con la conversación como con otros discursos mediados por ordenador, especialmente con otros géneros de videojuegos.

5.1. El Funcionamiento del League of Legends (2009)

Como se ha mencionado, esta investigación ha escogido el título *League of Legends* (2009) como representante de los *MOBA*, del que se han realizado distintas grabaciones con diferentes composiciones de equipo y en distintos modos de juego (ver § 4. del capítulo 1). Su elección se debe a dos razones. En primer lugar, se trata de uno de los títulos de esta clase con más jugadores activos, ya que cuenta con más de 130 millones de usuarios activos al mes; una cifra muy por encima de otros como *DOTA 2* (2013) con unos cuatrocientos mil jugadores o el *Heroes of the Storm* (2015), con dos millones de jugadores. La segunda razón tiene que ver con el funcionamiento de esta clase de videojuegos, puesto que, como se ha expuesto en el apartado anterior, su mecánica requiere de la comunicación entre los participantes:

> two teams of five champions [...] against each other, all controlled by players, on a large map bisected with three lanes between each team's home base. Both teams have a small army of AI monsters [...] who will push forwards, and a series of defensive towers on their half of the lane. The goal is to destroy the enemy team's base, but the game is to level up your champion as fast as possible by landing and killing blow on enemy creeps and, if possible, enemy champion – which grants experience and gold (Stanton, 2015: 273).

Imagen 37. Mapa del League of Legends (2009)

Este es precisamente el funcionamiento básico del videojuego *League of Legends* (2009, conocido también por *LoL*), cuyo mapa se puede observar en la imagen 37. En este modo de juego, conocido como *clásico* o *reclutamiento*, los miembros de un equipo se distribuyen en distintas posiciones predefinidas por la propia mecánica del juego de las otras líneas. Asimismo, existe otro modo de juego con reglas diferentes que también es muy común entre los jugadores, especialmente por la brevedad de sus partidas y su menor complejidad. Esta mayor sencillez se basa en el cambio de mapa de juego (ver imagen 48), ya que este se compone solo de un único carril por el que todos los jugadores de los dos equipos pueden moverse. Por esta razón, no existen posiciones predefinidas y el enfrentamiento se da entre todos los miembros de cada equipo desde el principio.

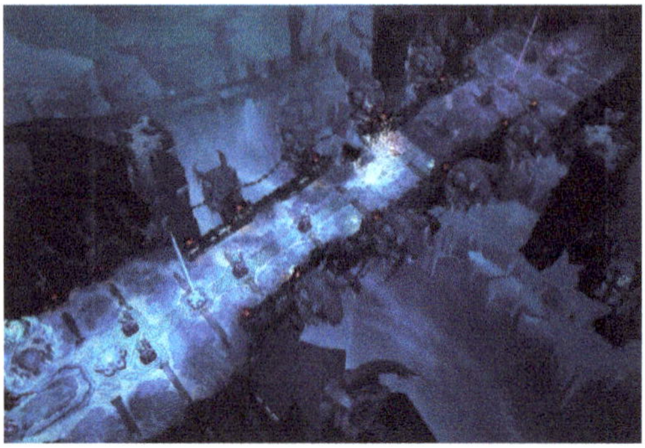

Imagen 38. Mapa de juego del modo Aram

En ambos modos de juego la interfaz de juego muestra el mismo tipo de información y con la misma distribución en pantalla. En el lateral derecho superior se muestra un recuento de las estadísticas más relevantes de la partida (imagen 40), a saber, de izquierda a derecha: las muertes de los equipos y las propias, así como las asistencias ofrecidas; los *minions* capturados y el tiempo transcurrido de la partida. En la esquina inferior izquierda (imagen 41) se muestra el resumen de las estadísticas de los compañeros de equipo (su salud, maná, nivel y habilidad especial) y, justo debajo, el mapa de juego. En la parte central inferior (imagen 39), se muestran las habilidades del personaje que controla el jugador, sus estadísticas (tanto de daño como de estado actual) y los objetos que poseen.

Imagen 39. Estadísticas personales del personaje

Imagen 40. Estadísticas generales de la partida

Imagen 41 y 42. Mapa de juego con el resumen de las estadísticas de los compañeros de equipo y chat de la partida

En la parte superior derecha (imagen 36) se muestra la información del objetivo seleccionado, ya sea un miembro del equipo, un enemigo, una estructura o un monstruo del juego. Por último, en la esquina inferior derecha (imagen 42), se muestra el chat en el que se recogen tanto las intervenciones escritas de los jugadores como la información más relevante que emite el sistema de juego.

Imagen 43. Estadísticas del objetivo seleccionado por el usuario

Con respecto a esto último, cabe destacar que durante la partida existen una serie de sucesos que tienen mayor importancia para su desarrollo: la muerte de jugadores o monstruos poderosos, la destrucción de estructuras y la información programada de la partida (como la generación de minions). Estos pueden o no ser vistos por todos los jugadores, de manera que, para que el encuentro sea justo, el sistema se encarga de transmitir esta información a todos los participantes para que esté en su conocimiento. Debido a esta circunstancia, durante el desarrollo de una partida, los participantes juegan y hablan entre ellos, mientras el sistema da una serie de informaciones en forma de mensajes orales y escritos[32], puesto que está programada para anunciar aquellos sucesos importantes a lo largo del encuentro.

No obstante, la forma en la que se transmiten es distinta de acuerdo con los siguientes factores: si se trata de la muerte de jugadores o destrucción de estructuras pondrá el foco deíctico siempre en la perspectiva del usuario y del equipo que recibe el enunciado, de manera que un mismo suceso se comunica de cuatro formas distintas: 1) el sujeto que recibe la acción, 2) el que la ejecuta, 3) los compañeros del primero y 4) los miembros del equipo contrario:

1) Te han matado
2) Has matado a un enemigo
3) Ha muerto un aliado
4) Ha muerto un enemigo

Este tratamiento diferencial está motivado, fundamentalmente, para evitar las confusiones con ciertas muertes, especialmente cuando no se trata de los jugadores implicados y no son testigos de lo que ha sucedido. De esta manera, en cualquier momento y se encuentre donde se encuentre, un usuario puede ser consciente de esta circunstancia, ya que las muertes de los jugadores suponen uno de los elementos más importantes de la partida debido a que ofrecen tanto experiencia como oro a los personajes, elementos que les vuelve más fuertes. De hecho, los jugadores con más experiencia son capaces de determinar cuándo un encuentro está perdido de acuerdo con las estadísticas de un personaje o de la partida en general, como comenta en el fragmento siguiente el hablante C:

---

32 Cabe tener en cuenta antes que este videojuego no tiene sentido solo en el nivel profesional, ya que nació como una forma de entretenimiento para el jugador medio y este sigue siendo su principal cometido: tanto si se juega solo (en cuyo caso el *invocador* será incluido en un equipo hecho al azar por el sistema) como si se juega con un grupo predeterminado (*premade*), la comunicación será un factor importante para alzarse con la victoria.

(6) **V-I – 34:00**
Enemigos_acciones:**aparece y mata a B**
B: ¿y esa Katarina de dónde ha salido?↑
A: esa es [masa]
C: [pero] si es que le da igual al- al Yasuo [él solo] se hace el quadra y el penta / madre mía / menudo feed↓

Por otro lado, si se trata de la muerte de monstruos poderosos que ofrecen bonificaciones grupales, el sistema solo transmite el mensaje de manera directa al equipo que ha logrado la hazaña, mientras que al contrario solo se le informa mediante una señal auditiva en forma de rugido. De esta forma, la información es más difícil de percibir para estos últimos, ya que supone una ventaja táctica que puede cambiar el curso del juego.

A pesar de no ser uno de sus objetivos principales, como se ha expuesto al principio, este tipo de juegos son un tipo de *software* que permite la comunicación de los usuarios entre sí, bien por medio del chat bien por el canal de voz interno de cada equipo. Esto, como se ha explicado, es fundamental para facilitar la victoria, ya que cada miembro del grupo cubre un terreno del mapa del juego y, por lo tanto, cumple con unas funciones específicas.

Cada canal empleado suele emplearse en una clase de circunstancias específicas debido a sus características, es decir, su uso está, en parte, especializado (Badia, 2023). Por ejemplo, el canal escrito, el chat, se emplea en tres tipos de situaciones: 1) cuando los miembros de un equipo no se conocen entre sí y, por lo tanto, no tienen abierto el canal de voz, 2) cuando existen problemas técnicos que impiden que la comunicación por voz sea efectiva (problemas de conectividad) y, por último, 3) cuando se pretende comunicar con el equipo contrario.

Por su parte, el canal oral solo está disponible para los miembros de un mismo equipo que se han agrupado antes de la partida. De manera intuitiva, puede deducirse que el uso de la voz, si está disponible, será el preferido ya que es más rápido y efectivo por dos razones: se puede hablar mientras se juega y no hay que escribir con el teclado quitándole las funciones específicas que desempeñan en el videojuego. Es decir, se trata del canal de comunicación más empleado en casi cualquier circunstancia de la partida.

Asimismo, el propio programa permite comunicarse mediante señales deícticas (icónicas) en el mapa, que pueden ir acompañadas o no de emisiones verbales. Esta función está reservada a cuatro tipos de informaciones:

1) Alertar de la desaparición de un enemigo (imagen 44)
2) Alertar de una situación general de peligro

3) Dar a conocer el lugar al que se dirige el avatar que controla un usuario (imagen 45)
4) Pedir ayuda en una ubicación concreta

Imágenes 44 y 45. Señal de enemigos desaparecidos y de movimiento del personaje

Otro aspecto que cabe comentar atañe a las mecánicas propias del videojuego y a la experiencia que ofrecen a los usuarios. En otras palabras, qué tipo de jugabilidad ofrecen de acuerdo con el rango de movimiento, el tipo de visualización y las posibilidades de acción de cada personaje; tres elementos que pueden tener una influencia directa en la construcción del discurso.

Tabla 13. Características de la jugabilidad del League of Legends (2009)

Perspectiva	3.ª persona
Control de movimiento	Mediante clics del ratón
Tipos de acciones	Habilidades básicas y especiales

Cada jugador controla a su personaje desde una perspectiva de tercera persona, es decir, pueden controlar visualmente un espacio sensiblemente mayor alrededor de su avatar, pero se pierde la profundidad de la mirada que recrea la primera persona. De esta forma, los usuarios solo son conscientes de manera directa de lo que sucede alrededor de ellos en el mundo virtual, aunque pueden observar el desplazamiento de sus compañeros a través del minimapa (imagen 41).

Asimismo, el control de movimiento se efectúa mediante *clics* del ratón sobre el lugar al que se desea desplazar al personaje, no con la asociación directa de una tecla a una dirección. Este hecho provoca que, teniendo en cuenta el tipo de vista que ofrece la interfaz, los usuarios no se muevan grandes distancias (por ejemplo, de línea a línea) de manera frecuente y que, por su rango de movimiento se reduzca la mayor parte de la partida a la posición asignada, razón por la que la comunicación resulta tan importante para que el equipo como grupo controle el mayor terreno de juego posible, como se ve en (7):

(7) **V-x – 10:10**
C_acciones:**señala que un enemigo ha desaparecido**
C: aquí no hay nadie↑// entonces estáá se ha ido a base ya y ahora se irá pa' top↓// mm- bueno [no sé porque] / ¿dónde ha empezado? es lo que no sé↓
D: [pero él] / no sé es que- ((¿antes qué llevaba?↑))
S: aquí [unn]
C: [no lo s-] // llevabaa // creo que es el- ha empezado por el red↓/ así que estará [en top ahora] llevaba el blue ahora

Por último, más allá del movimiento existen las acciones y habilidades que los personajes son capaces de llevar a cabo en el juego. Las primeras engloban a acciones generales que cualquier *campeón* puede hacer, como matar a monstruos u otros avatares, morir o destruir estructuras. Para la consecución de estas, los jugadores poseen dos tipos de habilidades: 1) los ataques básicos o directos y 2) las *magias* o *técnicas* especiales, que suelen ser más dañinas o tener efectos diversos sobre los avatares. De esta manera, cada usuario suele tener presente el tipo de ataques que sus enemigos efectúan y, en consecuencia, informan sobre su estado:

(8) **V-I – 30:00**
C: tengo ulti en doce↓
V-x – 13:50
Enemigos_acciones:**ulti**
B: Amumu ha usado ulti ya
C: ¿ha gastado ultimate?↑

Otro aspecto que debe considerarse es la posición que cada usuario ocupa dentro del equipo. Cada una de ellas se identifica, principalmente, por dos rasgos: la ubicación del mapa que ocupan en la *fase de líneas* y las funciones principales que desempeñan. En primer lugar, en la línea superior del campo de batalla virtual se sitúa el *top*, un jugador que pelea en solitario la mayor parte del tiempo y que se encarga, principalmente, de destruir estructuras y proporcionar aguante al daño al equipo en los momentos finales de la partida:

(9) V-x – 16:40
A: [van a por la torre]
C: [ven con ella pushea] / yo no puedo hacer nada contra él↓
A: yo voy a intentarlo /// a ver si se quedaa→

En segundo, en el carril central ocupa la posición el *mid*. Este jugador es el encargado de proporcionar el mayor daño posible y coordinar al resto de sus compañeros, ya que por su ubicación controla mejor el espacio de juego. Esta característica lo lleva a estar en constante contacto con sus compañeros, razón por la que muchas de las interacciones son iniciadas por este miembro del equipo[33].

En el carril inferior el paradigma cambia y se sitúan dos posiciones en vez de una que, además, mantienen una relación simbiótica: por un lado, el *carry*, cuyo objetivo es también fortalecer su ataque lo máximo posible y ejecutar al mayor número de enemigos. Solo abandona su ubicación cuando la *fase de líneas* se rompe, de manera que su atención suele estar centrada en el carril que ocupa la mayor parte del tiempo.

Por otro lado, el *support* es el jugador cuya finalidad es proporcionar apoyo tanto al *carry* en la fase inicial de la partida como al resto del equipo en la fase grupal. Sus habilidades, más que hacer daño, suelen estar destinadas a entorpecer a los enemigos y proporcionar ciertas bonificaciones a sus aliados. Es, asimismo, el encargado principal de poner objetos que den mayor rango de visión alrededor de su línea. Por estas razones, su interacción será constante con su compañero de ubicación, especialmente aconsejándose (10), planeando ataques (11), pero también se comunicará con el resto de los compañeros para advertirles de ciertos comportamientos de los enemigos (12).

(10) V-ii – 15:29
B: deberías [haber comprado el escudo trikin]
C: [(())] ahora
S: [dime / Manolo]
B: deberías haber pillado el escudo reliquia / por el oro
D: [(TOS)]
S: [ya bueno peroo→ ¿sabes el tiempo que] hace que no juego?↓

33 Como se verá en el apartado 2.1.2. del capítulo 6, la mayor parte de los inicios en las partidas las realiza el hablante C, quien ocupaba esta posición.

(11) **V-x – 11:53**
B: una ((ulti)) más Marta
C: ya pero es que noo- no tengo maná

(12) **V-ɪɪ – 18:40**
Enemigo_acciones:**se dirige a la jungla**
B: ee vale se han ido a mid

En último lugar, en la zona de monstruos que se sitúa entre las líneas del mapa juega el jungla, quien se encarga de proporcionar apoyo al resto de carriles tendiendo emboscadas a los enemigos. Este hecho lo lleva a ser una posición que tiene un mayor control general de las ubicaciones de sus compañeros a través del minimapa y que, por ello, debe estar en constante comunicación con el grupo, como se observa en el siguiente ejemplo:

(13) **V-v – 26:14**
D (*jungla*): voy a ver si hago algo en bot ¿eh? q[ue os tengo]o- / os tengo ¿eh?↑
B: [no- no ti-]

(14) **V-ɪɪ – 10:47**
C: espérate al gankeo a que yo tenga la w↓
B(*jungla*): vale / avísame
C: sí ya tengo w↓ / [(())]
B: [po's esperáte diez segundos] a que tenga yo gancho↑

A partir de la exposición que se ha hecho de las características de este título, puede concluirse que presenta rasgos suficientes para considerarse un representante de los clasificados como videojuegos de *comunicación mixta*. En resumen, se han identificado las características esenciales que hacen del *League of Legends* (2009) no solo un juego, sino también una plataforma de comunicación compleja y rica. Se han explorado las distintas dinámicas del juego, desde la perspectiva y controles hasta las interacciones entre los jugadores, subrayando la importancia de crítica de la comunicación para el éxito del juego. Además, se ha destacado cómo esta está en constante relación con la partida, desde las señales deícticas en el mapa hasta las interacciones verbales. Esta configuración está diseñada sobre el principio de proporcionar una experiencia en la que se compita y se colabore al mismo tiempo, ya que, entre otras cuestiones, los jugadores de un mismo equipo cuentan muchas veces con información que solo ellos poseen y que debe comunicarse para ganar la partida.

De esta manera, el siguiente apartado se adentrará en un análisis más detallado de las características comunicativas de esta clase de videojuegos desde una perspectiva teórica a partir del funcionamiento que se ha descrito a lo largo de este epígrafe. Con ello, no solo se pretende entender mejor el juego en sí, sino también ofrecer una visión sobre cómo esta clase de videojuegos están redefiniendo la forma en la que las personas interactúan, se comunican y construyen sus significados en entornos virtuales.

5.2. La comunicación en los videojuegos MOBA

La configuración y los elementos presentados en el funcionamiento del juego se entremezclan para dotar a la interacción dentro de las fronteras del *League of Legends* (2009) de una serie de características que la distinguen de otros géneros discursivos y, en concreto, de otros discursos mediados por ordenador (Herring, 2007; Herring y Androtsopoulos, 2015; Yus, 2010 y 2011). En los apartados anteriores se ha tratado de hacer hincapié en que, aunque los videojuegos puedan compartir ciertas características comunes en cuanto a interacción, los de comunicación *mixta*, debido a su naturaleza altamente colaborativa y competitiva, presentan dinámicas y necesidades comunicativas únicas. Estas particularidades no solo impactan en cómo se juega, sino también en cómo los jugadores construyen significados, establecen relaciones y negocian estrategias en tiempo real. Por esta razón, los *MOBA*, como representantes de esta clase, se prestan a ser estudiados para entender completamente la experiencia comunicativa que ofrecen y qué similitudes y diferencias presenta con otros géneros y medios.

Sobre esta base, se recapitulará la información extraída en las líneas anteriores sobre las características y clasificación de la comunicación de los videojuegos a partir de los rasgos de este tipo de discurso.

Tabla 14. Características del League of Legends (2009)

Composición de equipo	Aleatoria o *Premade*
Comunicación	Oral, Escrita, mensajes preconfigurados, acciones personajes
Organización de la información en pantalla	Estadísticas permanentes (generales e individuales) Mensajes de sucesos temporales (oral y escrito)
Control de personaje	Avatar individual

En primer lugar, se debe tener en cuenta que los equipos pueden estar conformados por miembros *premade* (agrupados previamente a la partida porque se conocen de antemano) o *aleatorios*, un hecho que influirá decisivamente en el tipo de comunicación que se dé durante la partida. Con un equipo ya conocido, por un lado, la relación vivencial entre los participantes es mayor (sea porque se conocen en la vida real o sea porque se conocen de anteriores partidas), así como el marco de interacción resulta más cotidiano. De este modo, la comunicación tendrá más posibilidades de ser fluida, informal y cómoda que con equipos conformados por desconocidos que han sido agrupados aleatoriamente por el sistema. En esta última circunstancia, además, solo harán uso del chat (el canal escrito) y limitarán su interacción, normalmente, a temas vinculados con la partida en desarrollo (Herring *et al.* 2009). Por otro lado, los equipos conformados por miembros *premade* buscarán la comodidad que ofrece el canal oral, puesto que este tipo de comunicación no interfiere de manera física en el desarrollo de la partida, como se ha explicado anteriormente. Esto permitirá, incluso, que los jugadores interactúen fuera de los límites tanto temáticos como comunicativos que impone el entorno virtual.

Asimismo, este tipo de interfaces permiten realizar diversos tipos de señales con mensajes preconfigurados icónicos (*pings*) que tienen como finalidad transmitir una información sobre la partida de la manera más rápida posible: 1) llamar la atención sobre un punto determinado en el mapa, 2) avisar de la desaparición de un enemigo de un peligro o 3) mostrar el camino que se pretende tomar. Este recurso del propio juego permite mantener una mínima interacción entre los jugadores, se conozcan o no, y puede utilizarse de manera autónoma o acompañarse de una explicación oral o escrita (Badia, 2023; en prensa).

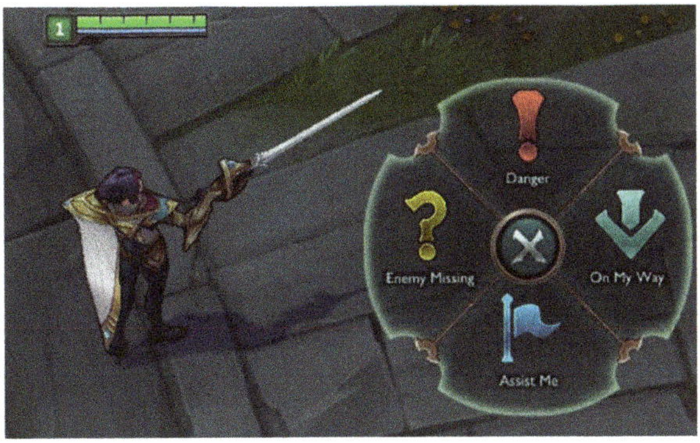

Imagen 46. Tipos de señales del League of Legends (2009)

Por otra parte, la organización de la información en pantalla también debe ser considerada, puesto que su distribución obedece tanto a criterios de operatividad como de efectividad, es decir, que sirva para mantener a los usuarios informados de las estadísticas y sucesos del juego sin estorbar su experiencia. Esta, además, se puede transmitir tanto de forma escrita como oral, tal y como se puede observar en la imagen 47: primero, la interfaz emitirá mensajes que informen desde el inicio de creación de los súbditos hasta la muerte de los enemigos o aliados; actuando como una suerte de confirmación de los hechos que los jugadores pueden observar o no por sí mismos. Segundo, en el lado superior izquierdo se ofrece otra clase de contenidos también referentes a la partida: en el primer caso, los jugadores dispondrán de sus estadísticas personales, las del equipo y las de la partida general (tiempo transcurrido, número de muertes o asistencias individuales y número de asesinatos enemigos).

En tercer lugar, en el borde inferior se sitúa también información relativa al jugador: en ella, se pueden observar las habilidades del campeón que se controle y el tiempo de reinicio de esta una vez se use. En el mismo lugar se podrán observar los atributos del personaje, que se verán modificados por los objetos comprados con el oro ganado; dato también observable en esta posición. Por último, es posible controlar la cantidad de experiencia del jugador y el nivel que posee, que incrementa de manera gradual con el transcurso de la partida y por las acciones del campeón. Gracias a estas características, el sistema de juego tendrá gran parte de protagonismo en la comunicación que se entabla entre los participantes debido a que estos apoyarán sus intervenciones en lo que el programa comunique o informe.

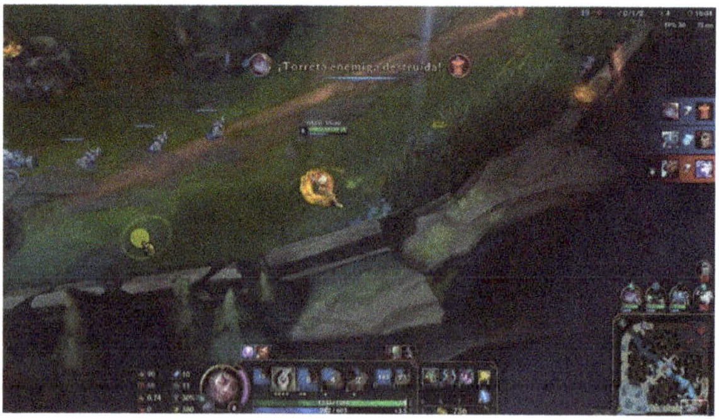

Imagen 47. Captura de pantalla de League of Legends (2009)

Además, los jugadores, especialmente aquellos que conformen equipos con compañeros conocidos, construirán sus contribuciones lingüísticas entre dos *realidades*: por un lado, el espacio físico-temporal real en el que la localización de la que se habla en los enunciados se corresponde con las del enunciador real (ejemplo 15). Por otra parte, el contexto del videojuego provocará un desplazamiento lingüístico en el que ciertas emisiones referidas al entorno de la partida no se referirán a un *yo* real, sino al que se controla a través de la pantalla (ejemplo 16).

(15) V-I - 32:52
C: Para ir a la pizzería [vamos a mi] local
D: [(CARRASPEA)]
S: [sí lo que queráiis]
D: [al local mismo] y au↓

(16) V-II - 23:21
C: ahoraa → / intentad wardear[34] / un poquito por <u>aquí</u> porque van a intentar / junglear↓

Como se ha explicado en los apartados anteriores, el hecho de que los jugadores actúen a través de sus avatares propicia este desdoblamiento identitario en los enunciados. Este factor permite que la interacción cobre un cariz distinto a, por ejemplo, la narración de un partido de fútbol o de la visualización de una película que se comenta (Jucker *et al.* 2018); puesto que las intervenciones de los participantes construirán su deixis como si fueran ellos mismoslos que están involucrados en las acciones del videojuego y no sus personajes (Badia, en prensa).

Del mismo modo, la comunicación no solo se va a centrar en opinar sobre lo que está sucediendo, como sucede en los videojuegos de *comunicación global*; sino que sus intervenciones están directamente vinculadas con la partida y pueden ser decisivas para que el juego tome un rumbo u otro. En otras palabras, lo que se dice tiene efectos y consecuencias en ese universo digital.

Por otro lado, la alternancia de turno se verá influida por factores externos a la comunicación verbal. Ello provocará que exista cierto grado de predeterminación que rompe con las reglas descritas por Sacks, Schegloff y Jefferson (1974) para la conversación cara a cara: los sucesos del juego, las acciones de sus compañeros o los mensajes del sistema de juego.

34 Poner objetos que faciliten la visión de zonas del mapa.

(17) **V-III – 19:19**
A: yo puedo hacerle un flash ulti pero no lo mato
C_acciones: **mata a Lee Seen**
SJ: ha muerto un enemigo
A: si le consigues meter el stun / [(())]
C [madre] mía estee es un poco [manco eh↑]

En el fragmento anterior, la alternancia de turno se ve afectada por el Sistema de Juego (SJ): los participantes estaban envueltos en un diálogo sobre un evento que se está desarrollando en ese momento, como una pelea con los enemigos que termina con la muerte de uno de los jugadores. La máquina anuncia en ese momento la muerte de uno de los enemigos, una información que se introduce dentro de la comunicación que se está produciendo. Es decir, sus mensajes pueden considerarse parte de interacciones en marcha.

No obstante, cabe señalar en este punto una de las restricciones más importantes que cabe tener en cuenta de la máquina: todos los mensajes que emita van a estar vinculados a eventos del juego, ya sean programados para que ocurran en un determinado momento como la aparición de ciertos monstruos o sean provocados por los equipos. Por esta razón, los enunciados del sistema van a estar siempre vinculados a tres tipos de información: 1) información de los jugadores, 2) destrucción de estructuras o 3) eventos relevantes de la programación.

Además, esta plataforma permite la inserción de múltiples canales de comunicación (oral y escrito) en el videojuego. Esta se caracteriza por que, a diferencia de otros géneros 2.0, en los *MOBA* las situaciones que llevan a un usuario a escoger una modalidad u otra de comunicación parecen claramente delimitadas: por un lado, el canal oral se mantiene como la opción por defecto para comunicarse e informar de los principales sucesos del juego en equipos formados por jugadores con cierta relación vivencial. Por el contrario, tal y como ya se ha expuesto, el chat es la modalidad preferida en grupos aleatorios y, en los equipos *premade*, cuenta con un uso especializado que suele limitarse a tres circunstancias: 1) en las ocasiones en la que hay problemas técnicos con el canal oral (para los grupos de jugadores ya conocidos), 2) para dar una información muy concreta sobre el juego o 3) se quiere mandar mensajes al equipo contrario.

Por último, uno de los factores que también debe tenerse en cuenta atañe al tipo de polifonía (Anscombre y Ducrot, 1983; Ducrot, 1983; Anscombre, 2009; Nølke, 2005) que se construye en esta clase de discurso multimodal. Como se ha mencionado, los jugadores se mueven entre dos mundos a los que deben hacer referencia dependiendo de la circunstancia: el real y el digital. Esto provoca que la deixis empleada en los enunciados no siempre se corresponda con el enunciador o receptores presentes, sino a las compartidas por todos los interlocutores, es decir, al espacio virtual.

En conclusión, los *MOBA* y, más específicamente, el *League of Legends* (2009), son una clase de videojuegos de comunicación *mixta* donde la interacción humana se ve profundamente influida por una serie de factores, diferenciándola de otros géneros discursivos, como la conversación o las videollamadas. En el análisis se pretende confrontar todas estas características con la finalidad de lograr una descripción adecuada del tipo de discurso que se genera en este tipo de videojuegos.

Por esta razón, el siguiente capítulo abordará dos cuestiones fundamentales para la investigación que se plantea en este libro: por una parte, el modelo de segmentación que, aunque originalmente se diseñó para discursos orales cara a cara (Pons, 2016), puede ser aplicada al contexto de este videojuego. Por otro, se dará la definición de las características generales de la conversación cara a cara, ya que es el género discursivo que se va a emplear como modelo de contraste para analizar la interacción del *League of Legends* (2009). En consecuencia, al contrastar las interacciones de los MOBA con este género, no solo se buscará establecer similitudes y diferencias, sino también entender cómo los videojuegos en línea están reconfigurando las tradicionales estructuras de la comunicación humana.

3 Cargando el juego

La conversación y la segmentación del discurso oral

1. La clasificación de la comunicación: los géneros discursivos

El ser humano tiene la necesidad de intercambiar historias, conocimientos, sentimientos y, en resumen, información; la comunicación, en resumen, se emplea para estrechar lazos, compartir momentos y lograr metas de manera conjunta. Para ello, se sirve de uno de los elementos que le ha facilitado la evolución y su desarrollo: la palabra (Halliday 1978; Van Dijk 1993; Lozano, Peña-Marín y Abril, 1997; Roulet, 1997; Briz et al. 1995), en cualquiera de sus vertientes, ya sea mediante el uso del canal oral o escrito (Brown y Yule, 1993 López-Alonso, 2014).

A estos dos se suma la manera en la que se produce el contenido verbal, que es inherente a su emisión como, por ejemplo, la prosodia y entonación de una oración (Poyatos, 1994 y 2003; Brazil, 1995; Gibbon, 1997; Hidalgo, 1997; 2001; 2006; Marti et al., 2002; Val.Es.Co., 2010; Wharton, 2017) o las formas de estructurar los párrafos en un texto (Hinds, 1979; Longacre, 1996). Además, el aparato fonador se puede emplear para realizar sonidos con significado, el paralenguaje (Key, 1975; Fradejas, 2000; Blanco, 2007; Rodríguez, 2007; Pérez, 2009; Poyatos, 2012; Devís, 2014).

Asimismo, la comunicación se suele acompañar con información visual, bien con gestos en la interacción oral (Key, 1975; Leathers, 1976; Poyatos, 1994; 2003 y 2018; Benitez, 2009; Val.Es.Co., 2010; Hans y Hans, 2015; Pereiro, 2019) o bien con imágenes o *emoticonos* en los enunciados escritos (Llisterri, 2007; Herring, 2007; 2013; 2017; Yus, 2010; 2011; 2014; Garrison *et al.* 2011; Norris y Maier, 2014; Sampietro, 2016; Lyons, 2018; Schandorf, 2019). También se puede comunicar información mediante movimientos o acciones (Romero, 1999; Casacuberta, García y Llisterri, 1992; Llisterri, 1992 y 1999; Zhao, Djonov y Leuween, 2014; Poyatos, 1994; 2003; 2018; Mondada, 2007 y 2019) que reconozcan una intervención de un interlocutor (por ejemplo, obedecer una orden) y que, además, puedan suscitar otras reacciones, sean verbales o no.

Estos elementos conforman un total de cinco niveles de información que entran en juego en prácticamente cualquier tipo de discurso (Pons, 2022: 43). Por tanto, la comunicación, sea la que sea, es multimodal y, dependiendo del objetivo que se persiga, puede observarse desde distintas perspectivas(Van Dijk, 1993; Brown y Yule, 1993). Cada uno de estos *macrorrasgos* presenta, la mayoría de las ocasiones, suficiente información para delimitar y definir el discurso que quiera estudiarse; aunque la confluencia de dos o más niveles en los análisis suele dar una visión de conjunto en la que se permiten establecer conexiones como, por ejemplo, aspectos léxicos del lenguaje con el comportamiento interactivo de los hablantes.

Cabe señalar que, ante todo, un discurso es un hecho social que se entiende dentro de las coordenadas en las que se ha realizado. Es decir, se trata de un uso contextualizado, no importa si es oral, escrito o digital (Calsamiglia y Tusón, 2008). La caracterización de los diferentes elementos que lo conforman y que se repiten en su realización, fruto de la elección de los hablantes, serán claves para entender el funcionamiento de cada tipo de texto y realizar, posteriormente, su clasificación.

De esta manera, un discurso puede estudiarse de acuerdo con los rasgos que definen a la situación comunicativa de forma que permita no solo su identificación, sino también su comparación con otros géneros, como demuestran las clasificaciones de Halliday (1984), de Herring (2007) o del grupo Val.Es.Co. (Briz et al., 1995), entre otras. Estos dos últimos modelos son, de hecho, el punto de partida desde el cual se ha abordado la presente investigación, una forma de dar cuenta de las características de la situación discursiva que dibuja el videojuego *MOBA*.

Sin embargo, los mecanismos básicos que subyacen a toda comunicación y que se emplean en cualquier tipo de discurso parten del primer género que cualquier persona aprende sin necesidad de instrucción: la conversación. Esta es una forma de interactuar accesible a cualquier ser humano con la capacidad de hablar, independientemente de su cultura, saber, posición o relación (Tusón, 1995). Esto se debe a que no existen normas o condiciones previas que supongan un requisito para su acceso, a diferencia, por ejemplo, del contexto que dibuja un juicio. En este, un moderador, el juez, es el encargado de dar o quitar la palabra a sus interlocutores y, además, de delimitar la duración de esa interacción, entre otras reglas. Es decir, se trata de una situación que requiere ciertos códigos de conducta y que impide el intercambio de papeles comunicativos (Briz, 2011).

Debido a esta circunstancia, la *conversación* puede considerarse como el género discursivo primario del que nacen los demás. Esta es la razón por la que se ha escogido para realizar una comparación en el nivel interactivo con el discurso que se pretende describir en la presente investigación. A partir de sus rasgos y de las propuestas que diferentes grupos han dado sobre sus características, especialmente la del grupo Val.Es.Co. (Briz et al., 1995; 2010), se tratará de realizar un análisis contrastivo entre la conversación y el videojuego MOBA que tenga en cuenta los distintos elementos situacionales que los acercan o separan y su materialización interactiva en cada uno de ellos. Esto servirá como base para la descripción posterior que se realizará de la comunicación en el discurso digital.

Este capítulo, por lo tanto, abordará dos cuestiones necesarias para entender qué clase de análisis se ha realizado para describir la comunicación en este videojuego. En primer lugar, se ha tratado de dar cuenta de la definición del género *conversación* (§ 2.) y el contexto situacional que dibuja, de manera que sirva como punto de partida para estudiar y comprender la comunicación en el discurso digital. En segundo lugar, 2) el modelo de análisis que se ha empleado para estudiar la estructura y forma que toma la comunicación a partir de la visualización de la interacción (§ 4). Cabe señalar que este último punto se ha abordado especialmente desde el esquema que propone el grupo Val.Es.Co. (2010, 2014; Pons, 2022), por tratarse de un sistema de análisis que se presta a la comparativa entre géneros discursivos. Por último, se hará un primer acercamiento entre estos dos elementos y el videojuego: por un lado, se comparará con los rasgos discursivos de la conversación (§ 3.) y, por otro, se verá el funcionamiento de las unidades de segmentación que se han empleado para esta investigación (§ 4.3.).

2. La conversación como punto de partida: hacia el estudio de los discursos orales

La conversación es una de las formas más naturales de comunicación humana. Desde temprana edad, las personas desarrollan de manera inconsciente la habilidad de conversar y, con mínima instrucción, pueden comunicarse coherente y fluidamente con otros (Tusón, 1995; Schegloff, 1999). Por ello, el presente apartado pretende realizar una descripción que dé cuenta de las características que se han asociado a la conversación que sirvan de base para el contraste y estudio del discurso del videojuego *MOBA*.

Se trata de una actividad que «existe de modo vital y cotidiano» (Villalta, 2009: 222) a través de la cual los individuos «reducen la incertidumbre y coordinan las acciones que aseguran la convivencia, consolidando identidad y pertenencia» (ibid.: 223). Estas, entre otras razones, hacen que su estudio sea tan interesante para comprender el funcionamiento de nuestro lenguaje, ya que nace de nosotros sin prácticamente ningún tipo de preparación formal y, con esa misma naturalidad, forma parte de nuestro día a día.

En general, la conversación es un discurso con unos límites difusos y confusos que pertenece al presente; en el que cualquier individuo, sin importar sus características sociolingüísticas, puede participar siempre que tenga la capacidad de hablar un determinado idioma (Val.Es.Co.,; 2010; Briz, 1998). En otras palabras, es un suceso que quiebra el eterno silencio:

> se inscribe en el espacio y tiempo del aquí y del ahora. Cuando abandona esas condiciones, comienza a ser otra cosa: el relato de una charla, la descripción de un diálogo [...] el cuerpo de la conversación es hablar de otros, de lo otro; es quizás, justamente, tratar de apropiarse de lo que no le pertenece (Magadan, 1994: 5)

Por esta razón, una de las características que define a este género es el hecho de que se inscribe en la fugacidad del momento y por las escasas reglas que deben tenerse en cuenta en su desarrollo.

De esta manera, al tratarse de un género discursivo que no cuenta, a priori, con ningún tipo de restricción explícita, se presenta como un buen candidato para comparar su estructura con la de otro tipo de discursos que sí pueden estar influidos o regidos por otros elementos que vayan más allá de los propios hablantes. Además, esta consideración de la conversación como el discurso base del que nacen los demás (Sacks, Schegloff y Jefferson, 1974; Schegloff, 1992; Magadan, 1994; López-Serena, 2007), ha permitido que fuera usada como punto de partida para estudiar otra clase de discursos orales (Val.Es.Co., 2010) y como base desde la que se ha creado nuevas formas de estudiar el lenguaje en uso (Val.Es.Co., 2014, Roulet, 1997).

El principal precursor de esta clase de estudios fue el artículo de Sacks, Schegloff y Jefferson (1974), que abrió una nueva línea de investigación en la que se toma a la conversación como su núcleo central. De ella nace una categorización y clasificación de las reglas que dominan la comunicación humana, especialmente en los discursos dialógicos orales. La organización detrás de este tipo de discurso, explicada a partir de un grupo de dos personas comunicándose, tiene el poder de dar respuesta a cualquier tipo de secuencia comunicativa dada en una conversación. Para estos autores, estas características se resumen en: 1) un hablante a la vez, 2) tamaño y orden variable de los turnos, 3) transiciones de habla coordinadas, 4) técnicas para seleccionar turnos, 5) organización que se puede ver sin información contextual, y 6) eventos históricos, que necesitan de otros para aparecer, es decir, un encadenamiento de intervenciones que se van retroalimentando.

Uno de los puntos más relevantes del Análisis de la Conversación es la especial relevancia del *sistema de toma de turno* y la unidad *turno* como tal, un modelo que explica cómo los hablantes van tomando la palabra sucesivamente y que, en la conversación, ocurren con relativamente pocos solapamientos o brechas entre los turnos (Sacks Schegloff y Jefferson, 1974). Estos elementos se definen a partir de la conversación, ya que esta, para construirse, necesita de la colaboración de diversas voces (los participantes) que van interviniendo sucesivamente (Cots *et al*, 1989). En palabras de Sacks, Schegloff y Jefferson (1974: 13):

1. At initial turn-constructional unit's initial transition-relevance place:
   (a) If the turn-so far [...] use of a "current speaker selects next" technique, then the party so selected has rights, and is obliged, to take next turn to speak [...]
   (b) If the turn-so-far is so constructed as not to involve the use of a "current speaker selects next" technique, self-selection for next speakership may, but need not, be instituted, [...]
   (c) If the turn-so-far is so constructed as not to involve the use of a "current speaker selects next" technique, then current speaker may, but need not, continue, unless another self-selects.

2. If, at initial turn-constructional unit's initial transition-relevance place, neither 1(a) nor 1(b) has operated, and, following the provision of 1(c), current speaker has continued, then the Rule-set (a)-(c) reapplies... (Sacks, Schegloff y Jefferson, 1974: 13)

Este sistema ha sido uno de los más utilizados y aceptados en multitud de estudios que han tratado de analizar y estudiar la interacción humana en diferentes contextos.

Por su parte, desde el Análisis del Discurso, también se han propuesto distintas caracterizaciones. Una de ellas es la ofrecida por Halliday (1961, 1978, 1994) en la que, de manera general, argumentaba que el lenguaje oral, al igual que el escrito, presenta un sistema de elementos que permiten y definen su realización. Este sistema se adapta según tres características que ofrece cada contexto: 1) el *campo*, referido al lugar y al tema que se habla; 2) el *modo*, referido al medio escogido para desempeñar esta comunicación (por ejemplo, a través del teléfono o del ordenador) y 3) el *tenor* o *propósito*, dependiendo si se trata de un fin interpersonal (el clásico *hablar por hablar*) o se trata de un fin transaccional (hay un objetivo concreto).

Siguiendo este esquema de clasificación, la conversación puede definirse de la siguiente forma (Halliday, 1994): en primer lugar, se trata de un discurso que utiliza el *modo* oral cara a cara, ya que los hablantes necesitan compartir el espacio y el tiempo con sus interlocutores. Asimismo, tanto el *lugar* como los *temas* tratados pueden ser tan variables como las características de las personas que pueden interactuar. Por último y, probablemente, uno de los rasgos más relevantes, se trata de un tipo de comunicación que no cuenta con un propósito expreso más de mantener la propia conversación, esto es, cuenta con un tenor *interpersonal*.

Otros autores desde esta perspectiva también han tratado de dar otros rasgos vinculados a la estructura de este género discursivo. Stubbs (1987) resalta que este discurso tenía la peculiaridad de que los participantes se retroalimentaban haciendo referencia constante al propio discurso (por ejemplo, retomando elementos que se han mencionado previamente), bien de la propia conversación bien de otras anteriores. Además, asocia a la conversación con dos tipos de estructuras básicas que se van repitiendo constantemente: por un lado, el intercambio de pregunta-respuesta y, por otro, la situación en la que alguien mantiene su turno durante un periodo prolongado y sus oyentes afirman su posición mediante apoyos, muestras de comprensión o afirmaciones, entre otros mecanismos no necesariamente verbales[35].

En la línea de este autor, Sinclair y Coulthard (1992) señalan que la conversación podía definirse como una sucesión de intercambios conectados en los que los hablantes construyen los enunciados a partir de su vinculación con los anteriores. En otras palabras, el discurso se va construyendo con la unión de cada intervención de los participantes a partir del principio de acción-reacción (un hablante dice algo, otro le responde, a este le reacciona otro…).

Hasta este punto se han reseñado algunos de los estudios más relevantes relacionados con la caracterización de la conversación desde una perspectiva general, pero no se han expuesto las aportaciones desde la lingüística hispánica. El foco en los discursos orales lo puso Narbona (1986, 1991, 2012, entre otros), quien señaló que la oralidad coloquial no podía abarcarse desde los cánones tradicionales de la lingüística que se habían dedicado, principalmente, al estudio de la gramática y de la lengua escrita, ya que el flujo de habla que se construye durante una conversación coloquial escapa a los límites de la norma y de la planificación discursiva.

> La norma ha dejado de ser única en sentido vertical. El propio desplazamiento del interés de nuestros lingüistas desde lo geográfico a lo estratificacional revela que el horizonte panhispánico del español se vincula más a lo sociocultural que a lo espacial. La línea que separa lo culto de lo que no lo es, el hablar bien del hablar mal, no es nítida, pues las modalidades de uso correctas constituyen un continuum, de límites

---

35 Estas dos situaciones discursivas tendrán su reflejo en dos tipos de *figuras* interactivas: la *cremallera*, caracterizada por la sucesión de intervenciones y el *rastrillo*, en el que un hablante mantiene el *turno* más allá de una intervención mientras el resto de interlocutores reaccionan sin interrumpirle (Espinosa-Guerri, en prensa). Se tratará con mayor detalle en § 2.2.3.1.

> borrosos, de posibilidades diferentes permitidas por la lengua, en las que resulta decisiva la adecuación a la concreta actuación discursiva en cada caso. (Narbona, 2001. 13)

De nuevo, el género sobre el que se suele estudiar la oralidad es la conversación, ya que se trata del fenómeno comunicativo más natural e informal en el que los hablantes presentan una mayor libertad de creación y construcción en el discurso (Briz y grupo Val.Es.Co, 2003; 2014; Briz, 2010; Narbona, 1986; 2012; Cortés, 1986; Bustos, 2000; López-Serena, 2007…). Este discurso se toma como punto de partida para estudiar diferentes rasgos que en la lengua formal no aparecen o, si lo hacen, se muestran muy influidos por las normas que lo rigen, es decir, carecen de la espontaneidad y la inmediatez que el habla cotidiana muestra. De hecho, gran parte de sus rasgos son «manifestaciones diversas de un fenómeno único: la preponderancia de las funciones semántico-informativas sobre las estructuras sintácticas» creando, de esta manera, una «peculiar andadura sintáctica coloquial» (Narbona, 1986: 259).

Por su parte, el grupo ILSE de la Universidad de Almería es uno de los pioneros en el estudio de la lengua hablada en el mundo hispánico. Luis Cortés (1986) se basó en la sociolingüística para hacer sus primeros análisis del habla en los que distinguía dos clases de *órdenes* de elementos para su análisis: el *lingüístico*, es decir, aquellos elementos que pertenecen al enunciado, y el *extralingüístico*, que hacía referencia a todos los elementos que influían en la comunicación en un momento determinado. Dentro de estos últimos distinguía dos tipos: *estáticos*, como el origen o el sexo del participante; o *cambiantes*, como la situación, la relación interpersonal de los interlocutores, etc.

Expuestas algunas de las caracterizaciones que se le han atribuido a la conversación, se expondrá la teoría que esta monografía ha tomado para su comparación con el género objetivo de la investigación: la propuesta Val.Es.Co.[36] (Valencia Español Coloquial) [Briz et al. 1995, 2010, 2014]. Una de sus principales aportaciones ha sido la de aislar los rasgos propios del género conversación y situarlos en una escala gradual que permita comparar sus características entre distintos tipos de discurso (Briz, 2010: 20):

36 Este grupo empezó un proceso de investigación sobre el registro coloquial y la conversación (1995) que sigue en marcha en la actualidad (Pons, 2022).

Tabla 15. Escala de géneros (Briz, 2010: 12)

+ -	- +
Género prototípico periférico	**Género prototípico periférico**
Conversación	Texto legal
RASGOS PROPIOS DEL GÉNERO	**RASGOS PROPIOS DEL GÉNERO**
+ oral	- oral
+ inmediato	- inmediato
+ dialogal	- dialogal
+ retroalimentado	- retroalimentado
+ cooperativo	- cooperativo
+ dinámico	- dinámico
+ altern. de turno no predet.	- altern. de turno no predet.
Conversación entre amigos en un bar hablando de un tema cotidiano	La Constitución mexicana

Tomando una a una cada característica es posible realizar una radiografía de cualquier género discursivo (Briz y grupo Val.Es.Co.; 2010: 11): el primer rasgo, la mayor o menor cercanía a lo *oral*, permite establecer el grado de cercanía que un discurso presenta con la modalidad escrita u oral, es decir, si se realiza sobre un sistema gráfico o a través de la realización fónica. Esta característica se relaciona con la mayor o menor planificación del discurso, puesto que se suele asociar lo escrito a la reflexión provocada por la imposibilidad de la comunicación simultánea a través de este canal[37]. El segundo, la *inmediatez*, está relacionado también con el rasgo anterior, dado que la ausencia de tiempo entre respuesta y respuesta se traduce en menor tiempo para meditar lo que se dice.

Por su parte, las siguientes características están vinculadas a los participantes y a la manera en la que interactúan: por una parte, la *propiedad dialógica* indica si en un discurso participan uno o más interlocutores, mientras que la mayor o menor *retroalimentación*, la *cooperación* y el *dinamismo* reflejan si la comunicación puede coconstruirse o se realiza de manera vertical (un hablante toma la palabra la mayor parte del tiempo sin que los demás le interrumpan, al menos, con intervenciones extensas). Por último, la *predeterminación del turno*

37 Como se tratará en el capítulo 3, el avance de la tecnología ha permitido que los canales de comunicación se mezclen y creen nuevos géneros discursivos a caballo entre la voz y lo escrito, como los chats, en los que la respuesta escrita suele ser casi inmediata (Herring, 2007).

permite comprobar qué grado de rigidez existe en la distribución de la toma de la palabra de los participantes.

Estos rasgos pueden ser utilizados como punto de partida para caracterizar otros géneros, además de la conversación, porque no se conciben en términos de ausencia o presencia, sino como dos polos de una escala gradativa (Briz y grupo Val.Es.Co. 2010: 21). De esta manera, es posible realizar comparaciones entre géneros de acuerdo con su mayor o menor presencia:

Tabla 16. La gradación de los géneros discursivos (Briz, 2010: 21)

Género discursivo	+/- **Dialogal**	+/- **Inmediatez**	+/- **Dinamismo**	+/- **Alternancia de turno no predeterminada**	+/- **Oral**	- **Oral en la periferia de lo oral**	- **Escrito. En la periferia de lo escrito**
Conversación	+	+	+	+	+		
Debate	+	+	+	-	+		
Entrevista	+	+	+	-	+	+	
Conferencia	-	+	-	-	+		-

Como se observa, la conversación es el discurso que se sitúa en un extremo de los rasgos, especialmente asociados a la inmediatez y la oralidad natural, y se enfrenta a otros géneros como la conferencia que poseen prácticamente características opuestas. En resumen, sus rasgos son (Briz et al., 1995): 1) género eminentemente *oral*, ya que el medio principal de comunicación es el canal fónico; 2) *dialógico*, pues requiere la participación de dos o más participantes; 3) *inmediato*, dado que la comunicación se produce de manera sincrónica; 4) los participantes *toman el turno de manera alternativa* y sin que 5) haya una *predeterminación de antemano* sobre quién puede tomar la palabra, puesto que se establece sobre la marcha del discurso.

A lo largo de esta revisión, la ordenación de rasgos propuesta por el grupo Val.Es.Co. ha demostrado cómo ciertas características del discurso pueden verse influidas y modificadas según el contexto. Esta, junto a las descripciones que se han citado de otros grupos, permite determinar la influencia que tales rasgos pueden tener sobre diferentes discursos y entender cómo se relacionan con el tipo de interacción entre hablantes. Sobre esta base, por tanto, se está en posición de abordar un ámbito más reciente y menos explorado: el discurso en los videojuegos MOBA y su relación con la comunicación tradicional.

3. Los videojuegos MOBA: su situación discursiva

Todas las características a las que se ha hecho referencia permiten crear un marco sobre el que observar la comunicación producida en un videojuego multijugador como el *League of Legends* (2009). El corpus que se ha empleado en la investigación de este libro ha sido analizado desde una perspectiva general en la que se ha dado cuenta de su contexto y de la situación que crea, como se ha venido haciendo a lo largo de los dos últimos capítulos. Para completar esta descripción, el siguiente paso será tomar los rasgos de la situación que crea la conversación y ponerlas en contraste con las del videojuego.

En el capítulo 2 ya se había expuesto que este título (y otros de su género) permite la interacción oral simultánea entre los participantes de un encuentro que pertenezcan al mismo equipo. El género *MOBA* suele dar la posibilidad a sus jugadores de comunicarse más allá de las acciones de sus personajes: bien por medio de un chat escrito, bien mediante un canal de voz mientras la partida se desarrolla. Una consecuencia de ello es que los usuarios puedan emplear múltiples canales verbales para comunicarse:

(18) V-I – 38:19
C_acciones: **no puede atacar a Kata por su objeto Zonia**
A: CÓMO CONTEREAR A Zed capítulo dos↑ /// [el Zonia]
Enemigos_acciones: **Lee Seen mata a C**
SJ: ha muerto un enemigo
C: [¡uu]!↓ / qué mal / tío
A: (CARRASPEO)
Enemigos_c: outplayed bro
C: outplayed /yeah
A_acciones: **ve a Cassiopea lanzar su ataque hacia el lado equivocado**
C_acciones: **escribe oughtplayed**
C: out // played

En este ejemplo, el hablante C está respondiendo en el chat a uno de los enemigos que les ha escrito que han jugado bien a pesar de haber perdido el juego. Como el silencio de este hablante no es muy común durante el juego[38], este

38 Uno de los aspectos que puede resultar interesante es el cambio en el nivel de participación de los interlocutores según si se encuentran en un tipo de discurso u otro, ya que esta está estrechamente relacionada con la percepción que los usuarios tienen sobre el contexto en el que se encuentran. Por esta razón, el apartado 2.2.1. del capítulo 5 se dedicará a comparar los roles que cada uno de los participantes muestra según si se encuentran en una conversación o en una partida del MOBA.

repite en voz alta aquello que está escribiendo en el chat con dos fines: 1) mostrar que sigue activo y que no se ha marchado (en terminología *gamer*, no está *afk* [*away from keyboard*]) y 2) resaltar el contenido de un mensaje poco común (que un enemigo felicite directamente a sus adversarios).

La comunicación que se puede observar, por tanto, en este tipo de contexto primaría el modo pragmático (la sintaxis coloquial que describía Narbona ([1991]) independientemente del canal escogido. Sin embargo, ciertas circunstancias del juego vuelven necesario decir mucho en poco tiempo por diversas causas (mayormente aquellas que comportan peligro o riesgos para el equipo), razón por la que los enunciados se vuelven lo más sencillos y concisos posibles, como se puede observar en el siguiente ejemplo:

(19) V-I – 15:58
A: ee bot
A*: hace una señal en el mapa
Enemigos*: aparece Lee Seen en el mapa

En el ejemplo (19), el jugador A avisa a sus compañeros de otra línea que hay un peligro. Como no hay mucho tiempo para comunicarse, ha decidido sencillamente llamar su atención enunciando el nombre de su línea (*bot*) acompañado de una serie de señales que ejecuta sobre el minimapa (*pings*). De esta forma, el hablante trata de transmitir el mayor contenido en el menor tiempo posible, activando una serie de inferencias en sus compañeros para que reaccionen:

En mi zona ocurre algo que no veo =>
un enemigo se está acercando =>
este enemigo es muy fuerte y puede que no podamos combatirlo

Asimismo, la tecnología posibilita que la comunicación entre los participantes se realice de manera simultánea e inmediata no solo entre ellos, sino también con los eventos que se van sucediendo durante el juego. Por esta razón, los diálogos de los participantes se pueden ver influidos o, incluso, interrumpidos por los sucesos del juego en función de su importancia:

(20) V-II – 16:38

C: lo matamos, tengo ulti / n- noo no livees↑ / es más / [cuando] vayas a livear con un Zed [espérate siempre que sea] él el que empiece a livear cuando tiene la ulti bueno [porque ahíí] resetea→
D: [stun]
Enemigos_acciones: **Teemo mata a A**
SJ: [ha muerto un aliado]
A_acciones: **golpea el ratón**
D: [bueno me piro] / eeh tengo que gankear a A que va muy mal↓

Como se observa en el ejemplo (20), el hablante C estaba contando su experiencia con un personaje, pero este relato se ve interrumpido por la muerte de A, que cobra mayor importancia, pues puede decantar la partida hacia un lado u otro. A este suceso le siguen los comentarios de D que resalta la relevancia de este suceso a pesar de robarle el turno a su compañero, además de informarle de que no va a hacerle caso porque A necesita su ayuda. Esta clase de sucesos son una muestra de la importancia que ejercen en la comunicación distintos fenómenos que van más allá de los lingüístico y que, en un espacio virtual, cobran forma a partir de las acciones de los avatares. En esta clase de entornos, por tanto, existen *dos tipos de multimodalidad*: por un lado, una referida a los canales lingüísticos, ya que la plataforma cuenta la posibilidad de emplear tanto el canal escrito como el oral. Por otro, otra vinculada a la irrupción de elementos extralingüísticos que, en ocasiones, supeditan la comunicación lingüística a los eventos del juego (ver apartado 2.2.2.2. del capítulo 5).

Por su parte, en la actualidad la *inmediatez* puede ser entendida solo en el marco temporal gracias a la tecnología: desde la irrupción de los teléfonos hasta la aparición de los géneros 2.0, se ha conseguido desvincular el rasgo de la espacialidad de la inmediatez, de modo que los hablantes solo necesiten compartir las mismas coordenadas temporales sin estar en un mismo espacio físico (Yus, 2010). Además, cierta clase de contextos digitales ha permitido que los espacios se puedan compartir, incluso, en tiempos distintos como sucede, por ejemplo, con los foros (Herring, 2007). No obstante, aunque estos permitan compartir una misma interfaz, será a través de los videojuegos online mediante los cuales los interlocutores se sitúen en un mismo entorno virtual, aunque no compartan su ubicación real.

Otro de los rasgos que resulta interesante para el análisis es la organización de los turnos, es decir, qué tipo de dialogismo mantienen los participantes. A priori, existe una jerarquía horizontal que permite que todos los miembros del equipo puedan empezar a hablar sea cual sea la circunstancia, sin restricciones o reglas de conducta. No obstante, existen tres elementos que pueden hacer que este esquema interactivo cambie: 1) el rol que asume el jugador en cada partida; 2) los eventos y acciones que se van sucediendo; y 3), relacionado con lo anterior, los mensajes informativos del sistema de juego (Badia, en prensa).

(21) **V-I – 10:35**
D_acciones: **Mata a Lee Seen y a Tam (este muere un poco después)**
Enemigos_acciones: **Tam mata a D**
SJ: ha muerto un enemigo
SJ: ha muerto un aliado
D: bueno me lo he cargao↓
A: ¿el Lee Seen llevaba rojo D?↑
D: Pff no me he fijao [creo que sí] que lo llevaba↓
SJ: [ha muerto un enemigo]
C: mm / pues en- t'has hecho una doble en bot tú sola↓
D: normal→

Por su parte, los jugadores siempre van a ocupar papeles muy concretos en el equipo por la mecánica del juego, a pesar de que el fin de su interacción pueda acercarse más a lo interpersonal (jugar) o transaccional (ganar) (ver apartado 2. del capítulo 5). Una de las principales distinciones es el canal que emplearán para comunicarse con el resto de participantes en función de si son aliados (forman parte de su equipo) o enemigos (forman parte de otro):

(22) **V-I – 10:52**
C: sí ya tengo w↓ / [(())]
B: [pues espérate diez segundos] a que tenga yo gancho↑
C: como ve- bueno es que quiero hacer trader contra la Lux esa↓

(23) **V-I- 38:29**
Enemigos_escrito: ought played
C: out // played
A: como usar la ul- como no usar [la ulti de Casio capítulo uno]
C: [youu] // too // bro / bro
C_escrito: *all/* you too bro

La cooperación en el *League of Legends* (2009) y, en consecuencia, la comunicación pasa por el conocimiento del juego que los participantes tienen y que les permite ser más eficaces en las instrucciones e informaciones que comunican a sus compañeros. La falta de experiencia o el desinterés puede ser motivo, incluso, de generar desacuerdos y problemas en la interacción y que, al final, pueden acabar provocando la derrota del grupo; como sucede cuando se desconocen ciertos términos del juego.

Se ha ido mencionando en alguno de los rasgos anteriores que los jugadores comparten, al menos, un objetivo común: alcanzar la victoria. Esta situación se vincula con el grado de transaccionalidad del discurso que dependerá de los objetivos de cada participante: divertirse y reunirse con amigos (- transaccional), intención de progresar con su cuenta de jugador de manera individual (+/- transaccional) o con el fin de ganar un campeonato, especialmente en equipos profesionales (+ transaccional).

Una consecuencia de ello, además, es que la temática está mucho más delimitada por el contexto que impone la partida, puesto que obliga a los usuarios a mantener su atención centrada constantemente en los sucesos del juego. Esta situación lleva, incluso, a que los jugadores empleen ciertas palabras creadas de manera expresa para señalar acciones, objetos o realidades propias del videojuego que les ocupe[39]; de manera que la comunicación cobra cierto rasgo de especialización.

Todas estas características que se han ido mencionando pueden resumirse en el siguiente cuadro:

Tabla 17. Cuadro resumen de las características comunicativas de los MOBA

Características comunicativas de los *MOBA*	
Canal	Oral + Escrito + Extralingüístico Multimodalidad digital
Participación	Dialógica
Inmediatez	Comunicación simultánea y sincronía con los eventos de la partida
Toma de turno	No predeterminada =/ Predeterminada por eventos y/o sistema de juego
Cooperación	Entre miembros del mismo equipo + Sistema de Juego

En resumen, el discurso *MOBA* muestra una interrelación de canales (lo escrito, lo oral y las acciones del juego) que vuelve la comunicación casi tan compleja como la llevada cara a cara en una conversación (en la que interviene la palabra, los gestos, las acciones de los participantes…), dado que los

39 Ciertos vocablos se comparten por los videojuegos que pertenezcan al mismo género y, por lo tanto, compartan sus mecánicas.

jugadores, si bien no pueden verse directamente, están inmersos en un espacio virtual por el que interactúan a través de un personaje. Es decir, las acciones del juego no pueden compararse con las reales en el sentido en el que se desarrollan en un entorno virtual con otras coordenadas espaciotemporales[40], pero pueden llegar a formar parte de la comunicación igualmente.

Los participantes, además, están conectados entre sí en el aquí y el ahora del juego, de manera que su interacción se produce en el momento y se actualiza constantemente; a veces de manera libre y otras influida por elementos del juego, ya sean acciones o los mensajes del sistema de juego. Por último, los diálogos serán una muestra de la cooperación del equipo ya que, como se ha expuesto, gran parte de las intervenciones estarán dirigidas, precisamente, a mantener a los compañeros informados de las situaciones que se vayan sucediendo en la partida.

A grandes rasgos, a lo largo del apartado se ha tratado de dar cuenta de las características asemejan o diferencian a la conversación del videojuego *MOBA*. Los jugadores/hablantes presentan una serie de comportamientos que se ven influidos por las mecánicas del videojuego y que tornan la comunicación en algo distinto. En definitiva, atendiendo a todos los rasgos presentados, es posible observar de forma teórica las diferencias que surgen entre la conversación y un género 2.0 como los MOBA.

Sin embargo, al tratarse ambos de géneros discursivos de situaciones orales, no pueden aplicarse los modelos de análisis clásico (morfología o sintaxis, por ejemplo) para observar sus características, ya que la fugacidad del presente escapa a las convenciones normativas gramaticales. Por esta razón, a continuación, se presentará el modelo de segmentación discursiva que se ha empleado para capturar parte de esta realidad *viva*: la interacción.

4. El estudio de la oralidad discursiva: hacia la estructura interactiva de la conversación

En el apartado anterior se han expuesto los rasgos situacionales que definen a la conversación y a los videojuegos *MOBA*. No obstante, el análisis que se presenta en esta monografía pretende ir un paso más allá y fundamentar esta

---

40 De hecho, existe una escisión entre las coordenadas reales de los participantes y las coordenadas de sus avatares. Esto plantea una serie de consecuencias en la comunicación, ya que los hablantes cambian sus puntos de referencia reales por los virtuales y viceversa haciendo un trabajo de «desdoblamiento de la identidad». Se tratará de manera más detallada en § 4.2. de este capítulo y en § 4.2. del capítulo 7.

comparación en uno de los elementos presente en cualquier discurso dialógico: el estudio y contraste de la estructura interactiva.

Diversos grupos de investigación han perseguido el objetivo de descomponer la oralidad a semejanza de como se hace con lo escrito a través de la sintaxis (Narbona, 1986), especialmente en la lingüística románica (Pons, 2014). Esto se debe a que las reglas sintácticas *estándar* no se ajustan a la realidad oral (Narbona, 1986; 1992; Briz, 1998; Fuentes, 2013, 2017; Val.Es.Co., 2014) y, por ello, ha sido necesaria la búsqueda y creación de otros sistemas de unidades que se puedan ajustar a la sincronía e inmediatez de los discursos orales.

Desde la lingüística románica se ha pretendido establecer una división de todos los componentes lingüísticos que permitan estudiar la conversación en partes a semejanza de lo que se ha hecho con la sintaxis (Pons, 2014: 3), pero con un sistema que pueda dar cuenta de todos aquellos fenómenos que desde la lingüística tradicional escapan. Esta es la idea que subyace detrás de los grupos que han creado un sistema de unidades alternativo (Roulet *et al.*, 1991; Val.Es.Co., 2014; Cortés, 2002; Chafe, 1994; Berrendonner, 2011, Fuentes, 2013, entre otros) que pudiese dar cuenta de los fenómenos que se daban en el discurso y que no se restringieran a la unidad base oración o palabra como tal.

De esta forma, para analizar los elementos que conforman un discurso dialógico oral se hace necesario postular sobre qué sistema de unidades se sustentará y de qué forma se definen. La conversación ha sido el punto de partida para muchos grupos de investigación (Sack, Schegloff y Jefferson, 1974; Levinson, 2013; Roulet *et al.*, 1991; Sinclair y Coulthard, 1975; Chafe, 1994; Briz y Grupo Val.Es.Co. 2003, 2014; Berrendonner, 2011, etc.), a partir del cual, por extensión, han creado modelos válidos para cualquier género oral (Pons, 2014: 3).

Como se ha mencionado, de entre los sistemas de segmentación que existen se ha escogido el del grupo Val.Es.Co. por tratarse de un modelo que pretende aunar tanto criterios pragmáticos como prosódicos (Pons, 2014: 8), puesto que la definición de sus unidades toma ambos tipos de rasgos. Su propuesta bebe directamente del Análisis de la Conversación (Sacks, Schegloff y Jefferson, 1974; Schegloff, 1999; 2006; 2007) y de la Escuela de Ginebra (Roulet *et al.*, 1991; Fillietatz y Roulet, 2002), especialmente en cuanto a las unidades dialógicas, aunque también se nutre de las aportaciones de la lingüística románica como el de Friburgo (Berrendoner, 2003; 2011; Berrendoner y Reichler-Béguelin, 1989) o el modelo de Degand y Simon (2008, 2009; Simon y Degand, 2011), entre otras.

4.1. El modelo Val.Es.Co.

Su modelo se caracteriza por tres rasgos fundamentalmente (Pons, 2022: 77–78): 1) se trata de un análisis *funcional* en el que se define un elemento de acuerdo con el uso dado en un contexto real, no a la forma que tenga, 2) surge con intención de estudiar la conversación y describir su estructura, pero, a la vez, con vocación de aplicarse a otro tipo de discursos y, por último, 3) es un sistema jerárquico y recursivo en el que «las unidades inferiores son los constituyentes inmediatos de las unidades de orden superior», aunque esta correspondencia «no puede ser absoluta» (Pons, 2022: 78).

Asimismo, se definen tres dimensiones para clasificar cada unidad según sus rasgos predominantes: la *estructural*, que atiende a los elementos que se pueden delimitar por aspectos físicos, como una pausa entonativa; la *social*, que tiene en cuenta la contribución discursiva del elemento, esto es, si se reconoce o no por los hablantes; y la *informativa*, que atañe a la clase de información que un determinado conjunto de palabras expresa. Además, estas se dividen de acuerdo con los participantes involucrados: *monológicas* cuando atañen a un solo interlocutor o *dialógicas* si necesitan de la colaboración de varios de ellos[41].

Tabla 18. Sistema de unidades del grupo Val.Es.Co. (2014).

Nivel	**Dimensiones**		
	Estructural	*Social*	*Informativa*
Monológico	Acto Intervención	Turno	Subacto
Dialógico	Intercambio Diálogo Discurso	Alternancia de turnos	

A continuación, se muestra un breve fragmento de conversación en el que se puede observar el uso de todas las unidades mencionadas. Sin entrar en detalles y con el fin de contextualizar el análisis, los hablantes están tratando de decidir qué van a cenar esa noche.

41 Aunque no tenga relevancia para el análisis planteado en esta monografía, cabe señalar que este grupo considera también la *posición* en la que una unidad se sitúa de acuerdo con la superior a la que pertenezca (Pons, 2022; Pons, Pardo y Alemany, 2023): *inicial*, *inicial relativa*, *media*, *final* e *independiente*.

(24) C-03 – 10:52

Ii	1D1: #{$_{SAI}$ vale} {$_{SAT}$ eh-} / {$_{SSD}$¿quién quiere pizza?↑}#
Ir-i	2S1: #{$_{SSD}$yo quiero comer / me da igual}#
Ir-i	3D2: #{$_{SSTop}$ comer (RISAS)} / {$_{SSD}$ entonces [Amaro vale para todo↓]}#
Ir	S2: #{$_{SSX}$ yo [sooy]}#
Ir-i	4C1: #{$_{SSD}$ yo comer también me vale}#
Ir-i	5B1: #{$_{SSD}$ sí}#
Ir-i	6D3: #{$_{SSD}${$_{SAI}$va} $_{SAT}${pues} pizza}# #{$_{SSD}$ pero qué↓}#
Ir	7C2: #{$_{SSD}$ pues tenemos el Telepizza↓} {$_{SAM}$ o yo qué séé→}#

De izquierda a derecha en la numeración de la segunda columna, en primer lugar, cada cambio de hablante representa una intervención que es numerada de manera individual para cada participante. A continuación, se identifica el tipo de intervención de acuerdo con su papel interactivo (ver § 4.2.1.). Por último, se establece una numeración general para cada intervención que indica el número de *turno* (una intervención ratificada socialmente). Por su parte, las unidades monológicas inferiores se clasifican de acuerdo con la función pragmática que presentan en el enunciado: si contienen información conceptual (SSD y SSTop) o procedimental (SAI y SAT)[42].

Como se ha dicho, se trata de un sistema que se crea sobre la base del estudio de la propia conversación (2003 y 2014; Briz, 2006 y 2007; Pascual, 2019; Pons, 2022) pero que, al igual que los rasgos para definir los discursos (cfr. § 2.), se puede aplicar a otros géneros discursivos:

> Este es un sistema de unidades pensado por y para la conversación coloquial española, lo que no quiere decir que sea solo válido para esta. Es posible extender nuestro análisis a tipos de texto encuadrados dentro del registro formal de la lengua (Pons y Estellés 2009; González Melón 2013), tanto orales como escritos… (Val.Es.Co., 2014: 3).

Las aportaciones más significativas de todos estos grupos han sido las diferentes perspectivas desde las que se puede estudiar el discurso oral y sus propuestas de unidades que permiten segmentar y analizar el lenguaje hablado (Pons, 2014). Algunas de estas, incluso, presentan elementos coincidentes que permiten

42 Mientras que los actos se reconocen por ser una unidad con «posesión de una fuerza ilocutiva propia» (Pons, 2022: 95), los subactos, sus constituyentes inmediatos, diferencian el tipo de contenido que los compone y los clasifica, principalmente, entre sustantivos si tienen información conceptual y adyacentes si contienen información procedimental (Pons, 2022: 102). Para ver su clasificación completa, se puede consultar Pons y Estellés (2014), Val.Es.Co. (2014), Pons (2022) o Pons, Pardo y Alemany (2023).

observar un mismo fenómeno desde distintas visiones, como es el caso de la unidad *turno* (ver § 4.2.1). Por esta razon y dado que uno de los objetivos de esta monografía es el contraste de la interacción entre dos discursos, la conversación y el videojuego *MOBA*, los siguientes epígrafes se dedicarán a exponer las distintas definiciones que han recibido las unidades vinculadas de manera directa con el dialogismo desde este modelo de segmentación: la *intervención*, el *turno*, el *intercambio*, la *alternancia de turnos* y el *diálogo*.

4.2. Las unidades dialógicas de la comunicación

Para que exista un intercambio de información efectivo deben estar involucradas dos partes encargadas de emitir y recibir el mensaje, respectivamente, aunque este proceso no se complete de manera inmediata. En otras palabras, la comunicación requiere de una interacción mínima para que se produzca: un interlocutor que inicie y cree un estímulo al que otro pueda reaccionar.

En este apartado se pretende definir las unidades de análisis vinculadas directamente con la interacción de los hablantes. Para ello, se tomará como base el modelo de segmentación del grupo Val.Es.Co, puesto que se trata de una escuela que le ha dado mucha importancia al aspecto dialógico a lo largo de su trayectoria (Briz, 2006; 2007; Val.Es.Co. 2003 y 2014; Espinosa-Guerri 2016; Badia, 2018; entre otros).

Como se ha visto en la tabla 6, los elementos vinculados con la interacción se definen a partir de su reconocimiento pragmático y físico. Los pares *intervención/turno* e *intercambio/alternancia de turnos* hacen referencia al mismo fenómeno, pero identificado por criterios distintos: por un lado, su definición *estructural* que tendrá en cuenta sus características físicas y, por otro, la visión *social* de estas que atenderá a qué tipo de contribución aporta al discurso. Por su parte, el *diálogo* y el *discurso*, a pesar de ser el espacio donde se producen las unidades de corte social como el *turno* o su *alternancia*, se identifican solo por criterios estructurales.

En concreto, en la presente investigación se va a hacer uso de las unidades *intervención* y *turno*, que son la máxima expresión de un único hablante desde el punto de vista estructural y social, respectivamente. Estas unidades se vincularán entre sí para formar los *diálogos* y estos, a su vez, los *discursos* que permitirán observar el funcionamiento interactivo del discurso MOBA. Por lo tanto, las siguientes secciones (§ 4.2.1., § 4.2.2. y § 4.2.3.) se dedicarán a describir y explicar su funcionamiento de manera pormenorizada .

4.2.1. La distinción entre intervención y el turno, intercambio y alternancia de turnos

Una de las unidades más reconocibles en el discurso es la emisión de un hablante (y su consecuente delimitación), ya que puede identificarse prácticamente de manera intuitiva. De hecho, el punto de partida del sistema de unidades que propone el grupo Val.Es.Co. se sitúa en la máxima unidad que se le atribuye a un único participante: la *intervención*. Esta se define, principalmente, por el cambio de hablante (Pons y Estellés, 2014: 6; Pons, 2006; 2014: 12; 2022: 83; Val.Es.Co., 2003; 2014: 16; Espinosa-Guerri y García-Ramón, 2019: 94) y encuentra su correlato en el plano social en el *turno* (Val.Es.Co., 2014), que se distingue por ser una intervención ratificada socialmente por los interlocutores.

Antes de detallar la definición que el sistema proporciona, se mencionará brevemente la perspectiva de otros modelos, ya que, aunque estos abordan las unidades de segmentación de manera diferente, han sido precursoras o han influido en el sistema Val.Es.Co. Por ejemplo, el Análisis de la Conversación (Sacks, Schegloff y Jefferson, 1974) o la escuela de Ginebra (Roulet *et al.*, 1991, Filliettaz y Roulet, 2002) hablan tanto de la unidad *intervención* o *turno* sin distinguirlas entre sí. No obstante, su definición parte de criterios distintos: mientras que los primeros toman en cuenta rasgos estructurales para su identificación[43], el modelo de segmentación francés define la *intervención* a partir de su fuerza pragmática. Esta, a su vez, era descrita según la posición que tomara dentro de un *intercambio*: 1) *iniciativa* cuando abre una secuencia de intercambio y apela a una reacción; 2) *reactiva* cuando cierra un intercambio y 3) *reactiva-iniciativa* cuando lo continúa (Pons, 2022).

Por su parte, el Análisis de la Conversación identifica los turnos de dos hablantes diferentes vinculados entre sí como *par adyacente* (Sacks, Schegloff y Jefferson, 1974; Schegloff, 2006) a los que les atribuye una intención comunicativa. Esta unidad, normalmente, puede observarse a partir de la primera intervención que inicia el segmento interactivo nuclear (Schegloff, 2007: 13). Además, a cada tipo de ellas se le puede asociar un tipo de respuesta preferida y otro no tan aceptable, razón por la que a veces las reacciones a una intervención no son del todo esperables:

43 Las reglas de la *toma de turno*, ver apartado 2 del presente capítulo.

Tabla 19. Clasificación de tipos de pares adyacentes y tipos de respuestas (adaptación de Schegloff, 2007: 63–81)

Primeras partes	**Segundas partes**	
	Preferida	*Despreferida*
Petición	Aceptación	Rechazo
Invitación	Aceptación	Rechazo
Valoración	Acuerdo	Desacuerdo
Pregunta	Respuesta correcta	Respuesta no relacionada / no respuesta
Acusación	Negativa	Admisión

La tabla anterior ilustra cómo diferentes tipos de intervenciones pueden provocar respuestas específicas y, a veces, predecibles. Los pares adyacentes y las expectativas que generan en la comunicación resaltan la importancia de entender las dinámicas interactivas en cualquier conversación. Sin embargo, este sistema se centra en estos patrones estructurados, mientras que el modelo Val.Es.Co. adopta un enfoque más contextual, examinando la estructura y la orientación de las intervenciones. Así, aunque las intervenciones puedan seguir patrones como los mostrados en la tabla, este sistema hace hincapié en que cada enunciado posee un papel concreto en la estructura interactiva de cada diálogo.

De esta forma, las intervenciones se clasifican según «su orientación interaccional», esto es, «la relación que mantiene una intervención con las demás intervenciones del mismo intercambio» (Gallardo Paúls, 1996: 53). A partir de estas relaciones, pueden distinguirse cuatro tipos (Espinosa-Guerri y García-Ramón, 2019: 95; Val.Es.Co., 2014: 17; Pons, 2022: 83): 1) *iniciativas*, cuando provocan una reacción; 2) *reactivas*, cuando reaccionan a una intervención anterior; 3) *reactivo-iniciativas*, en aquellas ocasiones en las que una intervención reacciona y provoca una reacción posterior y 4) *independientes*, cuando la intervención no se vincula a ninguna otra.

(25) **V-I – 00:00**

Ii 1A1: mm↑ banea a Talon a Talon↓
Ind C1: mm
Ir-i 2B1: ¿Talon?↑
Ir-i 3A2: sí sí↓ /// qué asco de personaje por dios↓
Ir-i 4B_acciones: **banea a Talon**
Ir-i 4B2: un poquito como Trump parando al mexicano↓
Ir 4A2: Desde que le han hecho el rework ayer estaba jugando contra uno↑ /// y le estaba ganando la lín- le-↓ o sea le gané la línea y yo iba como cuatro cero y el tío↑ / cero tres uno→ /// y me mataba tranquilamente→

En (25), A inicia un diálogo[44] (intervención iniciativa) pidiendo que un compañero elimine a un personaje de la selección[45]. Mientras el hablante C piensa qué personaje escoger (hecho que hace patente a través de su «mm», una intervención independiente que no es reconocida por sus compañeros), el hablante B pide la confirmación del personaje que se debe *banear* y A se lo confirma (sucesión de intervenciones reactivo-iniciativas). Después de este suceso, B responde a A mediante la ejecución de la acción (elimina a ese personaje) y bromeando sobre esta. El hablante A, por su parte, sigue justificando su decisión a la que ya no reacciona nadie, con la que se cierra el diálogo (intervención reactiva).

La unión de una intervención iniciativa y otra reactiva formaría la unidad mínima dialógica estructural del sistema Val.Es.Co.: el *intercambio* (Val.Es.Co., 2014: 23; Pons, 2022: 84), que se correspondería al *movimiento* o al *par adyacente* de la Escuela de Ginebra y del Análisis de la Conversación, respectivamente. Existen, además, ciertos tipos de intercambio que pueden estar conformados por más de dos intervenciones: es el caso de las intervenciones iniciativas que generan más de una reacción, como se observa en el siguiente ejemplo:

(26) C-02-v1 — 13:33

Intercambio

Ii (d)1C1: es que los que teníamos nosotros del Singstar iban bien pero es que al poco se rompían todos→
Ir S1: no estos bueno eh estee→
Ii (d)2C1: bueno es que éramos quince los que cantábamos allí [y le dábamos un] montón de tute y en cuestión de un [mes]→
Ir 3A1: [(RISAS)]
Ir 4S1: [yaa]
Ir-i 4D1: [y] Manu ahí to'a la noche con el cubata↑
Ir 5C2: y babeando el micro (RISAS)

La emisión de C (2C1) provoca la reacción casi simultánea de A, S y D. De esta forma, el segmento se compone de más de un cambio de voz, pero no deja de ser un *intercambio* mínimo de información en la que existe una parte activa y otra reactiva, aunque esté compuesta por varias intervenciones.

44 Se ha escogido este fragmento que pertenece al principio de la grabación en la que los jugadores aún no están jugando propiamente, sino que están *hablando* en la pantalla de selección de personajes de una manera cercana a la conversación. Los tipos de estructuras interactivas y los lugares en los que suelen encontrarse en el videojuego se tratarán en el apartado 2.2. del capítulo 6.

45 En las partidas de reclutamiento o clasificación del *League of Legends* (2009), cada jugador de cada equipo puede eliminar a un personaje para que no pueda ser utilizado en esa partida.

Además, este modelo también considera que una intervención puede extenderse más allá del cambio físico de hablante. En los ejemplos (25) y (26), tanto la intervención 4 de A como la 1 de C ocupan más de una emisión, ya que el cambio de voz no asegura que el primero haya terminado lo que tenía en mente decir. Esta clase de intervenciones que sufren la interrupción de otro interlocutor se clasifican como *discontinuas*, frente a las *continuas* que son intervenciones que se corresponden con el principio y fin de una única emisión de un hablante (Val.Es.Co., 2014: 20).

Por otro lado, las reacciones de los interlocutores no necesariamente deben estar ligadas a la emisión de otras palabras, sino que puede responderse con un gesto o una acción. En (25), B reacciona a la petición de A *baneando* (prohibiendo) un determinado personaje que parece molestarle en las partidas. De ahí que en el sistema Val.Es.Co. se tenga en cuenta la distinción entre *intervenciones verbales* e *intervenciones no verbales* (Val.Es.Co, 2014: 21)[46].

No obstante, no todas las intervenciones contribuyen efectivamente al desarrollo de la comunicación en curso. La intervención de C en (26) no ha sido tenida en cuenta por ningún otro participante y, por tanto, nadie ha reaccionado a ella. Este modelo de segmentación contempla la distinción entre este tipo de intervenciones que no contribuyen de manera efectiva al discurso de las que sí lo hacen, es decir, la distinción entre las intervenciones y el *turno* (Val. Es.Co. 2003; 2014; Pons, 2022).

El *turno* se define desde un punto de vista social como una unidad que es «reconocida o aceptada por el interlocutor o interlocutores» (Val.Es.Co., 2014: 24). Por esta razón, se puede hacer la distinción entre las emisiones que forman parte del encadenamiento interactivo de un discurso frente a aquellas que solo tienen una incidencia temporal (se dicen en el momento que transcurre la comunicación, pero no obtienen ningún tipo de respuesta o aceptación por el resto de interlocutores, la ignoran). Todo turno, por tanto, será también una intervención, pero no a la inversa:

46 Cabe destacar que el sistema Val.Es.Co. se centra especialmente en las reacciones paralingüísticas. No obstante, en este estudio se pretende ir un paso más allá y comprobar qué incidencia tienen las acciones que realizan los jugadores en el mundo virtual como se verá en el apartado 2.2.2.3. del capítulo 5.

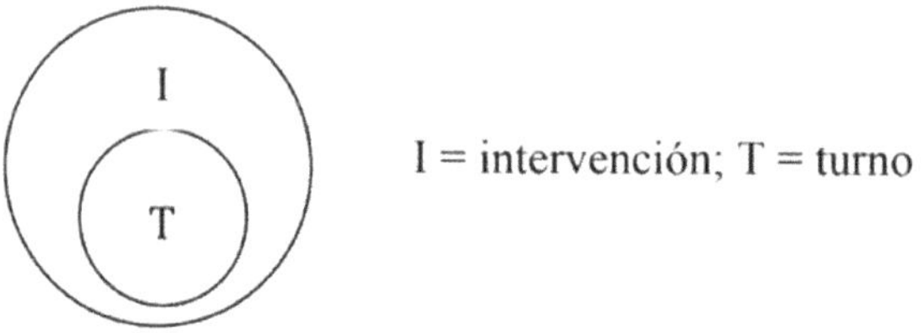

Imagen 48. Relación entre intervención y turno (Val.Es.Co., 2014: 16)

Esta distinción es clave para estudiar y analizar qué forma interactiva adquieren los discursos, ya que permite determinar qué participante es más relevante en una conversación. Además, unido al estudio de los diferentes tipos de intervención, permite realizar un esquema interactivo en el que se observen los patrones de conducta que surgen entre los interlocutores.

Así como la mínima agrupación de intervenciones se clasificaba dentro de los intercambios, los turnos se pueden reunir en *alternancias de turno.* Se trata de la unidad dialógica única que se clasifica dentro del nivel social que se define como «la combinación de dos turnos sucesivos y, por tanto, emitidos por interlocutores/hablantes distintos» (Val.Es.Co, 2014: 27). Además, dependiendo de las características del género discursivo que se esté analizando, esta alternancia puede estar marcada por factores externos (como un moderador en un juicio [Villalba, 2016]), por elementos internos (la relación jerárquica de los participantes) o no estar predeterminada (como en una conversación).

En resumen, la distinción entre intervención y turno, así como entre intercambio y alternancia de turnos, resulta eficaz para comprender la dinámica y estructura de las interacciones discursivas. Frente a otros modelos, el grupo Val.Es.Co. aporta una visión única y detallada que pone de manifiesto la importancia de considerar tanto el nivel estructural como el social en el análisis del discurso. Estas distinciones, lejos de ser meramente teóricas, tienen implicaciones prácticas para la interpretación y comprensión de las conversaciones en la vida real, subrayando la relevancia de la orientación interaccional y el papel de cada enunciado dentro del diálogo.

El modelo Val.Es.Co. es recursivo y jerárquico. Esto significa que unidades más pequeñas (como la intervención) se combinan para formar unidades más grandes (como el intercambio), lo que naturalmente lleva al estudio de cómo estas unidades se vinculan directamente con la interacción en un discurso. Esta nueva agrupación se conoce como *diálogo* (Briz, 2006 y 2007; Val.Es.Co. 2014; Espinosa-Guerri 2016; Espinosa-Guerri y García-Ramón, 2019; Pons, 2022).

4.2.2. *La estructura interactiva de los discursos: el diálogo*

Hasta este punto, se ha puesto atención en las unidades mínimas necesarias para el estudio del comportamiento interactivo individual de los participantes. Sin embargo, no se ha dilucidado cómo estas intervenciones individuales se amalgaman y estructuran para dar forma a la interacción en su conjunto. Levinson (2006, 2019) postuló que los seres humanos son los únicos que poseen esta facultad para interactuar de manera especial: no solo se tiene la capacidad de enlazar acciones y reacciones de forma significativa, sino que también se puede tejer una red de conexiones entre diferentes enunciados y eventos, creando encadenamientos que resultan en discursos coherentes.

Esta interacción se manifiesta a través de un sistema codificado de símbolos, esto es, mediante el lenguaje. Aunque el uso de un lenguaje, sea el que sea, es un fenómeno universal, existen patrones de comportamiento interactivo que son consistentes a través de diferentes sociedades, como señala Levinson (2019: 191):

> ...A speaker gets a minimal clause like unit as an initial turn, which can be extended by tacit or explicit agreement to another such unit, but after each such unit, speaker transition may occur (unless a speaker is specifically selected, the first starter becomes the next speaker). A study of 10 languages from five continents showed only minor differences in timing (Stivers *et al.*, 2009).

Por tanto, el principio fundamental de la interacción es el encadenamiento de un estímulo, creado intencionalmente por un individuo, que provoca una respuesta consciente en otro. Esta intervención puede, a su vez, generar una nueva respuesta, iniciando un proceso que podría extenderse indefinidamente. El fin de esta cadena interactiva lo determinan los propios participantes o el contexto en el cual se inscriben sus enunciados.

A partir de este mecanismo, es evidente que los comportamientos interactivos de los interlocutores se construyen y adaptan en función de la situación en que se producen. Así, los diálogos pueden adoptar formas y estructuras diversas, todas derivadas del principio estímulo-respuesta. De esta forma, para analizar la estructura interactiva de un discurso, como una conversación[47], es necesario establecer las conexiones y relaciones entre las intervenciones de los participantes:

---

47 En este punto, muchos autores proponen una serie de reglas o principios sobre los que guiar la interpretación de las intervenciones del otro: las máximas de Grice (1975), las heurísticas de Levinson (2013) o la teoría de la relevancia de Wilson y Sperber (1993, 1994), entre otros.

(27) **C-02-v2 — 09:09**

C: aa y espérate que nos hemos ido a casa de Marco a por las llaves para Lees Palemeretes y hemos cargao dos bote- dos botellas de John de John Loong una de jotabee yy media dee ron↑ [pero mira]

D: [vale] pero lo más importante ¿pistachos habéis comprao?

C: no

D: tío / pa una cosa que te pido↑

C: ya cuando me lo has dicho ya estábamos yendo pa allí

S: aún está a tiempo

A: °(¿tú pa qué quieres pistachos?)°

D: pos porque me apetecen pistachos tío es igual que los cacahuetes↑ / de toa la vida pa rumiar↑

En (27) se puede observar que la intervención de C da una información sobre un evento que tienen esa noche al que el resto de los interlocutores se suman añadiendo, reformulando o pidiendo más información, sin abandonar el tema central de la cuestión. Es decir, existe un hilo conductor que vincula todas las intervenciones según su aportación a la conversación, su temporalidad (son secuenciales, una va detrás de otra, aunque existan solapamientos) y, en definitiva, su papel interactivo.

La suma de todas estas intervenciones conforma la unidad denominada *diálogo*. Las definiciones suelen enfatizar la cooperación e interacción entre dos o más interlocutores, intercambiando significados y actividades de manera cronológica y sincrónica (Sacks, Schegloff y Jefferson, 1974; Booth 1989; Linell y Markova 1993; Fillietatz y Roulet, 2002;; Briz, 2006; Val.Es.Co., 2014; Kaakinen, Sirola, Savolainen y Oksanen 2020).

El *diálogo*, por tanto, es una unidad fácilmente reconocible que suele mostrar «a process of *negotiation* in which speakers recursively initiate, react on, or ratify propositions» (Fillietatz y Roulet, 2002: 369). En otras palabras, «es el resultado de la combinación de intercambios sucesivos» y que suele limitarse, dentro de una perspectiva estructural, por «una intervención-turno iniciativa al inicio y por una intervención-turno reactiva al final de la misma» (Val.Es.Co., 2014: 31). Cabe señalar que otros grupos de investigación (especialmente vinculados con el análisis de la conversación americano) suelen referirse a esta unidad como *secuencia* en la que se agrupan una serie de turnos a partir de un criterio temático (Sacks, Schegloff y Jefferson, 1974; Schegloff, 1999; 2007).

Desde el análisis de conversaciones mediadas por ordenador entre humanos, algunos autores han señalado que los diálogos que se establecen entre los participantes son, en algunos géneros discursivos como los chats grupales o los comentarios de *Facebook*, caóticos. Esta característica se suele atribuir, especialmente, por la falta de señales naturales (Murillo y Bautista, 2016) sobre las que los interlocutores pueden interpretar que existe un punto de transición pertinente. Por esta razón, autores como Marcoccia (2004) han llamado a esta clase de interacciones polílogos (*polylogue*), término que pretende apuntar al carácter multivocal y poco organizado de los enunciados.

Sea en un entorno real o virtual, los diálogos (o sea cual sea su denominación) son la unidad clave para analizar la estructura interactiva de los géneros discursivos que involucren a dos o más participantes. A través de su estudio, es posible analizar y sistematizar el tipo de comportamiento interactivo que predomina en cada género discursivo y realizar comparaciones que pongan de relieve sus semejanzas y diferencias. La visualización de la interacción emerge, en este contexto, como un recurso invaluable para desentrañar los patrones, estructuras y dinámicas subyacentes en los *diálogos*. El siguiente apartado se dedicará a describir el tipo de metodología empleada para lograr representar la interacción desde un enfoque visual.

4.2.3. La visualización de la interacción

Después de examinar la dinámica inherente a los diálogos y entender cómo las intervenciones individuales se entrelazan para construir un discurso coherente e interactivo, este apartado expondrá la metodología visual adoptada en el presente estudio. El objetivo es presentar un esquema que facilite la abstracción y clasificación de la interacción, y que permita identificar las características distintivas de cada género discursivo (Espinosa-Guerri y García-Ramón, 2019).

Cada grupo de investigación dedicado a la segmentación del discurso ha tratado de establecer sus propios criterios para observar la vinculación de los turnos de los hablantes. Una de las más relevantes que ya se ha presentado es la propuesta de Sacks, Schegloff y Jefferson (1974) y todos los analistas de la conversación en los que pretenden agrupar las intervenciones en *secuencias* a partir de su vinculación temática. Estas mostrarían, por tanto, su relación gracias a su contenido verbal principal:

(28) **Extraído de Schegloff (1972: 79 apud Espinosa-Guerri y García-Ramón, 2019: 100)**[48]

A: Are you coming tonight
B: Can I bring a guest?
A: Male or female?
B: What diference does that make?
A: An issue of balance.
B: Female.
A: Sure.
B: I'll be there.

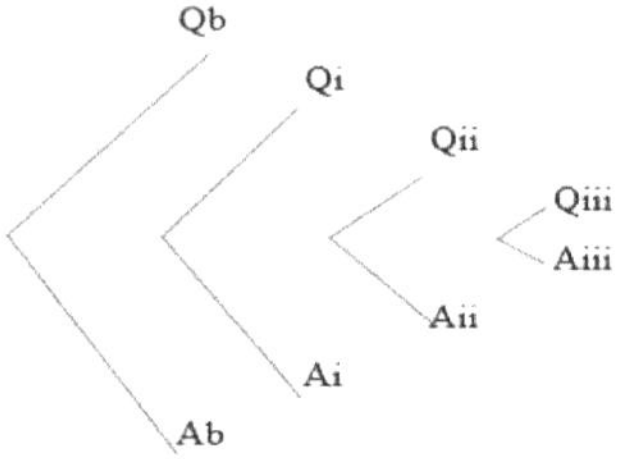

Por su parte, Levinson (2013) ofrece una explicación para la estructura discursiva vinculada con las conexiones recursivas que se establecen entre los enunciados. Esta visión es coherente con el enfoque del análisis de la conversación mencionado anteriormente, en el que los participantes forman esquemas diversos, partiendo de la base de que un par adyacente debe tener dos partes. Sin embargo, estas dos partes no necesariamente se presentan de manera consecutiva en el discurso, sino que pueden estar separadas por otras intervenciones necesarias para hacer más informativo el par adyacente, como las expansiones insertas del análisis de la conversación (Schegloff, 2007).

(29) Extraído de Merrit (1976: 333, apud Levinson 2013)

A: May I have a bottle of Mich?
B: Are you twenty one? ← degree 1 center-embedding
A: No ← response at degree 1
B: No

El ejemplo (29) se abre con una pregunta que no es respondida inmediatamente porquese necesita más información, lo que da lugar a un segundo par adyacente dentro del primero para lograr finalizar el primer intercambio de forma satisfactoria. Este tipo de segmentos coinciden, además, con los *movimientos* de la Escuela de Ginebra, ya que involucran no solo un intercambio de intervenciones, sino todas aquellas que son necesarias para lograr un tipo de información o fin comunicativo.

48 Qb: Question base (pregunta base), Qi: question insertion (pregunta inserta), Ab: answer base (respuesta base), Ai: Answer insertion (respuesta inserta).

Sin embargo, es importante señalar que estos modelos no están pensados para ofrecer una visión completa de la estructura de un discurso, sino que pretenden representar fragmentos, como las secuencias temáticas (Schegloff, 2007), o fenómenos concretos, como la recursividad de los pares adyacentes (Levinson, 2013). La excepción es el modelo de Ginebra (Fillietatz y Roulet, 2002), aunque su propuesta está centrada en dar cuenta de las fuerzas pragmáticas que mueven a los hablantes.

Por el contrario, en el seno del grupo Val.Es.Co. sí se ofrece la posibilidad de trabajar con la estructura total de un texto dialógico a partir de su sistema de unidades. Además, se ha desarrollado una herramienta de visualización de la estructura interactiva que pretende mostrar las relaciones entre los turnos sin depender necesariamente del contenido o el tema que traten (Briz, 2006; Espinosa-Guerri, 2016; en prensa; Espinosa-Guerri y García-Ramón, 2019; Pons, 2022). En este sentido, se trata de ofrecer un esquema visual que permita analizar comportamientos interactivos de manera global:

(30) Extraído de Espinosa-Guerri y García-Ramón (2019: 107)

1 Ir: *¿tú eres católico?*
'are you a Catholic?'

2 Ie: *no// yo soy ateo*
'no// I'm an atheist'

3 Ir: *¿eres ateo?*
'you're an atheist?'

4 Ie: *seh*
'yeah'

5 Ir: *¿proFUNdamente ateo?*
'proFOUNDly atheist?'

6 Ie: *soy ateo// a secas (RISAS)*
'I'm an atheist// let's leave it at that (LAUGHS)'

7 Ir: *hombre// los hay quee- agomsticos/ los hay que [tienen sus dudas]*
'I mean// some are- agnostic/ others [have their doubts]'

(Interview to politician Pedro Sánchez, García-Ramón 2019)

El ejemplo (30) muestra un diálogo compuesto por el encadenamiento provocado por la sucesión de intervenciones reactivo-iniciativas que corresponde con la idea general que se suele tener de una conversación de manera intuitiva

(Espinosa-Guerri y García-Ramón, 2019: 107). Para lograr su representación visual, cada intervención se identifica con una línea que, según su orientación, indica si se trata de una *iniciativa*, una *reactiva,* ambas o una *independiente*. El dibujo de estas va creando un esquema que representa la estructura interactiva del discurso y permite la identificación de los patrones más recurrentes. En el fragmento anterior se puede observar la *figura* clasificada como *cremallera* (Espinosa-Guerri y García-Ramón, 2019: 106; Pons, 2022: 87) que se define de la siguiente manera:

> If there are at least two consecutive reactive-initiative interventions, then the resulting figure is a zipper. Example (17) [48][49] is a sequence of several questions and answers between an interviewer (Ir) and a politician (Ie). (Espinosa-Guerri y García-Ramón, 2019: 106)

A partir de lo anterior se ha tratado de mostrar distintas metodologías existentes para visualizar la interacción en el discurso, de manera que pueda entenderse su funcionamiento general y su relación con la técnica específica escogida para este estudio: el método de visualización interactiva del grupo Val.Es.Co. El siguiente apartado, por tanto, se va a dedicar a desentrañar los detalles y características de este sistema, una herramienta que resultará fundamental en el estudio que se pretende abordar en la monografía, ya que constituye uno de los pilares básicos sobre los que se pretende establecer el análisis de los dos discursos objetivos de esta investigación.

4.2.3.1. El método de visualización interactiva del grupo Val.Es.Co.

Teniendo en cuenta las distintas características del modelo de unidades Val. Es.Co., a continuación, se presentará el funcionamiento de su sistema de visualización interactiva. Este enfoque, desarrollado plenamente en trabajos posteriores (Espinosa-Guerri, 2016 y 2024), tiene como objetivo principal ofrecer una representación visual integral del esquema interactivo. En este esquema, «every intervention is linked using diagonal lines to those interventions to which it reacts and those interventions which are triggered by it» (Espinosa-Guerri y García-Ramón, 2019: 100). Para una comprensión clara de su funcionamiento, se examinará el siguiente ejemplo:

49 Numeración correspondiente al presente libro.

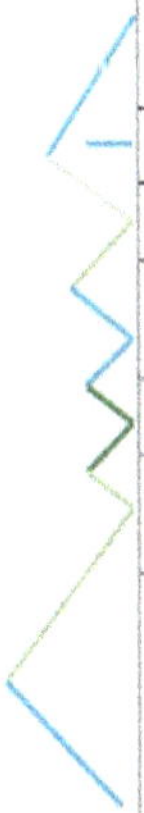

Hablante	Inicio	Texto
A	00.00:00.680	Mm <ta/> Banea a Talon a Talon <td/>
A	00:00:07.330	m
B	00:00:11.165	¿Talon? <ta/>
A	00:00:11.880	Sí sí <td/> /// qué asco de personaaje por dios <ts/>
B acciones	**00:00:15.749**	**Banea mientras a Talon**
B	00:00:15.760	((Un poquito Trump parando al mexicano <td/>
A	00:00:19.840	Desde que le han hecho el rework ayer estaba jugando contra uno <ta/> /// y le estaba ganando la lin le <td/> o sea le gané la línea y yo iba como cuatro cero y el tío <ta/> / cero tres uno <ts/> /// y me mataba tranquilamente <ts/> /// yo no le qui- <ts/> / m / en lo que yo le quitaba la mitad de la vida él me la quitaba entera y yo con Ekko <td/> // °(madre mia)° /// rito y sus reworks <td/>

Imagen 49. Ejemplo de análisis MOBA. Cremallera e independiente

En la imagen 49 se observa, en primer lugar, que a cada participante le corresponde una línea que lo identifica siempre con un mismo color, en un tono claro para aquellas intervenciones lingüísticas y en un tono más oscuro para las que correspondan a las acciones; de manera que a simple vista se pueda reconocer a quién pertenece cada intervención.

En segundo lugar, las líneas se unen o no dependiendo del tipo de interacción que se esté dando: el primer turno de *A* inicia un encadenamiento (intervención iniciativa) que se sucede por la intervención de *B* que, a la vez, reacciona y es seguida (intervención reactivo-iniciativa) por otra de *A*. Este encadenamiento, que se expande hasta la intervención posterior de *A* (intervención reactiva), genera una interacción de 6 intervenciones. Al mismo tiempo, es posible observar una intervención *independiente* en el segundo enunciado de *A*, debido a que no reacciona a ningún hablante ni tampoco hace reaccionar a otra.

Cada tipo de intervención, por tanto, se vinculará a una determinada posición de estas líneas que representarán de manera gráfica su tipología y la relación que establecen con las otras (Espinosa, 2016: 16–17), tal y como se observa en la Tabla 20. El funcionamiento del sistema se basa en la tipología de intervenciones que establece el grupo Val.Es.Co. (2003, 2014) y su visualización, por tanto, se realiza mediante el siguiente sistema:

Tabla 20. Tipo de intervenciones vinculadas a líneas (Espinosa-Guerri, 2016; en prensa)

Tipo de intervención	Tipo de línea	Tipo de intervención	Tipo de línea
Iniciativa (i)	/	Independiente (ind)	—
Reactivo-iniciativa (r-i)	<	Discontinua (disc)	– – –
Reactivas (r)	\	No analizable (X)	X

Por otra parte, dado que en este trabajo se han transcrito las acciones de los participantes, el sistema de colores se ha ampliado: con el fin de facilitar la relación entre las intervenciones y las acciones de un mismo interlocutor, se desarrolló de forma provisional un sistema de colores (Badia, 2018), distinto al propuesto por Espinosa-Guerri (2016: 17), en el que hubiera una relación cromática. De esta manera, el color asociado a un participante será claro para sus intervenciones lingüísticas y oscuro para las extralingüísticas, tal y como se muestra en la tabla siguiente (21):

Hablante	Int. Lingüística	Int. Extralingüística
A	—	—
B	—	—
C	—	—
D	—	—
S	—	—

Tabla 21. Sistema de colores para los hablantes

Asimismo, se ha introducido otra serie de colores que responden a aquellas intervenciones generadas por no humanos (tabla 22):

Tabla 22. Sistema de colores para intervenciones no humanas

	Int. Lingüística	Int. Extralingüística
Sistema de juego /gato[50]		———
Enemigo		———

En el primer capítulo se ha explicado que se han tomado todas las acciones ejecutadas por el equipo contrario al registrarlo como un único participante por dos razones principalmente: por un lado, las acciones que se visualizan de los enemigos están limitadas a la visión que en cada momento los jugadores tienen, ya que existe la llamada *niebla de guerra* que impide ver más allá de un área pequeña alrededor de los personajes del equipo. Por otro, la cantidad de acciones registradas no era muy elevada y se ha preferido señalar el jugador y la acción dentro de la misma caja de transcripción. En otras circunstancias, podría estudiarse no solo su comportamiento de manera individualizada, sino también la interacción de dos equipos enfrentados y contrastarla.

Por medio de la visualización de las acciones, será posible observar la clase de interacciones que se produce entre los interlocutores mediante las unidades que se formen con el uso de esta herramienta de visualización interactiva. Además, al partir de una perspectiva multimodal en la que se toman en cuenta tanto las intervenciones lingüísticas de los interlocutores como sus acciones, se podrá observar de forma más detallada la influencia que los contextos tienen en cada ámbito.

En resumen, este sistema ofrece una herramienta que permite analizar y clasificar la interacción de un discurso dialógico teniendo en cuenta la diversidad de elementos estructurales que la conforman: la posición de cada intervención, el tipo de contribución que se hace en términos lingüísticos o extralingüísticos, la identificación de cada hablante…Todo ello ha permitido crear un catálogo de esquemas o patrones recurrentes que identifican distintos tipos de situaciones comunicativas, como se presentará en la siguiente sección.

4.2.3.2. Clasificación de las figuras

Las figuras son el resultado de comparar los datos extraídos de los análisis realizados en conversaciones, entrevistas sociolingüísticas y entrevistas en línea con dos participantes (Espinosa-Guerri y García-Ramón, 2019: 104). A ellas,

50 Se han hecho equivalentes los colores que corresponden al gato y al sistema de juego con el fin de no añadir otro tono que pueda confundir.

se suma las investigaciones realizadas por Badia (2018, 2023) y Espinosa-Guerri (2024) con más de dos participantes en conversaciones y videojuegos. Estos modelos permiten recrear el esquema interactivo de prácticamente cualquier diálogo a partir de los siguientes patrones:

Tabla 23. Tipos de figuras (Espinosa-Guerri, 2024)

<table>
<tr><th>Figura</th><th>Dibujo figura</th><th>Figura</th><th>Dibujo figura</th><th>Figura</th><th>Dibujo</th></tr>
<tr><td>Pico</td><td></td><td>Cerco</td><td>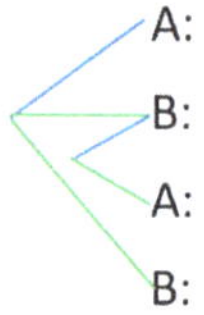</td><td>Pajarita</td><td>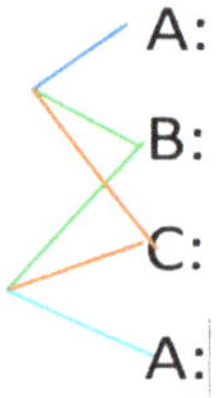</td></tr>
<tr><td>Cremallera</td><td>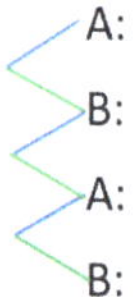</td><td>Abanico</td><td>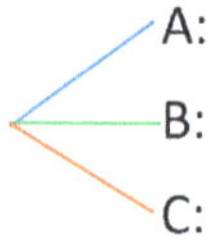</td><td>Palillos</td><td>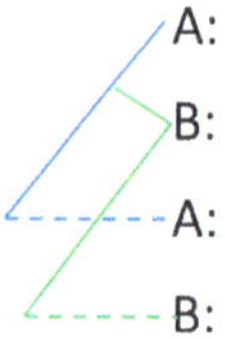</td></tr>
<tr><td></td><td></td><td>Rastrillo</td><td>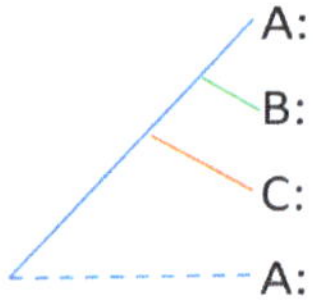</td><td></td><td></td></tr>
</table>

(31) C-04 – 05:15[51]

D: ¿te enseño una míaa?↑
C: sí

El ejemplo 31 representaba un *pico*, es decir, un par adyacente de pregunta-respuesta entre dos participantes (D y C). Su relación se marca a partir de dos líneas diagonales de distinto color, ya que pertenecen a dos interlocutores

51 Los ejemplos escogidos para esta sección corresponden a otro corpus que se recopiló con otros fines, aunque siguen la numeración establecida en la base de datos creada para esta investigación.

distintos. En los ejemplos en los que este patrón se sigue y se reproduce más allá de dos turnos, el proceso de análisis seguiría seleccionando todas las intervenciones implicadas hasta su final:

(32) C-04 - 10:10

A: ¿quién es Teddy Riner?↑
B: el campeón mundial de más de cien
A: ¿más de cien qué?↓
B: de judo
A: aah↑
D: DIOS / normal [a ver quién tira eso]
B: [se lo gana to']

La imagen representa la figura de la cremallera, caracterizada por la sucesión de intervenciones que se conectan entre sí por el mecanismo de acción-reacción. A semejanza del anterior, este patrón se dibuja a partir de la unión de líneas diagonales que salen del hablante que inicia el turno y acaban en el participante que responde. Una vez la figura se registra, se muestra el resumen de la construcción interactiva y sus distintos componentes, es decir, el tipo de *trazos* que la conforman. Asimismo, existen figuras que se generan por la continuidad del discurso de uno de los hablantes:

(33) C-04 - 11:15

C: ¿lo ves?↑ / que lo ves a mita' vueloo→ y luego la sepia que le mete
A: la- la sepia que le mete
C: y ((dices)) / *tus huevos* (RISAS) *la sepia (la)*

En este ejemplo se representa un *rastrillo* conformado por tres intervenciones: dos que forman parte del mismo turno de C y otra de A que reacciona a lo que dice el primero. Para su representación, la línea que señala el inicio de la intervención de C se extiende hasta la última. En medio de esta se traza una línea horizontal que señala la reacción de A. El registro de esta figura se divide en 2 trazos: uno iniciativo discontinuo y otro reactivo continuo. Por otra parte, en conversaciones con 3 participantes o más, se crea un patrón interactivo en el que varios hablantes pueden reaccionar a una única intervención

(34) C-04 - 08:50

A: ¿qué cuándo te vas?↑
D: ahora
B: ahora me iré- me iré a casa↑ me pondré la ropa de la moto↑

La figura del *abanico* representa tres o más intervenciones, en las que la primera hace reaccionar a las demás (no necesariamente a la vez). Dentro del programa, la vinculación de la primera con el resto debe realizarse seleccionando la iniciativa cada vez que se pretenda vincular una reactiva, esto es, la iniciativa se selecciona tantas veces como reacciones tenga. El resultado es una especie de *cremallera* solapada. Por último, existe un patrón similar al *abanico*, pero en el que las reacciones toman caminos distintos y forman diálogos laterales.

(35) C-04 – 9:40

C: [yo- yo vi un vide-] ay yo vi un video yo vi un camión por la- en la carretera que ponía *superMari*
D: [(RISAS)]
S: [(RISAS)]
C: va en serio
D: normal igual que maruja tío

En (35) se puede comprobar como de una misma intervención la interacción entre los hablantes puede derivar en diversos diálogos laterales, de manera que se crea una situación de habla simultánea que pueden derivar de dos maneras distintas: o bien ambos diálogos laterales mueren y se genera uno nuevo o bien uno de los dos se impone sobre el otro.

En conclusión, este sistema de análisis permite recrear de manera visual el esquema interactivo de un discurso dialógico. Se trata de una herramienta que ha sido diseñada para facilitar el estudio de los discursos dialógicos sobre las pautas del modelo de segmentación del grupo Val.Es.Co.. Cabe destacar, por último, que el sistema contempla la creación de nuevos patrones que pudieran descubrirse en futuras investigaciones, ya que la única regla que opera en él es la orientación de las intervenciones y su conexión con las demás.

4.3. Las unidades dialógicas aplicadas al videojuego

En las secciones anteriores se han definido las unidades dialógicas que se han empleado tradicionalmente para analizar los discursos dialógicos. Estos elementos, creados a partir de la observación de la conversación (Val.Es.Co., 2003; 2014; Pons, 2022), permiten también definir, analizar y comparar el comportamiento interactivo de otros géneros dialógicos como los *MOBA*, discurso que pretende definirse en este libro.

Como se mencionó en la sección 3., los videojuegos de este tipo presentan una comunicación dialógica que ocurre de forma sincrónica, un rasgo que también se observa en las conversaciones convencionales. Sin embargo, los hablantes, si bien cuentan con cierta libertad para intervenir en cualquier momento, dependen de los eventos y acciones que se van sucediendo a lo largo de una partida, que se convierte en el motor principal de toda la comunicación. Por esta razón, resulta interesante observar, por ejemplo, en qué momento las intervenciones de un jugador están regidas por los sucesos del entorno virtual o no como en (36) y (37), respectivamente.

(36) **V-II – 18:29**
C: para ir a la pizzería [vamos a mi] local
D: [(CARRASPEA) / al local mismo] y au↓
S: [sí lo que queráiis]
A: sí yo creo que mejor
C: sí yo también
S: vale
D: sí porque son las son lass son las cuatro↓ bueno las cinco aún↑
C: que es eso↑ (5") ¿a qué hora empieza el torneo?↑
Enemigos_acciones: **Xayah mata a B**
SJ: ha muerto un aliado (racha de asesinatos)
B: me morí (3") ee a lass cinco y media abren así que tengo que estar ahí para abrir↓ /// para conseguir lo que me falta↑ // y empezará poss como muy tarde a las seis↑ // pero tengo que estar antes
A: em e yo creo que mejor que hablamoos hablamos de lo que tengamos que hablar y esto ya se j-
S: sí (2") que esto es más fácil quedar para jugar / bueno creo

En (36) los hablantes mantienen la comunicación sin prestar atención a lo que está sucediendo directamente en el juego. De hecho, el tema que están tratando ni siquiera tiene que ver con la partida e ignoran una de las acciones que ha sucedido al mismo tiempo. Su diálogo, por lo tanto, es independiente al contexto de la partida en curso.

(37) **V-III – 23:51**
Enemigos_acciones: **lanzan una habilidad a S**
S: está por aquí porque me acaban de inmovilizar ahí
D: lo tiro lo tiro igual que están en bot // y lo que sea bueno
SJ: ha muerto un enemigo
C: ¿estoy muerto? / sí
D_acciones: **invoca al Heraldo de la Grieta**
SJ: tu equipo ha invocado al Heraldo de la Grieta
Enemigos_acciones: **Jihn asesina a C**
S: noo tío
SJ: ha muerto un aliado
A: va Mari
D: buah mm
B: lo que nos faltaba
SJ: asesinato doble
D: madre mía que cagada más grande // bueno por lo menos

SJ: asesinato triple enemigo
S: pero ¿qué ha pasado?
D: se queda sin torre

Por el contrario, en (37) uno de los participantes (D) ha informado a sus compañeros de una acción que pretende realizar (y que, de hecho, realiza), pero otro evento (la muerte de sus compañeros) le ha quitado relevancia hasta el punto de conseguir que sea ignorada por el resto de los interlocutores. Es decir, se da la situación contraria que en el ejemplo anterior: el diálogo en este caso sí depende de las acciones de la partida.

La distinción entre turnos e intervenciones que propone el sistema Val.Es.Co. resulta otra piedra angular en este estudio, ya que este establece una clara diferencia entre los enunciados que forman parte del hilo conductor de la comunicación de aquellos que no tienen una contribución significativa. Con ello, es posible comprobar las circunstancias que habilitan el turno de palabra a un hablante y comprobar si coinciden con las de la conversación.

(38) V-III – 3:40
C: ¿sa- sabes lo que pasa con la ulti de Zed? cuando a- tiene- cuando gastas la ulti de Zed contra un Zed [tienes que] saber que tú no tienes que ser nunca el primero en tirarla
S: [mm] /// mm
A: ya
C: y los su- y los jugadores de Sylas lo saben // esa es my ventaja
S: your ventaja
A: yo esto no se ni con qué se juega le he metido cometa arcano me voy tanque
S: (RISAS)
A: luego mucho daño AP a ver mm
D: au el Lee Seen ¿en serio?
S: mm // ayy
C: ah e un reroll me ha salido Xaya Xaya una de Xaya una skin de Xaya la de Guardiana de las Estrellas
A: [ah esa está to' guapa]
D: [esa la tengo yo]
S: es la que tiene la que tiene Mari
D: mm

El fragmento (38) reproduce las intervenciones emitidas durante la preparación de la partida, en la que los interlocutores deben escoger los personajes con los que jugarán. En él, C está explicando una ventaja del campeón que ha escogido, enunciados validados tanto por la reacción de S como de A. La reacción de

A continúa el tema hablando de las cualidades de su personaje (que desconoce casi por completo); sin embargo, no es tomada en cuenta, ya que C continúa hablando (esta vez de un disfraz [*skin*] que ha ganado en un sorteo para un personaje) y vuelve a ser validado por las reacciones tanto del propio A como de D y S. En este sentido, uno de los factores que parece darle mayor importancia y, por tanto, validez dentro de la comunicación en este entorno es la muestra de mayor conocimiento y experiencia en el juego (ver apartado 2.1 del capítulo 5). Por su parte, A no consigue que se le reconozca el turno, ya que su contribución está más cerca de la queja y no aporta una información relevante para los demás.

Asimismo, los participantes no solo pueden reconocer las intervenciones con otra reacción verbal, sino que pueden reaccionar también mediante una acción o gesto, aunque sea en el mundo virtual:

(39) V-III - 8:24
D: ¡aah! (RISAS) [(RISAS)]
C: [Mari no chilles por favor]
A: [puto]
S: joder
C: ¿qué ha pasado? ¿por qué has chillado?
D: casi me matan
C: bien

(40) V-I - 8:34
(B y D están ayudando a A a matar un monstruo)
D: vaya tela
C: qué maal
A: ya ya gracias→
B*: deja de atacar y vuelve a su línea
D*: deja de atacar y vuelve a su línea
C: ¡bua!↑/ la Lux ha empezado con q / y encima ha fallao / una skillshot ahí que lo flipaas↓

(41) V-I - 8:10
C: Kata y Tankent son bronce 4 / bueno dice la Casiopea que os divirtáis↓
A*: ping en el mapa
A: venid a hacerme el push anda↓
D*: se dirige a la zona del ping
B*: se dirige a la zona del ping
C: no no / cual es- ese material- ese material es demasiado bueno para ti tú no [eres (())]↓
A: [(())]

En el ejemplo (39), los participantes C y A preguntan la razón por la que D ha chillado y esta les responde. Se trata de una toma de turno regulada por los propios intercambios lingüísticos de los participantes. En el siguiente fragmento (40), A pide a D y B que detengan lo que están haciendo, a lo que estos dos reaccionan casi inmediatamente sin necesidad de responder de manera verbal. En el (41), por su parte, la reacción sería tanto lingüística como extralingüística, ya que C hace una pequeña burla a la petición de A mientras B y D responden a A por medio de sus acciones (se dirigen a ayudarle).

Todos los elementos mencionados, incluida la visualización de interacciones, no solo son fundamentales para analizar discursos orales tradicionales como las conversaciones, sino que también facilitan la identificación y estudio detallado de características únicas en diferentes géneros discursivos. Las unidades escogidas permiten abordar un análisis en profundidad de los rasgos interactivos/conversacionales, ya que facilitan la observación tanto de la composición de estas como de la estructura que forman sus conexiones. En definitiva, estos elementos pueden ser una base adecuada sobre la que comparar los rasgos interactivos de la conversación y el género *MOBA*.

4 Fase de líneas

Los videojuegos MOBA frente a la conversación

En el capítulo anterior se han expuesto las características básicas de la conversación que van a emplearse para su comparación con el *MOBA*, así como el sistema de unidades que se ha empleado en el análisis interactivo de las grabaciones. Este análisis se realizará con el objetivo de destacar los rasgos distintivos entre una interacción asociada a la naturalidad y a lo interpersonal, como la conversación, y una interacción influida y mediatizada por elementos externos a la comunicación (internet, el ordenador, el sistema de juego, etc.) y por un objetivo concreto (ganar la partida), como ocurre en el *League of Legends* (2009). Con ello, se pretende comprobar que la interacción dada en este último presenta características suficientes para distinguirse e identificarse de forma independiente.

La elección de la conversación coloquial para el contraste con la comunicación en el MOBA se debe a su carácter universal, como se ha expuesto anteriormente. A modo de resumen, se trata de un género discursivo dialógico en el cual cualquier hablante competente en un idioma, independientemente de sus circunstancias o cultura (Sacks, Schegloff y Jefferson, 1974; Schegloff, 1992; Magadan, 1994; López-Serena, 2007). Es, por tanto, un elemento de contraste objetivo, ya que en ella no operan más normas que la regulación de la interacción que los interlocutores ejercen de manera innata (Sacks, Schegloff y Jefferson, 1974; Val.Es.Co. 2003, 2010, 2014; Levinson, 2000; 2019; Wiemann y Knapp, 2017).

Por el contrario, el videojuego requiere de habilidades y conocimientos para su uso y, por ende, para la comunicación durante el juego: desde destrezas tan elementales como leer o, en la actualidad, utilizar un ordenador hasta el conocimiento de las mecánicas necesarias para desarrollar una partida (Herring, 2004; 2017). Asimismo, mientras que en la conversación coloquial la interacción se da cara a cara, en el videojuego ese *cara a cara* cobra otro sentido, ya que los jugadores no se ven directamente, sino que están en contacto mediante sus avatares a través de sus pantallas y en un mundo virtual[52].

---

52 Sobre la interacción en mundos virtuales destinados a recrear la realidad, véase Yus (2010) y (2011), quien analiza el uso de avatares y la comunicación en universos digitales; Herring y Androtsopoulos (2015), quienes proponen una clasificación para los distintos tipos de comunicación digital, incluida aquellas en las que los usuarios

Son, por lo tanto, situaciones comunicativas que parten de una base común, la interacción, pero que se manifiesta de forma distinta en cada contexto. A continuación, se hará un repaso de sus características generales planteadas desde dos puntos de vista: por un lado, la propuesta de rasgos del grupo Val.Es.Co. (2010), que ofrece una tipología desde la perspectiva de los géneros discursivos cara a cara, y, por otro, la clasificación que se emplea en el análisis de los *CMD* (Herring, 2007; Herring y Androutsopoulos, 2015), creada desde la óptica de los géneros 2.0.

A través de esta comparativa, se facilitará una mejor comprensión de los resultados derivados del análisis interactivo. De esta forma, el estudio realizado en esta investigación se relacionará con los rasgos contextuales presentes en cada situación, observando cómo estos influyen en el comportamiento de los participantes. Así, el objetivo principal de este capítulo es analizar y destacar las similitudes y diferencias entre estos dos géneros discursivos en el nivel interactivo. Este análisis proporciona una base sólida para una descripción más detallada y precisa de la comunicación dentro de los videojuegos *MOBA*, un área que, a diferencia de la comunicación en la conversación cara a cara, no ha sido tan explorada y documentada.

Por tanto, este capítulo se dedicará a comparar ambos tipos de discurso para facilitar la comprensión delgénero digital, que no es accesible o conocido por todos, sino por aquellos iniciados en el tema (Badia, 2023). En definitiva, se busca definir las características clave que permitan relacionar los videojuegos *MOBA* con otras formas de comunicación humana, dando lugar a la identificación de un nuevo género discursivo.

1. La situación discursiva de la conversación y del League of Legends (2009)

En el capítulo anterior se describieron las características situacionales de estos dos géneros, la conversación y el MOBA, con el fin de comparar la clase de contextos en los que suelen inscribirse estas dos formas de comunicación. Esto se llevó a cabo, especialmente, a través de la propuesta de rasgos para definir distintos géneros discursivos del grupo Val.Es.Co. (Briz et al., 1995; Briz, 2010), que parte del estudio de la conversación. A modo de resumen, cabe recordar que

controlan un avatar; Greinner y Ruth (2014) sobre la cuestión de si la comunicación con avatares es similar a la realizada cara a cara; o Jung, Lim y Kim (2017), quienes tratan la construcción de la identidad virtual desde la expectativa de los usuarios.

el modelo Val.Es.Co. toma ciertas circunstancias de la situación comunicativa que pueden establecerse observando el contexto, como el número de participantes o los canales que están disponibles para la comunicación, que se establecen analizando ciertos comportamientos generales de los hablantes, como la predeterminación del turno, la temática o tenor discursivo. Como consecuencia de ello, se pueden comparar distintos géneros discursivos a partir de las mismas propiedades. A continuación, se va a ofrecer un breve resumen de la diferencia que presentan estas características en el videojuego y en la conversación:

Tabla 24. Rasgos generales de la conversación coloquial y el MOBA (adaptación Val.Es.Co., 2010)

Características	**Conversación**	**MOBA (equipos preconfigurados)**
Participantes	2 o más	2 o más
Cooperación	Sí	Sí
Canal	Oral y visual	Oral, escrito y visual
Planificación	No	No
Asignación del turno	No predeterminada	- No predeterminada
Temática	Aleatoria	Videojuego + Aleatoria
Tenor	Interpersonal	Interpersonal/Transaccional

Como se observa en la tabla, ambos discursos se diferencian en cuatro aspectos fundamentalmente. El primero atiende a los canales que los interlocutores pueden emplear para interactuar: mientras que en la conversación la comunicación se produce cara a cara y los hablantes se sirven de la oralidad y la acción (kinésica o actancial), muchas veces incluso de manera conjunta (Poyatos, 2018; Depperman, 2013; Depperman y Streeck, 2018); en el videojuego los usuarios se sitúan en una proxemia digital que, si bien la interfaz permite seguir usando su voz de manera *natural*, da una serie de limitaciones a su movimiento, puesto que sus acciones se realizan mediante un *avatar* (Yus, 2010; 2011; Greiner, Caravella y Roth, 2014; Herring, 2017). Además, se añade el canal escrito, dado que la plataforma está dotada de un chat.

El segundo aspecto que diferencia a los dos géneros es la *temática*. Si hay un rasgo definitorio de la conversación es, precisamente, la variabilidad de temas que pueden abordarse en ella (Schegloff, 2007; Val.Es.Co., 2010): desde relatos cotidianos hasta temáticas especializadas. En cambio, el videojuego impone, en cierta medida, el tipo de contenido que va a prevalecer durante la interacción: la mayoría de las intervenciones versarán sobre la partida o cuestiones asociadas al juego (Herring *et al.*, 2009); aunque con alguna incursión de elementos aleatorios en los momentos de calma o espera.

En relación con la dependencia temática, el tercer elemento que presenta diferencias es la predeterminación en el turno. Mientras que en el discurso cara a cara los hablantes autorregulan su comportamiento interactivo (Sacks, Schegloff y Jefferson, 1974), en el videojuego existen diversos estímulos que pueden desencadenar nuevos diálogos además de las palabras de los hablantes: sus acciones, los sucesos del juego o los mensajes del sistema. Estos últimos, incluso, pueden cobrar el estatuto de *turnos* (ver 2.3. del capítulo siguiente), ya que forman parte de la dinámica interactiva que mantienen los hablantes.

Vinculado también con la temática, el último aspecto en el que existen diferencias explícitas es la finalidad o tenor discursivo de cada tipo de grabación. La conversación coloquial es un vehículo mediante el cual los hablantes se relacionan por el mero hecho de relacionarse. Es decir, su finalidad es principalmente interpersonal. Por su parte, si bien es cierto que los usuarios no profesionales se juntan para jugar sin más interés que el hecho de compartir un rato entre ellos, existe una finalidad intrínseca en cada partida: ganar el encuentro. Por esta razón, la interacción dentro de sus fronteras se imbrica de cierto componente transaccional.

En cuanto a los rasgos que comparten, cabe reseñar ciertas particularidades que también pueden llegar a influir de manera distinta la comunicación en cada discurso. Tanto la conversación como el *MOBA* se caracterizan por ser géneros dialógicos. Sin embargo, existe una limitación de participantes vinculada a la composición de los equipos (máximo de cinco usuarios) que no existe en la conversación. Asimismo, es esperable que, al poseer un objetivo común (+transaccional), los jugadores mantengan una atención compartida y, a la vez, especializada que provoque que sus interacciones se vean influidas por factores como su rol en la partida o la posición que ocupen en el mapa; tal y como se estudiará en el siguiente apartado. En el fragmento siguiente puede observarse como cada jugador está involucrado en la dinámica de su ubicación, comentando las acciones que suceden y/o interactuando con el compañero que está en su misma posición.

(42) V-x – 11:44

Enemigos_acciones:**presiona y tira ulti a C en mid**
C: ala // ¿cómo me ha llegado eso loco?↑ (3")
B_acciones:**pelea en bot**
S_acciones: ** pelea en bot**

C_acciones:**señala una información de los enemigos**
C: bueno ha gastado [eel flash]
B: [una ((cu)) Marta]
S: ya ya pero es que noo- no tengo maná↓

Otro aspecto que parecen compartir ambos discursos es el hecho de que cualquiera de los participantes puede tomar la palabra y coconstruir la interacción, iniciando o reaccionando a las intervenciones de sus compañeros o a los sucesos del contexto. Es este último detalle en el que, presumiblemente, los dos van a mostrar comportamientos diferentes: la mayor o menor dependencia del contexto. Los jugadores deben ser cooperativos para mantenerse informados del estado de la partida (en 43, D advierte de que ha desaparecido un enemigo) y confirmar que están pendientes y activos (ejemplo 44):

(43) V-v – 32:17
C: al Jhin ese tíoo / es que ya verás tú como lo cazo↓
D_acciones:**llega a la línea de bot**
D: ese ese
D_acciones:**señala un punto en el mapa**
B: voy voy voy↓

(44) V-v – 26:20
C: ah pero [¿no las has cogido?]↑
A: [no no]
C: ¿no [has cogío el bufo?]↑
A: [no no me dejaba] porque se- // se lo ha cargado Riven↓

Asimismo, esta dependencia de las acciones también matiza, en parte, la *no predeterminación de los turnos* en el videojuego que se ha mencionado previamente. Tanto en este como en la conversación los hablantes pueden tomar la palabra en cualquier momento (ejemplo 45). No obstante, la tendencia general es otra: las acciones, además de ser más numerosas proporcionalmente (ver apartado 2.2.2.2) en el MOBA, suelen provocar con mayor frecuencia la reacción de los interlocutores; tanto cuando están en silencio (los interrumpe, como en el ejemplo 46) como si se está desarrollando un diálogo entre otros participantes (ejemplo 47).

(45) **V-VII – 14:59**
C_acciones: **mata a un enemigo**
C: ahora bajo yo en un momen[to a la Milotxa yy] compro un par de Monsters ¿noo?↑
SJ: [se acabó] // se acabó
D: ¿eh?↑
C: que ahora bajo a la Milotxa y compro un [par de Monsters]
D: [ah lo que quieras]

(46) **V-VIII – 09:12**
C: ay / ahí se me ha ido
(2")
S_acciones: **uso de habilidad de ataque**
C_acciones: **uso de habilidad de ataque**
D_acciones: **uso de habilidad de ataque**
D: a la próxima vuelves↓

(47) **V-X – 36:17**
D: estaba defendiendo su ward es normal↓
C: sí el Jayce ha gastado un ward este ahora
Enemigos_acciones: **presionan la línea de mid**
A: espera espera espera / va- vamos a quedarnos por aquí que pusheen a ver les podemos entrar por detrás
S: tarde

Sobre estos rasgos generales se puede establecer una primera diferenciación entre ambos géneros discursivos. Esta se fundamenta en la distinción de los *canales* disponibles y por el *tenor*[53] discursivo, así como la mayor *predeterminación en el turno* que parece presentar el videojuego. Sin embargo, con estos rasgos no se alcanza a dar cuenta de la totalidad de aspectos que pueden analizarse de la situación que genera el discurso digital. Por esta razón, estas diferencias pueden complementarse si se estudian bajo clasificaciones enfocadas a los *CMD*, como las propuestas por Herring (2007, 2017, y Androtsopoulos 2015):

53 El videojuego, al ser un discurso que tiene un componente transaccional, se convierte en una situación en la que la comunicación se emplea para un fin que va más allá del hablar por hablar. Para lograrlo, es muy probable que se desarrollen mecanismos o palabras, *términos*, específicas que pretendan nombrar de la manera más ajustada posible aquellos elementos o realidades que sean propias de este contexto (Badia, 2023).

Tabla 25. Rasgos generales de la conversación coloquial y el MOBA (clasificación adaptada de Herring, 2017)

Características	**Conversación coloquial**	**MOBA**
Modalidad	+ oral, + visual	+oral, -escrito, +visual
Transmisión	Pública - No permanente	Privada - No permanente
Tiempo de respuesta	+ Síncrono	+ Síncrono
Tipo de escritura		+ No planificada
Modo	Natural	Derivado de los juegos de mesa
Otras características	- Estructura impredecible - Interacción libre (toma de turno no predeterminada) - Temática libre	- Estructura impredecible - Interacción mediada por la situación (toma de turno parcialmente predeterminada) - Temática libre / videojuego

El primer rasgo que debe contrastarse es la modalidad que ofrece cada contexto, que corresponde en gran medida a los canales de comunicación, pero vistos desde la perspectiva de la interfaz y las herramientas que pueden emplearse en ella. En la conversación coloquial, los interlocutores pueden utilizar los medios que de manera natural posee el ser humano: su aparato fonador y su cuerpo, es decir, se pueden comunicar a través de lo oral y lo visual (Depperman, 2013; Mondada, 2019; Poyatos, 2018). Por contrapartida, el *MOBA* se desarrolla, de entrada, a través de dos elementos que actúan de intermediarios en la interacción: el ordenador y el *software* que se emplee mediante el primero. Estos son responsables de facilitar que los interlocutores se puedan comunicar no solo con sus herramientas naturales (las emisiones orales y el movimiento de su cuerpo), sino también añadir otros canales (el escrito). Respecto a esto último, cabe recordar que los usuarios en un videojuego no suelen verse directamente, ni siquiera mediante una videocámara, sino que tienen abierta la pantalla de juego y, por tanto, lo que ven son los avatares de sus compañeros.

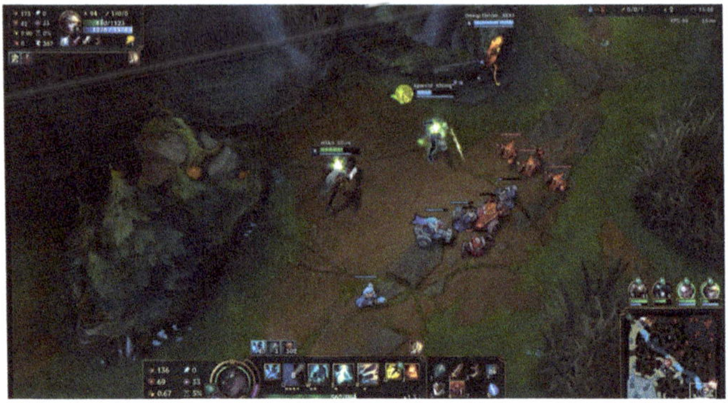

Imagen 50. Pantalla de juego

La segunda característica comparada, la transmisión, tiene que ver con el lugar y la permanencia de las intervenciones de los hablantes. Mientras que en una conversación no existen medios naturales para ocultar la voz a las personas que están alrededor, en muchos de los videojuegos de cooperación los miembros de un mismo equipo cuentan con una sala privada de chat[54], donde los mensajes pueden consultarse a lo largo de la partida. Además, es frecuente que aquellos jugadores *premade* puedan también hacer uso de la comunicación por voz de manera privada. Eso sí, la respuesta se realiza en el momento, sin planificación en ninguno de los dos modos de comunicación disponibles:

(48) V-I – 38:20

A: cómo conterear a Zed capítulo dos↑/// [el Zonia]
C: ¡u[u]!↓/ qué mal / tío
Enemigos_esc: oughtplayed
C_acciones: **lee el chat**
C: *outplayed* / yeah
C_acciones: **escribe en el chat**
C: outplayed // you // [too // bro / bro] // i de ka / youu
A: [cómo usar la ul- como no usar la ulti de Casio capítulo uno]
C_esc: outplayed you too bro idk

54 Para comunicarse con los jugadores enemigos se debe hacer uso de un comando especial que permite que el mensaje sea leído por todos aquellos usuarios que estén dentro de la partida, incluso los espectadores.

Otro de los rasgos interesantes es el *modo* u *origen* de cada discurso. Por un lado, se presupone que la conversación coloquial es un género primigenio que surgió de manera natural sin depender de ningún otro (Sacks, Schegloff y Jefferson, 1978; Pons, 2022), razón por la que puede pensarse como el germen del resto de discursos dialógicos (ver § 1. del capítulo 3). Por otro lado, además de partir de este último, los videojuegos son herederos directos de las interacciones realizadas en los juegos de mesa, en las que los participantes ejecutan acciones mediante utensilios diseñados para el propio juego, como cartas o fichas. En ambos, los interlocutores comparten un tiempo de ocio entre ellos, pero con la finalidad intrínseca de ganar las partidas, motivo por el que los diálogos suelen estar vinculados con lo que sucede:

(49) 2020.PT.34 – 4:07, ejemplo extraído del corpus Val.Es.Co. 3.0. Pons, Salvador (dir.) (2021): Corpus Val.Es.Co 3.0. <http://www.valesco.es>

A: aa ver / yo no tengo nada y ahora voy a empezar un trabajo nuevo vamos que// vamos a jugar juntos que ellos juegan juntos mira le está enseñando las cartas muy bien Gaspi/
B_acciones: **juega una carta**
A: ¡¡buaa!!
D: mm
A: ((que ganar [lo puedo ganar ((perfecto))]
D_acciones: **juega una carta**
C: [estoy jodido] creo que iba a volver a ganarme
A: ¡¡uuf!!// ¡¡uuf!! /// ya lo tenemos ¿¿eh??

(50) V-VIII – 20:43

Enemigos_acciones: **Mordekaisher lanza su ulti**
S: qué hijo de putaa→// cómo [odio] / la [ulti]
D_acciones: **mata a un enemigo*
SJ: racha de asesinatos
D: [graciaas]
Enemigos_acciones: **mata a un aliado**
SJ: asesinato doble
C: [buah] el Morde tío↓
S: el Morde tío

Por último, ambos tipos de géneros comparten una serie de rasgos que se vinculan directamente con el elemento que se analizarán en los apartados siguientes: la interacción. Este componente parte de la base de ser impredecibles en las dos situaciones, dado que no existe ningún mediador o regla externa que determine cuándo un hablante toma la palabra. Sin embargo, como se ha mencionado en el párrafo anterior, en los videojuegos hay un componente transaccional que modifica tanto la estructura de los diálogos como lo que se dice. Es decir, la dependencia con un fin determinado provoca que un suceso relevante de la partida pueda interrumpir las intervenciones de los hablantes:

(51) **V-v – 25:05**
A: lo malo es que [la Riven]
S: [wo wo wo] wo↓
A: [(())]
A_acciones: **pelea**
C_acciones: **pelea**
C: [no puedo dejar que un (())] que se llame Rosario Moy Boy me llame / me- me-me gane↓

En consecuencia, desde una perspectiva en la que se tienen en cuenta tanto los aspectos comunicativos como las posibilidades que ofrece la tecnología empleada, también se aprecian diferencias: la distinción de la presencia *cara a cara*[55] en la conversación opuesta a la *mediada por ordenador* en los *MOBA* o la mayor importancia de los elementos extralingüísticos durante el transcurso de las partidas de este último.

Frente a todas estas divergencias, como se ha visto en la tabla 18, ambos discursos comparten la propiedad de ser *dialógicos*: tanto en la conversación como en el *League of Legends* (2009) se van a generar distintas dinámicas interactivas. Este hecho posibilita el estudio de sus secuencias, que pueden ser analizadas con el fin de contrastarlas y observarlas diferencias interactivas entre estos dos tipos de género discursivo. En otras palabras, este elemento es el que se va a emplear para compararlos a través de su estructura, de forma que a estas distinciones teóricas se les pueda ver su correlato en el comportamiento *real* de los participantes.

De esta manera, en los siguientes apartados se va a proceder a la comparación de ambos géneros discursivos sobre los objetivos planteados en el primer capítulo (§ 3):

55 La presencia de los jugadores, sin embargo, se traslada al control de sus avatares. Este hecho puede traer consecuencias en la construcción de sus enunciados, como las diferentes coordenadas disponibles a los que puede hacer referencia el uso de deícticos (ver § 4.2. del capítulo 7).

Tabla 26. Cuadro resumen hipótesis, apartados y pruebas (resumen tabla 32)

Hipótesis: Videojuego y conversación son diferentes	**Apartado**	**Pruebas**
H1: El comportamiento individual de los participantes	§ 2.1.	- x^2 - *Phi de Pearson*
H2: La interacción grupal	§ 2.2.2.1	- Análisis de componentes principales - *Chi-square* - *Árbol de decisiones*
H3: Dependencia de lo extralingüístico	§ 2.2.2.2.	- Prueba de hipótesis (Z) - Correlación *F de Fisher*

En los siguientes apartados se mostrarán los resultados obtenidos a partir de la visualización y clasificación de la interacción en 8 de las muestras recogidas para esta investigación: 4 pertenecientes a la conversación y 4 al videojuego[56] por medio del sistema de visualización interactiva del grupo Val.Es.Co. (Briz, 2007; Espinosa-Guerri, 2016 y 2023) que se ha explicado en el capítulo anterior.

Este análisis se va a organizar de acuerdo con dos perspectivas: una que estudie el comportamiento individual de cada participante (§ 2.1.) que se corresponde con H1 y otra que observe qué clase de dinámicas interactivas construyen de manera conjunta (§ 2.2.) que abordará H2 y H3. Para ello, se va a seguir un esquema en el que se organice la información de manera que se muestren los resultados en crudo, su normalización en porcentajes o en medias y su análisis estadístico, de modo que se puedan corroborar las hipótesis planteadas en este libro. Cada una de ellas se estudiará, posteriormente, a través de ejemplos que representen los resultados obtenidos por medio de las pruebas estadísticas.

2. La interacción cara a cara frente a la digital

2.1. El comportamiento individual de los participantes

Basado en las definiciones, enfoques y características generales de ambos discursos que se han presentado en los epígrafes anteriores, se procederá a realizar una comparativa entre ellos a partir de la forma en la que los hablantes

56 Ya se ha explicado en la metodología (cfr. § 1.3. del capítulo 5) que todas las grabaciones sean del discurso que sean son de las mismas personas, de manera que no existen variables sociolingüísticas que puedan propiciar comportamientos diferentes.

organizan sus turnos en cada tipo de discurso. En este apartado se observará en concreto el comportamiento interactivo individual de los participantes en cada género discursivo.

Cuando dos o más personas entran en el juego de la comunicación necesitan aceptar una serie de reglas básicas que le permitan tanto escuchar como ser escuchado. Como la capacidad del ser humano es limitada, se necesita focalizar total o casi completamente la atención sobre el estímulo que se pretende procesar o crear (Levinson, 2019). Por esta razón, la descripción de la *toma de turno* en la conversación ofrecida desde la lingüística (Sacks, Schegloff y Jefferson, 1974; Levinson, 2013; Briz et al., 1995, Val.Es.Co., 2014, Gallardo-Pauls, 1996; Briz, 2006) resulta operativa en tanto en cuanto permite comprender cómo se regula la interacción sin que medien más elementos que los propios hablantes en contextos interpersonales (Sacks, Schegloff y Jefferson, 1974: 13).

Una consecuencia que puede extraerse es el hecho de que, en cada interacción, habrá participantes que 1) sean más proclives a provocar estímulos y mantener el turno, con intervecniones prototípicamente más largas y/o frecuentes, 2) continúen la comunicación y sigan provocando más reacciones o 3) pasen más desapercibidos, con un mayor número de emisiones independientes o reactivas no *turno*. En otras palabras, se puede medir el papel interactivo de los hablantes.

Tomando en cuenta lo anterior, pueden distinguirsetres tipos de rol de los hablantes según la clase de intervenciones que más suelan emitir: 1) *iniciador*, cuando mantiene un alto número de iniciativas, 2) *continuador*, si se trata de un hablante que o bien cuenta con un mayor de intervenciones iniciativo-reactivas o bien valida con reactivas las emisiones de sus interlocutores y 3) *pasivo*, cuando su presencia interactiva se reduce a reacciones y/o intervenciones que no son reconocidas por sus compañeros, además de contar con una presencia baja de interacciones.

Iniciador	Predominio de intervenciones *iniciativas*
Continuador	Predominio de intervenciones *reactivo-iniciativas*
Pasivo	Predominio de intervenciones *reactivas* o *independientes*

Esquema 1. Tipos de hablantes según el tipo de intervenciones predominantes

Para observar esta propiedad, entonces, se va a contrastar cada tipo de intervención de manera individual en los dos discursos analizados y, de esta forma, tratar de atribuir los tres roles conversacionales que puede asumir un hablante. Con ello, los hablantes pueden ser clasificados con el fin de comparar su comportamiento en losgéneros discursivos que se analicen. En el caso que se presenta en esta investigación, aprovechando que se trata de los mismos participantes en todas las grabaciones, se pretende observar si existe un cambio en ellos dependiendo de si participan en una conversación o en un videojuego *MOBA* como el *League of Legends* (2009), como se ha planteado en H1. Para ello, se va a exponer 1) su nivel de participación (§ 2.1.1.) y 2) el tipo de contribución en cada clase de comunicación (§ 2.1.2. – § 2.1.4.)

Cabe recordar, por último, que una de las cuestiones que se ha reseñado en la metodología (ver § 4.1 del capítulo 1) es la importancia de mantener a los mismos participantes en ambos tipos de discursos y con grabaciones espaciadas en el tiempo. Como se ha comentado, esto se hizo con la finalidad de obtener diversas muestras sin variaciones sociolingüísticas que permitieran extraer conclusiones de carácter general de su análisis. Asimismo, los datos de las tablas que van a presentarse en los siguientes apartados se han extraído solo de las conversaciones y partidas con 5 participantes con el fin de evitar que el número de hablantes modifique los resultados[57].

2.1.1. La participación de los hablantes

En este subapartado, se va a analizar la frecuencia con la que los interlocutores participan en la conversación y en el juego MOBA, mediante el estudio de la cantidad total y media de intervenciones por minuto realizadas por cada participante en ambos contextos (ver Tablas 27 y 28). Además, se realizará un análisis de *chi-cuadrado* ($\chi 2$) y se calculará el coeficiente de correlación de *Phi de Pearson*, para examinar la relación entre las variables en estudio (ver tabla 29).

57 Posteriormente, cuando se estudie de manera individual la comunicación en el videojuego, se contrastarán los datos de manera general para comprobar si la tendencia interactiva de cada participante se mantiene independientemente de la cantidad de interlocutores.

Tabla 27 y 28. Intervenciones totales y por minuto de las grabaciones con 5 participantes

Intervenciones totales				**Intervenciones medias por minuto**			
Participantes	Conversación	MOBA	Total	**Participantes**	Conversación	MOBA	Total
A	472	366	838	**A**	3,77	1,99	2,71
B	236	268	504	**B**	1,88	1,46	1,63
C	388	591	979	**C**	3,1	3,22	3,17
D	638	445	1083	**D**	5,1	2,42	3,51
S	426	397	823	**S**	3,4	2,16	2,67

Tabla 29. Resultados del contraste de las intervenciones en cada género discursivo mediante x^2 y Phi de Pearson

Valor de x^2	90.947
Valor de P	<0.0001
Valor de Phi Pearson	0.147

Los datos revelan diferencias significativas en la participación de los hablantes en ambos discursos. En primer lugar, se observa que hay una relación significativa entre las variables ($p < 0.0001$), lo que lleva a rechazar la hipótesis nula de igualdad de participación en ambos discursos. Esto, además, viene secundado por el resultado de la propia prueba, cuyo valor elevado (90,947) señala que la distribución de los datos de los participantes en cada una de las columnas comparadas es diferente. Además, el coeficiente Phi de Pearson de 0.147 señala una dependencia leve entre los dos contextos discursivos. Esto se debe al hecho de que ambos son géneros discursivos dialógicos en los que pueden observarse todos los roles interactivos.

Sin embargo, es importante observar que, aunque hay papeles interactivos similares en ambos discursos, no siempre son asumidos por los mismos participantes: 1) hay un hablante con una participación destacada (C y D, respectivamente) 2) tres con una interacción media (A, D y S frente a A, C y S) y 3) uno con una frecuencia de habla relativamente débil (B en ambos tipos de discursos).

Por su parte, la tabla 28 referida a las intervenciones por minuto de cada participante, muestra, por un lado, que efectivamente la participación de los interlocutores cambia dependiendo de si se encuentran en una conversación o jugando al *MOBA*, ya que su número aumenta proporcionalmente en casi todos los hablantes cuando se encuentran conversando. Esta tendencia, además, es altamente significativa en los casos de A, D y S, que llegan a emitir de media casi dos intervenciones más por minuto (1,86).

Por otro lado, los hablantes B y C mantienen más o menos sus niveles de participación, aunque con diferente significado: mientras que el primero se mantiene en ambos discursos con un nivel de interacción bajo, la contribución de C sí cambia, porque, mientras en la conversación su frecuencia de intervenciones es relativamente baja, en el videojuego es el jugador que más toma la palabra.

Estos datos solo dan una idea general del comportamiento de cada participante, pero no describen qué clase de contribución aportan al discurso. En las siguientes secciones, se explorará más detalladamente el tipo de intervenciones realizadas por cada participante en ambos discursos, con el objetivo de profundizar en el análisis de la hipótesis H1. Cabe señalar que todas ellas se van a presentar en tablas de contingencia que contrasten tanto sus frecuencias totales como las relativas en porcentajes, de manera que pueda observarse de manera pormenorizada su comportamiento.

2.1.2. Intervenciones iniciativas: iniciadores

Antes de observar los resultados, cabe recordar que esta clase de intervenciones se asocian al inicio de nuevos diálogos y, por lo tanto, a un posible cambio de dinámica conversacional y/o estructural (Pons y Estellés, 2014; Val.Es.Co., 2014; Espinosa-Guerri, 2016; Pons, 2022). En consecuencia, aquellos participantes con un mayor número de iniciativas pueden considerarse tanto rupturistas como líderes de la interacción, puesto que son capaces de ser reconocidos cuando tratan de abrir nuevos diálogos o temáticas en el discurso.

Tabla 30 y 31. Intervenciones iniciativas de las grabaciones de 5 participantes

Intervenciones iniciativas						
Part.	**Conversación**	**MOBA**	**Total**	**Conversación**	**MOBA**	**Total**
A	19	48	67	25 %	27.42 %	26.69 %
B	9	18	27	11.84 %	10.28 %	15.42 %
C	6	66	72	7.89 %	37.49 %	41.14 %
D	34	29	63	44.73 %	16.57 %	36 %

Tabla 32. Resultados del contraste de las intervenciones iniciativas mediante una x^2

Valor de x^2	33,795
Valor de P	<0.0001

La tabla 32 presenta los resultados de una chi-cuadrado, utilizada para contrastar las intervenciones iniciativas en los dos géneros discursivos del estudio, de manera que pueda comprobarse si existen diferencias significativas en la organización de los roles de iniciador entre ambos tipos de discurso. Dado que el valor p es inferior a 0.0001, que es altamente significativo, se debe rechazar la hipótesis nula y aceptar la alternativa: se puede afirmar que sí existen diferencias en la forma en que los participantes asumen el papel de iniciadores en los dos géneros discursivos analizados, al menos desde un punto de vista estadístico.

Respecto a los datos expuestos en crudo en la tabla 30 y su normalización en porcentajes en la 31, se pueden extraer tres conclusiones: en primer lugar, de manera general, dos participantes (C y D) modifican su comportamiento de manera sustancial según el discurso en el que se encuentren y, además, de manera inversamente proporcional. De hecho, comparten el rasgo de ser *líderes* en cada género: D en la conversación y C en el MOBA. El resto de los participantes mantiene unos números similares. Por lo tanto, será relativamente frecuente encontrar cada uno de estos hablantes en la conversación y en el videojuego creando nuevos diálogos, bien rompiendo silencios (ejemplos 52 y 54) bien interrumpiendo a otros interlocutores (ejemplos 53 y 55):

(52) **C**-03 – **5:01**
r-i B: bueno bien [o sea ahora te obliga a usar más la uve doble]
r-i A: [eh- oh- heridas graves] / [doble igual dos uve dobles seguidas]
i D: [Marta una cosita] / ¿puedo hacer un comentario sobre vuestro baño?↑ / [que] me ha hecho mucha gracia↑
r-i S: [h'e]
r-i D: digo *hostia / uau / detrás de la puerta↑ tienen un huevo de papel* digo *ua* y enseguida hago así y digo↓ *no tienen papel*
r B: [(RISAS)]
r S: [(RISAS)]

(53) **C-03 – 07:06**
(3")
IInd A: [bueno / ¿vas a enseñármelo?]
II D: [dejaos los porros / guarros] / a ver

Ir-i B: déjatelos tú
Ir-i D: n- no yo no fumo [porros (( ))]↑
Ir-i(d) C: [pues ya está]
Ir-i A: [mejor ya está]↓
Ir-i(d) C: ya está ya [no tienes nada que hacer]↓
Ir A: (RISAS)
Ir D: vale

(54) V-x – 12:03
IInd A: top estáá- [wardeado]
II C: [vale ahora] / vete a tu blue vete a tu blue / vete a tu blue↓
IInd A: a ver
Ir-i D_acciones: **señala una información de su personaje**
Ir-i C: hazte el [blue] y backeas↑
Ir D: [no tengo]

(55) V-ii – 13:07
(4")
Ii C: ¿cómo lo llevas por mid?→
Ir D: bieen→
Ir-i B: y yo voy sin salto↓
Ir C: sin maná ya

Este intercambio de papeles puede deberse, probablemente, a la confluencia de tres rasgos, respectivamente: su experiencia, la posición[58] que ocupan y la relación de proximidad que se percibe en las conversaciones. Por un lado, el hablante C es el jugador que detenta la mayor experiencia en el juego y, además, asume el rol de *mid* en las partidas, una posición que se sitúa en el centro del mapa, hecho que proporciona un mayor rango de visión y control sobre los sucesos del juego. Asimismo, se trata de un papel que suele asociarse al *líder* del equipo. Por esta razón, una de sus funciones durante la partida será tanto la de advertir de algunos acontecimientos que ocurran durante la partida (57) como la de *ordenar* a sus compañeros (56):

(56) V-ii – 7:32
Ii C: Vel'[Khoz suport hostia] pues entonces↑
Ir-i S: [Vel'Khoz suport]
Ir-i D: [mm]
Ir-i(d) C: métete la primera parte del Morelo para el manáá y vete a por el Zonia

58 Para una explicación detallada de los tipos de posiciones, roles y personajes en el juego, consultar el apartado 4.1. del capítulo 2.

I-r S: ja
Ir-i(d) C: porque si no Talio- el Talon te va a [hacer el Orrocrux]
Ir S: ¿[sabes lo] que pasaa?↑ que siempre se me olvidaa activarme el Zonia↓ estoy por ha[cerme Lia]ndri y arreando↓

(57) V-x – 10:09
Ii C_acciones: **señala que un enemigo ha desparecido**
Ir-i C: aquí no hay nadie↑ // entonces estáá se ha ido a base ya y ahora se irá pa' top↓ // mm- bueno [no sé porque] / ¿dónde ha empezado? es lo que no sé↓
Ir D: [pero él] // no sé es que- ((¿antes qué llevaba?))

Por el contrario, D se mantiene en un nivel intermedio de iniciativas. Este comportamiento puede asociarse también, además de a su menor experiencia en el juego, a las posiciones que ocupa en las partidas registradas: *support* y *jungla*. En la primera de ellas el jugador ocupa la línea de abajo del mapa junto con otro compañero al que debe *ayudar*, razón por la que debe estar alerta de los peligros que acontezcan, especialmente, en las cercanías de su ubicación y no en todo el mapa. Por su parte, cuando un jugador asume el rol de *jungla* debe desplazarse por el mapa entre las líneas, cazando monstruos y ayudando al resto de miembros del equipo cuando vea la oportunidad o, sobre todo, se lo solicite:

(58) V-I – 19:08
B: ¿((vienes)) ya?↑
D: ese [ese aquí eh]↑
C: [síí^] ya me quedo aquí yo↓

(59) V-v – 20:53
(3")
D: vale voy pa'arriba ¿eh?↑
B: sí sí

En la conversación, sin embargo, es D quien inicia el mayor número de diálogos, hecho que puede explicarse por dos factores: se trata del participante que más tiempo conoce al resto de manera individual, además de mantener una relación personal con C y laboral con A y B. En otras palabras, se trata del hablante que comparte una mayor relación vivencial (Briz et al., 1995 y 2010) con todos los demás.

Por último, los hablantes A, B y S mantienen su comportamiento en los dos discursos, aunque con distinta incidencia: mientras que B y S no suelen iniciar nuevos diálogos, A es el segundo hablante con el mayor número de iniciativas tanto en la conversación como en el MOBA. Por un lado, B y S no cuentan con mucha experiencia de juego y, además, ocupan las posiciones de *ADC* y *support*, respectivamente, en el carril inferior del mapa de juego. Por lo tanto, su interacción se reduce la mayor parte del tiempo a los sucesos de la línea que ocupan (ejemplo 60). En la conversación, ambos participantes fueron los últimos en conocer a los demás miembros del grupo, razón por la que probablemente se sientan menos seguros para lanzar nuevos diálogos:

(60) V-x – 14:17
S: eeh me voy ¿eh?↑
B_acciones:**mata a un enemigo*
SJ: ha muerto un enemigo
S: bueno [o no] / o no (RISAS)
B: [sí] vete vete vete
S: pues na'

Por otro lado, para A la situación es distinta: se trata de uno de los jugadores con mayor experiencia, pero que ocupa la posición de *top* en la línea superior del mapa. Este rol suele desempeñarse en solitario, aunque suele estar en contacto con el *mid*, dado que suelen ayudarse mutuamente emboscando a sus respectivos contrincantes o informando de sus movimientos (ejemplo 61). En cuanto a la conversación, se trata del hablante que conoce más tiempo a S y C, pero que mantiene una relación laboral tanto con D y C, razón por la que puede pensarse que se siente relativamente cómodo para iniciar nuevas dinámicas conversacionales.

(61) V-x – 16:43
A: yo voy a intentarlo /// a ver si se quedaa→
C: va tres cero ¿eh?↑
A: yo también↓

En resumen, en los datos se puede apreciar que existe un cambio comportamental en dos hablantes, C y D, que asumen el rol de *iniciadores* en el MOBA y en la conversación, respectivamente. El resto de los participantes, por distintas razones, mantienen un mismo papel interactivo en cuanto al inicio de nuevos diálogos, probablemente porque se trata de un comportamiento que suele asociarse a una única figura de *líder*, ya sea en el equipo o en la conversación.

2.1.3. Intervenciones reactivo-iniciativas: continuadores

Para que la interacción se produzca es necesario, como mínimo, que una intervención haga reaccionar a otra (Val.Es.Co., 2003 y 2014). Esta última, además, puede provocar una nueva reacción, un proceso que puede dilatarse hasta que los hablantes o bien cambien de diálogo o bien terminen la comunicación, de manera que la mayor parte de las intervenciones formen parte del cuerpo de los diálogos. En otras palabras, es esperable que el número de intervenciones reactivo-iniciativas sea sensiblemente mayor que los otros tipos en los discursos dialógicos.

Asimismo, si un interlocutor cuenta con un mayor número de esta clase de intervenciones se puede asociar al hecho de que un participante continúe más un discurso. Por lo tanto, asienta su papel en la comunicación y lo valida como un interlocutor activo, ya que indica que sus emisiones son tomadas en cuenta y forman parte de la estructura general de la interacción.

Tabla 33 y 34. Intervenciones reactivo-iniciativas de las grabaciones con 5 participantes

Intervenciones reactivo-iniciativas (r-i)						
Part.	**Conversación**	**MOBA**	**Total**	**Conversación**	**MOBA**	**Total**
A	353	168	521	21,79 %	17,32 %	20,12 %
B	148	118	266	9,14 %	12,16 %	10,27 %
C	325	304	629	20,06 %	31,34 %	24,28 %
D	499	220	719	30,80 %	22,68 %	27,76 %

Tabla 35. Resultados del contraste de las intervenciones (r-i) mediante una x^2

Valor de x^2	58,661
Valor de P	<0.0001

El resultado de contrastar los números de la tabla 33 mediante una *x2* indica que la distribución de los datos en cada tipo de discurso es estadísticamente significativa (p<0.0001) y, por lo tanto, vuelve a haber diferencias significativas entre ambos discursos. Si se observan los datos en detalle, la tabla 34 muestra la proporción de este tipo de intervenciones en la conversación y en el MOBA. De nuevo, pueden destacarse los datos referidos a D y C, respectivamente, puesto que su contribución vuelve a ser más frecuente que la de otros participantes en cada discurso. Asimismo, el resto de los hablantes se mantienen en unos números más o menos similares que varían en una horquilla del 5 %. Solo B se mantiene como el participante menos cooperativo y/o validado, dado que la cantidad de sus emisiones reactivo-iniciativas se aleja bastante respecto a las de sus compañeros.

Es decir, el hecho de que los datos de C y D sean de nuevo los más destacados no hace más que confirmar su rol *agentivo* (Halliday, 198) y conductor de la interacción. La participación de los demás, en consecuencia, sube porque los primeros los orientan conversacionalmente, incitándoles a la reacción. Esta situación resulta especialmente importante en el *League of Legends* (2009), pues la atención de todos los jugadores, especialmente la del *líder*, está enfocada al juego y cualquier suceso o mensaje relacionado con este cuenta con muchas posibilidades para ser tenido en cuenta y, por lo tanto, provocar una reacción que desencadene un diálogo en el que, por ejemplo, bien se comente una acción (62) bien se planee una estrategia de juego (63).

(62) V-III – 8:00
C: yo creo que ser- ¿ha gankeado ya?
S: no / aquí no
A: me [gankeará a mí]
C: [prefiero top]
S: de hecho me voy a poner aquí unn- un guardián por si acaso

(63) V-X – 00:55
C: píllate un Karthus↓
D: (RISAS) ¿qué?↑
C: pi- píllate un Karthus jungla
A: o una Soraka que [(())]
C: [de lo único] y lo único que tienes que hacer↑ / con Karthus [jungla es] / farmear↓ / farmear en orden / desde dónde empiezas hasta dónde acabas y siempre en ese orden si empiezas en go- en la rana hasta el golem pues siempre de rana a golem↓ / [te lo farmeas todo] y solo echas erres / solo gankeas cuando ves un gank muy fácil para entrar con Karthus↑ echar la [barrera y pam pam pam]
D: [peroo] → //
[¿la (( )) y eso qué?↑]
C: se los hace volando↓

A modo de resumen, los datos relativos a las (r-i) revelan que se mantiene la tendencia participativa reflejada en la frecuencia de intervenciones vista en § **2**.1.1. y § **2**.1.2.: el papel destacado de C y D en cada género, respectivamente, y la menor contribución de B al desarrollo discursivo; a pesar de que exista un mayor equilibrio entre todos los participantes, dado que se mueven los datos en una horquilla del 20 %. Las diferencias que se observan, por lo tanto, siguen apoyando la hipótesis de que existe una distinción en el comportamiento de los participantes de acuerdo con la situación comunicativa en la que se encuentren.

2.1.4. Intervenciones reactivas e independientes: pasividad interactiva

Un último tipo de comportamiento que puede observarse atiende al grado de validación que un hablante recibe. Para estudiar este fenómenose ha tenido en cuenta las intervenciones que no se convierten en *turno*[59] (Val.Es.Co. 2003 y 2014) porque no reciben ningún tipo de reacción (ya sea lingüística o no) del resto de los interlocutores, es decir, las emisiones puramente reactivas e independientes. Las primeras, a pesar de estar asociadas a otra intervención previa, no continúan la interacción, mientras que las segundas pretenden iniciar nuevos diálogos, pero no son reconocidos de ninguna manera.

Tabla 36 y 37. Intervenciones reactivas (no turno) e independientes totales en cada tipo de discurso

Intervenciones reactivas (no turno)				Intervenciones independientes			
Part.	**Conversación**	**MOBA**	**Total**	**Part.**	**Conversación**	**MOBA**	**Total**
A	82	107	189	A	18	43	61
B	66	99	165	B	13	33	46
C	55	170	225	C	2	51	53
D	86	156	242	D	19	40	59
S	107	176	283	S	16	47	63

Tablas 38 y 39. Porcentaje de intervenciones reactivas (no turno) e independientes

Intervenciones reactivas (no turno)				Intervenciones independientes			
Part.	**Conversación**	**MOBA**	**Total**	**Part.**	**Conversación**	**MOBA**	**Total**
A	20,70 %	15,11 %	17,11 %	A	26,47 %	20,09 %	21,63 %
B	16,67 %	13,98 %	14,94 %	B	19,11 %	15,42 %	16,31 %
C	13,89 %	24,01 %	20,38 %	C	2,94 %	23,83 %	18,79 %
D	21,72 %	22,03 %	21,92 %	D	27,94 %	18,69 %	20,92 %
S	27,02 %	24,85 %	25,63 %	S	23,52 %	21,96 %	22,34 %

59 Como se ha comentado en el capítulo anterior, se ha tomado la definición de *turno* del grupo Val.Es.Co (2003 y 2014), que permite distinguir entre las intervenciones validadas en el diálogo de las que no.

Tablas 40 y 41. Resultados del contraste de las intervenciones reactivas (no turno) e independientes mediante una x^2

	Intervenciones reactivas (no turno)	**Intervenciones independientes**
Valor de x^2	19,108	15,552
Valor de P	0,001	0,004

De nuevo, el contraste de la distribución de esta clase de intervención en los dos géneros discursivos es validada en el nivel estadístico como indica su valor *p* (0.001), lo que indica que se debe aceptar de nuevo la hipótesis alternativa y aceptar que las diferencias observadas son estadísticamente significativas. La distribución que se observa tanto en las reactivas como en las independientes es similar, ya que todos los porcentajes de los participantes se mantienen en una horquilla de variación del 10 %, a excepción del *outlayer* de C en las independientes (un 2,94 % solo de este tipo de intervenciones). Asimismo, la tendencia comportamental se mantiene con respecto a los otros tipos de emisiones, aunque toma la delantera en este caso el hablante S en las reactivas y A en las independientes referidas a la conversación.

Del mismo modo, al nivelarse los datos de B frente al resto de interlocutores se confirma su papel comunicativo pasivo tanto en el videojuego como en la conversación. Este hecho está vinculado a factores que ya se han ido mencionando: la menor experiencia en el juego, la posición que ocupa y las ubicaciones por las que suele desplazarse en el mapa de la partida. En la conversación, por su parte, trata de desarrollar un papel más activo, como demuestra el aumento del porcentaje de intervenciones independientes, pero no cuenta con la validación de sus compañeros:

(64) V-x - 14:37
1I1Enemigos_acciones:**usa una habilidad**
1r-i2 B_acciones:**escapa**
2r3 B: qué malgasto de flaash más tontoo[60]

(65) C-03 - 04:50
Ind1B: [<in/> la uve doble ¿no? al menos]
1I2 A: [platanito platanito platanito platanito platanito]
Ind3B: [¿has visto lo que han hecho con <in/>]

60 Cantando

1I4 A: [y después] y después [en la teamfight comenzaba]
r5 D: [(())]
1I6 A: [(()) todos full de vida]
1r-i7C: [es que es eso tío]

En resumen, respecto a las intervenciones *pasivas* los hablantes mantienen un comportamiento general nivelado, pero este se ve modificado ligeramente de manera individual de acuerdo con el discurso. Por lo tanto, resulta evidente que en cada contexto la validación de los turnos dependerá de diferentes factores: mientras que en la conversación entran en juego aspectos sociales e individuales de los hablantes, en el videojuego se genera cierta dependencia con el ambiente debido al componente transaccional. Esta es la razón por la que los jugadores en posiciones más aisladas o estáticas cuentan con un mayor número de intervenciones pasivas, proporcionalmente hablando, como sucede por ejemplo con el hablante B, con aproximadamente un 10 % de iniciativas y reactivo-iniciativas frente al 15 % de las reactivas e independientes.

2.1.5. Resumen: caracterización de los participantes

De acuerdo con lo visto en los apartados anteriores, es posible comprobar la primera de las hipótesis (H1) destinadas a contrastar las diferencias entre la *conversación* y el *videojuego*: la distinción en los papeles interactivos que cada hablante asume en los dos discursos estudiados. En consecuencia, ha sido posible comprobar si su comportamiento da señales de que su percepción de ambos contextos es diferente. En otras palabras, el hecho de que un participante de manera sistemática, por ejemplo, tome la palabra más a menudo o sea más *continuador* en un discurso mientras que en el otro sea menos interactivo y tome una postura más reactiva, da indicios de que su sentir como hablante cambia en cada lugar.

Así, en la categoría de participantes *iniciadores* se sitúan claramente C y D en la conversación y en el *League of Legends* (2009), respectivamente, ya que son los participantes con un número significativamente alto de intervenciones iniciativas (se distancian del resto de interlocutores por más de un 10 %), motivo por el que resulta más frecuente encontrar en las grabaciones a uno de estos dos participantes iniciando nuevas secuencias interactivas. Asimismo, estos datos guardan correspondencia con la frecuencia de intervenciones por minuto y con las intervenciones reactivo-iniciativas, ya que también estos dos hablantes cuentan con los números más altos respecto a sus compañeros. Por lo tanto, puede concluirse que también asumen el rol interactivo de *activos* y *continuadores*.

Este último papel, sin embargo, no presenta datos con desniveles tan altos como las iniciativas, dado que otros participantes en ambos discursos, A y C para la conversación y D, A y S para el videojuego, se mantienen a una distancia que ronda el 10 % en cuanto a las intervenciones reactivo-iniciativas. Por lo tanto, la labor de *continuar* el discurso queda más distribuida entre todos los participantes.

Por su parte, el papel interactivo *reactivo* y *pasivo* se atribuye tanto a B como a S. Además de contar con una frecuencia de habla relativamente baja, el porcentaje de sus intervenciones reactivas e independientes es mayor proporcionalmente que sus iniciativas o reactivo-iniciativas. De esta forma, los papeles interactivos de ambos discursos quedarían distribuidos de la siguiente forma:

Tabla 42. Papeles interactivos de los participantes en la conversación y en el MOBA

Participante	Conversación	MOBA
A	Continuador	Continuador
B	Reactivo y pasivo	Reactivo y pasivo
C	Continuador	Iniciador, Activo, Continuador
D	Iniciador, Activo, Continuador	Continuador
S	Reactivo y pasivo	Reactivo y continuador

A la luz de los datos, se ha podido comprobar que el comportamiento de los participantes sí se ve modificado por el tipo de contexto, ya que en cada uno de los discursos ejercen influencia características distintas: mientras que en la conversación perviven elementos como la relación vivencial, la igualdad jerárquica o el dinamismo conversacional sin restricciones, en el videojuego estos rasgos se matizan por otros como la experiencia (compartida o no) de juego, el rol de los jugadores en la partida, el tipo de personaje que se ha escogido o la importancia de los acontecimientos que se van sucediendo durante el juego; factores que cambian los tres rasgos mencionados anteriormente tal y como se recoge en la tabla siguiente:

Tabla 43. Rasgos que influyen en la interacción

Rasgos en la conversación	Rasgos en el MOBA
Relación vivencial	Experiencia compartida de juego
Igualdad jerárquica	Rol en la partida Personaje escogido
Toma de turno conversacional no predeterminado	Toma de turno conversacional influida por acontecimientos de la partida

En resumen, los dos universos discursivos comparten los mismos papeles interactivos porque, precisamente, son dos géneros dialógicos sin predeterminación en el turno. Es decir, ambos cuentan con hablantes que tomarán el papel de *iniciadores, continuadores* o *reactivos* y que pueden tener una participación *activa* o *pasiva* que depende, en gran medida, de sus características individuales. Sin embargo, dado que entran en juego otros rasgos que influyen la comunicación del videojuego, el comportamiento de los participantes no suele mantenerse igual cuando están en la conversación o en el *MOBA*. De esta forma, las divergencias en el comportamiento individual muestran que los hablantes perciben ambos contextos de manera diferente. A continuación, la interacción vista desde una perspectiva grupal será la encargada de mostrar si los diálogos y estructuras interactivas se organizan de la misma manera o presentan diferencias suficientes para clasificarlas como universos comunicativos distintos.

2.2. El comportamiento interactivo grupal de los participantes

Hasta este punto se ha estudiado la interacción desde una perspectiva que ha tomado en cuenta la contribución individual de los participantes. Pero la comunicación involucra, precisamente, a distintos interlocutores y no tendría sentido caracterizarla solo desde la orientación que cada enunciado toma, sino también tomando en cuenta de qué manera se relacionan entre sí. Por esta razón, en este apartado se va a estudiar la segunda hipótesis (H2) sobre las diferencias entre la conversación y el videojuego, cuyo propósito es comprobar si existe una diferencia significativa en la interacción grupal producida en cada tipo de discurso.

En secciones anteriores de esta monografía (ver § 2.2. del capítulo 3) se ha explicado que se ha adoptado una perspectiva estructural para el análisis en la que se reconozcan los componentes interactivos a partir de características *físicas* (Val.Es.Co., 2014): la *intervención* por el *cambio de hablante* y el *diálogo* por el segmento comprendido entre una *intervención iniciativa* al principio y una al final *reactiva*. Este punto de vista ofrece una base objetiva desde la que estudiar la interacción, ya que a través de las relaciones y las *figuras* que se formen podrá verse qué influencia tienen diferentes rasgos en la toma de turno: desde las características de los participantes hasta las circunstancias o normas (conscientes o inconscientes). Es decir, se trata de observar qué estructuras de interacción son más frecuentes en cada situación discursiva.

Para ello, se va a dividir el apartado en 4 partes: 1) primero (§ 2.2.1.), se van a resumir las ideas desarrolladas en los capítulos 2 y 3 sobre la interacción y su construcción y cómo se ha observado en el videojuego. En segundo lugar, 2) (§ 2.2.2.1) se va a clasificar esa interacción de acuerdo con los distintos patrones interactivos expuestos en § 2.2.3.2. del capítulo anterior. Por último, 4) (§ 2.2.2.3.) se mostrarán los resultados de analizar las diferencias que existen en el uso de los distintos canales disponibles en cada uno de los géneros discursivos.

2.2.1. La construcción de la interacción en la conversación y en los MOBA

En términos de Wittgenstein (1953), la comunicación puede definirse como un juego cooperativo que consta de dos partes que están continuamente adiestrándose para entenderse en una partida en la que se emite y recibe información. Esos dos roles no se asumen de manera secuencial, sino que el papel tanto del hablante como del receptor están en constante activación, pues es necesario que ambos estén continuamente procesando una serie de informaciones que abarcan desde las palabras del interlocutor y sus posibles significado, literales o inferidos (Grice, 1975; Levinson, 2013, 2019), hasta los hechos más relevantes del contexto que los rodea. Además, se puede hacer uso de cualquier medio para comunicarse más allá del lenguaje, ya sea escrito u oral, como el uso de la kinésica o el paralenguaje en situaciones cara a cara (Torruella y Llisterri, 1999, Briz et al.., 1995; 2014; Depperman, 2013; Mondada, 2007; Van Leuween, 2005; Jovanovic y Leuween, 2018) o las imágenes y emoticonos en los discursos digitales (Herring, 2007; Yus, 2010; 2011; Padilla, 2023).

A partir de esta concepción de la comunicación se puede extraer el rasgo de que las estructuras interactivas, es decir, el tipo de relaciones y encadenamientos que conforman las intervenciones de un discurso como la *conversación*, se construyen en el momento por los propios participantes en situaciones en las que no medien más que los propios participantes (Sacks, Schegloff y Jefferson, 1974; Levinson, 2019; Espinosa-Guerri, 2024). De hecho, si se visualiza la interacción de la conversación frente a un discurso con una toma de turno predeterminada, como un juicio (Corcolés, 2023), los esquemas o *figuras* obtenidos en este segundo serán mucho más secuenciados y ordenados:

(66) JO_B_01

J: ¿si desea contestar a las preguntas del ministerio fiscal?
C: sí
J: pues el ministerio fiscal tiene la palabra
MF: con la venia de la sala buenos días doña Cristina ¿qué tal está?
C: buenos días
MF: mire en primer lugar y para ponernos en contexto quería saber ee si fue en enero del 2012 cuanto usted tomó posesión como delegada del gobierno en la comunidad de Madrid
C: sí fue en enero no sé si el 11 o el 12 de enero de 2012

(67) C-02-v2 - 1:09[61]

D: ¿y hay presión social? porque [no tiene s-]
C: [cuando viene] Alba [Luna le dice]
A: [pues que Marco sí] que hace las cosas
C: claro cuando viene Alba↑ / me dice Marco [*cuando viene Alba Luna*]
A: [el foraet pa qu'és?→][10]
S: [pa dixar la galleta]
C: se lo [dice a Alba de ir ver los las cosas↑]

En la conversación, los hablantes tratan de regular por sí mismos la comunicación sin más ayuda que la propia información de la situación, razón por la que las transiciones entre turnos cuentan en ocasiones con solapamientos o, incluso, interrupciones (Espinosa-Guerri, 2024). Por su parte, el fragmento relativo a un juicio (66) muestra cómo, al finalizar el turno de una parte, un moderador (el juez) es el encargado de seleccionar al siguiente interlocutor; motivo por el que, a diferencia del discurso conversacional, no suelen producirse fragmentos de lucha por el turno o vacilaciones para tomar la palabra. De esta manera, cabe preguntarse qué sucede en aquellos discursos en los que hay un tenor *transaccional*, como el juicio y, por lo tanto, una mayor dependencia a los acontecimientos que se producen en la situación comunicativa.

Salvando las distancias, este es el caso que plantea la interacción producida en el escenario de un videojuego multijugador cooperativo como el *League of Legends* (2009): los miembros de un mismo equipo, además de compartir en sus mentes parte de su historia personal, los datos del contexto o la información transmitida por sus intervenciones; poseen una intención común: ganar. Este elemento mediatizará gran parte de la comunicación digital:

61 En valenciano: «¿el agujero para qué es?»

(68) V-I – 15:04
A_acciones:**se dirige a mid**
A: mm voy pa' mid Alejan→ /// bueno espera que recupe un poco (d)e maná→
A_acciones:**merodea alrededor de mid
C: tengo ulti↓ / focus Lux→ / que es más [squici]↓
B: [ella está haciendo back]→
A: (CARRASPEO) // sí yo tengo ulti también→

(69) V-IV – 13:55
C: no me lo creo soy maestría cinco con este (3") me subí- me subieron a maestría cinco con este personaje y lo he jugué tres veces / como aquel que dice↓ // (()) // eeh // id a por el [drake ¿eh?↑]
D: [ve yendoo] aa drake↓ / voy enseguida↓
S: [voy]
C: [el infer]nal→

(70) V-IV – 23:13
D: [pero] ¿el Malphite no baja?↑
S: [corre] // corre [(RISAS) corre (RISAS)]
D: [ah ¿ahora?↑] yo pensaba que baja[ba]↑
C: [no] no se ha quedado a mitad camino
D: síí / el cabrón se ha dado la vuelta↑
S: espera
C: y Jan Xhin- el- el- el Xhin Zhao ha priorizado el red a gankearos↓

En los ejemplos (68), (69) y (70) los hablantes centran gran parte del contenido de sus intervenciones en dar información relevante que ayude a sus compañeros: el comentario de una posible acción (68), de una estrategia contra un monstruo de la *jungla* (69) o el comentario de un movimiento de los enemigos o de compañeros no *premade* (70). Asimismo, sus acciones, las de sus enemigos (71) o las programadas en el videojuego (72) son susceptibles de generar nuevos diálogos; incluso de interrumpir interacciones en marcha:

(71) V-IV – 23:39
Enemigos_acciones: **aparece Darius en bot**
D: mira el Jhin / ay está aquí el Darius
S: uuf
C: buah me están subiendo a mí ahora

(72) **V-v – 41:50**
A: sale dragón de fuego ahora↓
C: pues au a por él
D: pero ese mola ¿eh?
B: [¿dragón o barón?]
D: [(())]
A: dragón / sí ¿no? barón de fuego↓

Algunas de estas acciones, las más relevantes para el desarrollo de la partida, suelen ir acompañadas por mensajes del sistema que permiten a todos los jugadores ser conscientes de los sucesos más importantes del juego, estén o no en la ubicación en la que ocurren. De esta manera, las intervenciones de la máquina cuentan también con un papel en la dinámica interactiva, bien acompañando a una acción vista por los usuarios (73) o bien dando a conocer aquellas que no ha presenciado ningún miembro del equipo (74):

(73) **V-x – 8:31**
A_acciones:**pelea con un enemigo**
A_acciones:**mata a un enemigo**
SJ: primera sangre
A: a pastar

(74) **V-vi – 22:20**
SJ: rugido
S: aah / se han hecho el dragón↓
C: Lee tenía el smithe es quee→

A raíz de estos rasgos, puede deducirse que la toma de turno producida en los videojuegos MOBA como el *League of Legends* (2009) sufre una ligera modificación respecto a la conversación que afecta a su construcción interactiva: los lugares de transición pertinente no solo dependen del discurso de los hablantes, sino también de las acciones que suceden en el juego, aunque, al igual que sucede con las intervenciones humanas, pueden tomarse o no en consideración.

En resumen, la construcción de los diálogos de la conversación y los MOBA presentan una base común que se vuelve más compleja en el videojuego, ya que los interlocutores tienen la *atención dirigida por un propósito común*. Este hecho provoca que el contexto que rodea a la comunicación verbal se perciba no como un telón o paisaje de fondo, sino como un elemento fundamental en la estructura interactiva, como se va a comprobar en los siguientes apartados, especialmente en § 2.2.2.2.

2.2.2. *Los diálogos en la conversación y en el MOBA: patrones, extensión y composición*

El objetivo general de este apartado es comprobar qué figuras se asocian a la conversación y al videojuego. Este se fundamenta en el hecho de que las relaciones entre las distintas intervenciones de los participantes forman un entramado interactivo que puede observarse aplicando un sistema de visualización. A través de este es posible ponerde manifiesto de qué manera se unen los enunciados (Espinosa-Guerri, 2016; y García-Ramón 2019). Las conexiones creadas toman una serie de formas que son identificables y, por lo tanto, cuantificables (Espinosa-Guerri, 2024 Espinosa-Guerri y García-Ramón, 2019). En otras palabras, puede observarse qué tipo de diálogos y secuencias interactivas predominan en la comunicación y, en consecuencia, usarse para contrastar distintos géneros discursivos de más de un participante.

En los siguientes apartados se mostrarán los resultados de los análisis realizados al corpus a partir de este sistema de visualización de la interacción del grupo Val.Es.Co. (Briz, 2006; Espinosa-Guerri, 2016; 2024 y el tratamiento estadístico que han recibido. Este se organizará en tres secciones diferentes atendiendo a la hipótesis comprobada en cada ocasión: H2) qué tipo de estructura general predomina (§ 2.2.2.1.) y el estudio de la distribución de cada una de las *figuras* y H3) el tipo de intervenciones preponderantes desde el punto de vista multimodal (§ 2.2.2.2.).

2.2.2.1. *Patrones interactivos*

Las *figuras*, o patrones interactivos, son las estructuras que pueden identificarse a partir de la visualización de la interacción (Espinosa-Guerri, 2016; 2024 Pons, 2022), como se ha explicado en el epígrafe 2 del capítulo anterior. Este tipo de análisis se ha aplicado a cada una de las muestras recopiladas de la conversación y el videojuego, de manera que se han podido registrar los tipos de *figuras* con el fin de comparar la interacción y establecer predicciones sobre el funcionamiento general de los dos géneros discursivos.

Tabla 44. Recuento total de tipos de figura por género discursivo

	Conversación	Videojuego *MOBA*
Abanico	110	81
Cerco	19	7
Cremallera	151	129
Pajarita	5	3
Palillos	15	5
Pico	44	88
Rastrillo	85	36
Totales	429	349

En la tabla 44 se muestra el total en crudo de las figuras encontradas en cada género discursivo. Por un lado, el *abanico* y la *cremallera* presentan unos datos similares en ambos tipos de discurso. Al igual que sucedía con el comportamiento interactivo individual de los participantes, esta asociación puede deberse al hecho de que ambos géneros discursivos son dialógicos con cierto grado de libertad en la toma de turno, razón por la que se crean de manera frecuente concatenaciones de intervenciones (*cremalleras*, ejemplos 75 y 76) o reacciones múltiples a una única emisión (*abanicos* 77 y 78):

(75) C-03 – 01:01

C: ni te las has leído↓
D: (RISAS) ¿yo pa' qué? (RISAS)
C: pues si no lees no mejoras↑
D: pero vamos a ver ¿yo pa' qué quiero jugar un rol de jungla?↓ m- una cosa que no juego en mi vida [que- que es para un rato]
B: [pues para saber] jugar contra él↓
D: que yo no quiero hacer eso^

(76) V-v 13:24

A: ¿por qué sale ahora una interrogación encima de los personajes?↑
S: no sé
A: si pulsas el tabulador sale una interrogación encima de los personajes↓
D: sí verdad verdad↓
SJ: se han generado súbditos
D: [(( ))]
C: [¿ah sí?↑]
A: será para poder [hacer lo de la confusión]
C: [pues porque no-] / pero es porque no lo estáis viendo↓

(77) C-03 – 6:34

D. entonces / eh Rafa no te ha enseñado / nada del logo↓
A: no
B: ¿para qué? / no hace falta

(78) V-v – 19:38

Enemigos_acciones: **mata a un enemigo**
SJ: se acabó
S: (RISAS)
B: se murió el yordel acuático↓
A: la sardina / [de toda la vida]
C: [mama] no mames weey↓ / chamaco [cómo me matast]ee→

Por otro lado, los datos que más se distancian entre el videojuego y la conversación corresponden al *pico* y al *rastrillo*, respectivamente. Este resultado señala el primer rasgo que diferenciael tipo de comunicación que suele darse en cada situación discursiva: mientras que en el primero es frecuente que se sucedan diálogos breves, como los *picos*, que no interfieren demasiado en la acción de la partida, en la conversación suelen darse espacios en el que se produzcan turnos prolongados asociados al relato conversacional, un comportamiento asociado al *rastrillo* (79) (Espinosa-Guerri, 2024; Pons, 2022).

(79) C-03 – 7:30

D: pero luego me dijo↓ / *ay pero es que quiero que las letras estén dentro del logo*↑ / digo *vale entonces me pe[dirá una cosa como esta*]↑
C: [menudo-] menudo dolor de cabeza meter las [putas letras ahí]
A: [sí]
D: [y me dijo] *ay pero yo es quee→ / en mi cabeza sonaba bien*↑ *pero luego la realidad* digo *bueno pues arreglémoslo un poco* y le hice esto más o menos↑
A: sí
D: y luego ya me ha dicho / *no es que*↑ *// quítale la tipografía*↑ *y ponle otra*↑ *y no se- otra y no sé qué no sé cuántos*↓ y ya aquí es lo último que hice yo ya no ya / de [he desmontado el logo] porque yo no lo entiendo ya lo que quiere↓ / y le he dicho de [quedar]↑

Para comprobar la validez de estas observaciones desde una perspectiva estadística se han analizado los datos por medio de dos pruebas que muestren el grado de correlación (x^2 y *Phi de Pearson*) y de desviación de las figuras (*G^2 de Wilks*) respecto a cada género discursivo.

Tablas 45 y 46. Valores de las pruebas estadísticas de G^2 de Wilks y X^2

X^2		G^2 de Wilks	
Chi-cuadrado (Valor observado)	131,392	G^2 de Wilks (Valor observado)	133.149
valor-p	<0,0001		
Phi de Pearson	0,310	Valor-p	<0,0001

Las Tablas 45 y 46 presentan los valores resultantes de las pruebas estadísticas x^2 y G^2 *de Wilks*. Ambas pruebas revelan un valor *p* inferior a 0,05, evidenciando una relación significativa entre las dos variables independientes en estudio y las variantes analizadas. Además, los datos sugieren que estas variables muestran comportamientos significativamente independientes. Esto se deduce de la distribución notablemente diferente del número de figuras, respaldada por un elevado valor de x^2 (131,392) y G^2 *de Wilks* (133,149).

Cabe añadir, no obstante, que sí existe cierta correlación positiva entre la conversación y el videojuego, puesto que la *Phi de Pearson* muestra un valor ligeramente por encima del 0 (0.310). El resultado de esta prueba indica que hay una relación parcial entre la conversación y el videojuego en la que cuánto más altos sean los valores en una, más altos serán también en la otra. Ese tercio que comparten en la distribución de figuras ambos géneros se debe a que ambos son dialógicos sin una predeterminación externa al turno, razón que refuerza el hecho de que sean comparables.

Por su parte, las diferencias observadas en los datos crudos (tabla 44) en la distribución de las figuras están refrendadas por los residuos observados de la prueba x^2 que indican cuáles son los que más y menos identifican a cada tipo de muestra:

Tabla 47. Residuos de la x^2

	Videojuego	Conversación
Abanico	0.9612655	-0.7225932
Cerco	1.4864603	-1.1173877
Cremallera	-0.9971131	0.7495402
Pajarita	-0.5879688	0.4419822
Palillos	2.8948398	-2.1760811
Pico	-5.3596917	4.0289359
Rastrillo	6.5094440	-4.8932166

Los resultados revelan que hay cuatro elementos estadísticamente relevantes: por un lado, los elementos que parecen tener un comportamiento similar, el *abanico* o la *cremallera*. Por otro, aquellos que presentan datos significativamente diferentes, como el *pico* o el *rastrillo*. Estas relaciones, asimismo, quedan corroboradas si se analizan los datos a partir de un *árbol de decisiones*.

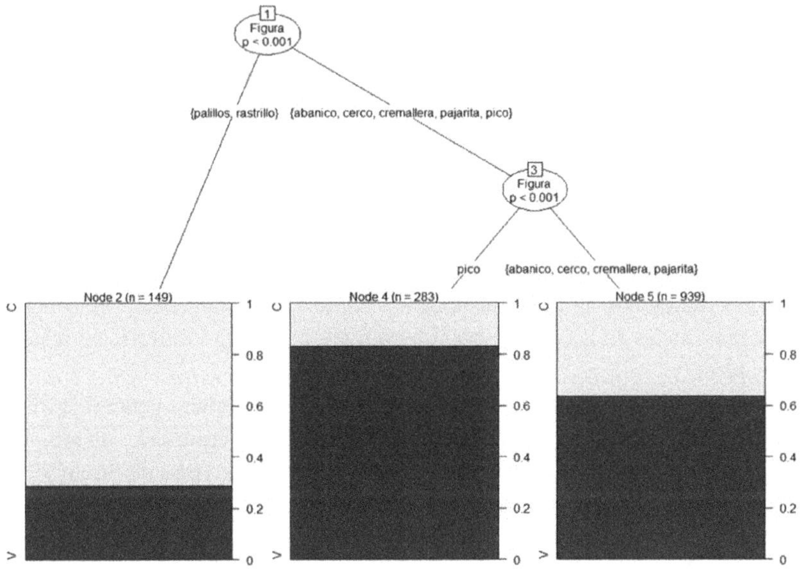

Imagen 51. Árbol de decisiones: figuras que definen a los discursos

En primer lugar, tal y como habían mostrado las pruebas inferenciales anteriores, cada tipo de discurso se define por *patrones dialógicos* diferentes. Por una parte, la conversación se caracteriza por el *rastrillo* y los *palillos*, dos tipos de interacción que ya se ha explicado que se asocian al mantenimiento prolongado del turno de los hablantes; mientras que el *MOBA* tiene una mayor representación a través del *pico* que representa el par mínimo de acción-reacción. Por otra, el resto de *figuras* tienen una representación un poco mayor en el videojuego, pero con una diferencia mínima; consecuencia, probablemente, de la mayor ratio de diálogos en este género discursivo (Badia, en prensa).

En resumen, los datos anteriores pueden resumirse de la siguiente manera: 1) la *cremallera* es un elemento que se comporta de manera similar en los dos universos discursivos, pues su frecuencia de aparición en ambos es la más alta de todas las *figuras*, correspondiente a los valores más positivos en tanto en cuanto a su frecuencia de aparición. En contraposición a esto, 2) el *cerco*, los *palillos* y la *pajarita* también presentan una distribución similar, pero a la inversa, hecho que indica que son patrones dialógicos con menor incidencia en ambos tipos de discurso. Por su parte, 3) las diferencias entre estos dos tipos de discurso se encuentran en el *pico*, el *rastrillo* y el *abanico*: el primero de ellos guarda más relación con el videojuego, mientras que los otros dos presentan una mayor cercanía con la conversación.

Atendiendo a los resultados de las pruebas expuestas pueden extraerse un par de conclusiones preliminares sobre el contraste del esquema interactivo de ambos tipos de discurso. La primera es que ambos son géneros dialógicos en los que existe un cambio de hablante relativamente frecuente y, en muchas ocasiones, secuencial, como muestra la escasa diferencia en los residuos de la prueba x^2 de la *cremallera* respecto a ambos. La segunda tiene que ver con la discrepancia entre ambos géneros, puesto que, mientras que a la conversación se asocian patrones dialógicos de habla prolongada como el *rastrillo*, en el *MOBA* suele haber más cortes en las dinámicas interactivas, tal y como muestra su relación con el *pico*.

Estos datos, en definitiva, sirven para observar de manera general la distribución de las *figuras* mediante las cuales se ha podido comparar las semejanzas y diferencias de la construcción interactiva de ambos tipos de discurso. Sin embargo, cabe analizar de forma individual el comportamiento de cada uno de estos patrones dialógicos para determinar si su organización sigue, efectivamente, el mismo esquema o existen discrepancias en su distribución particular.

A) *Cremallera y cerco*

El esquema ideal de una interacción es la consecución de intervenciones que van reaccionando una detrás de otra de manera sucesiva. Esta es la *figura* que representa la *cremallera*. Por su parte, el *cerco* es la concatenación de dos secuencias de intervenciones que han sido iniciadas o no por un mismo estímulo y que pueden confluir o no en un mismo punto. En otras palabras, se trata en muchas ocasiones de la creación de dos *figuras* que funcionan de manera simultánea, pero una de las dos, la que no progresa, es contenida por la otra. Resulta evidente que cualquier diálogo sin una predeterminación estricta en la toma de turno va a tener un número considerable de estos dos tipos de patrones interactivos.

No obstante, como se ha explicado, la incidencia en cada discurso es diferente, tal y como se extrae del contraste de sus medias por medio de una *T-student* (p =0.012) y de la observación de los gráficos de su distribución:

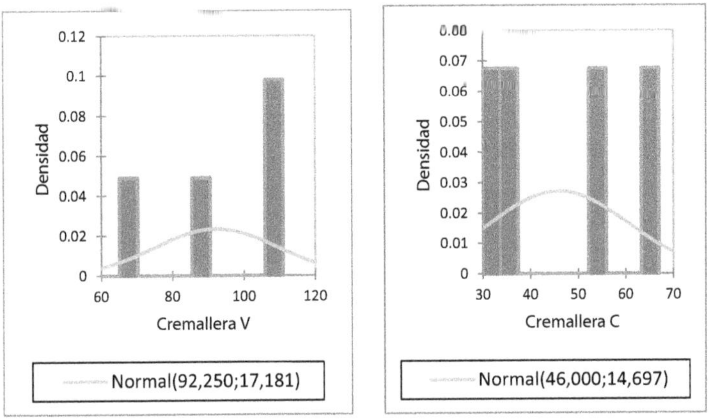

Gráficos 1 y 2. Distribución de la cremallera en el videojuego(V) y la conversación (C)

Tanto la conversación (C) como el videojuego (V) cuentan con distribuciones diferentes para las *cremalleras*: la primera (gráfico 1) presenta una distribución en la que la *curtosis* o *achatamiento de la curva* presenta un valor de (-2,245) y una *asimetría* simétrica (0,137). En otras palabras, los datos de las muestras presentan una distribución que no se concentran alrededor de la media (46 *cremalleras* por grabación), sino que presentan tanto valores por encima como por debajo de la misma. El segundo género presenta una curva de distribución de los datos más cercana a la *platicúrtica*[62], en la que su *curtosis* es algo alta (-2,124) con una *asimetría* también cercana a la simétrica (0,137), dado que los valores se distribuyen de manera un poco más regular en las muestras respecto a la media (92.250).

Estos datos indican que, a pesar de las diferencias en cada tipo de grabación, en ambos discursos será frecuente encontrar patrones interactivos en los que cada hablante se vaya sucediendo al siguiente sin apenas solapamientos y/o interrupciones:

62 Cuando una distribución de datos presenta una línea *platicúrtica* significa que los datos de cada muestra no se agrupan en torno a la media, sino que son más desiguales y que, por lo tanto, sus valores son más dispersos. En otras palabras, hay mayor variabilidad en los datos de las muestras.

(80) C-02-v2 – 17:26

D: síí dice que lo estaban intentandoo pero que han pasado un montón de movidaas↑ / pero quee→
S: a bueno yo es que iba a preguntar (RISA) porque yo tampoco me aclaraba ↑
D: °(jo tío)°
A: pa' mear y no echar gota
S: ¿eeh?
A: pa' mear y no echar gota

(81) V-v – 20:06

C: [el Udyr no está] ¿eeh?↑ y cuidado mira el [mid↓]
— S_acciones:**ataca**
D: [estaba] muerto tío↓
C: que está ahí el Swain↓
D: [(( )) ¿no?↑]
C: [Swain ss] ¿eh? Cuidado por si va drake a wardear o lo que sea↓
B: sí

Los ejemplos (80) y (81) son representativos de esta clase de patrón interactivo en ambos géneros discursivos. No obstante, mientras en la conversación casi siempre son las palabras de los hablantes las que provocan y protagonizan las intervenciones, en el videojuego pueden aparecer otros elementos relevantes comunicativamente, como sus acciones o los mensajes de la máquina (ver § 2.2.2.2.). Asimismo, se puede apreciar que la extensión de un mismo patrón difiere según el discurso, ya que en el primero la consecución de un mismo tema suele ser más frecuente (Badia, en prensa).

En definitiva, se trata de una *figura* que cuenta con una distribución similar en ambos contextos. De esta manera, los datos solo corroboran que los hablantes, de manera natural, tratan de reaccionar uno detrás de otro para conseguir una comunicación fluida y eficaz. No obstante, queda abierta la posibilidad de que la diferencia entre ambos resida en cómo se generan esas concatenaciones de intervenciones y en cuánto duran; cuestiones que se van a plantear en el apartado 2 de este epígrafe.

B) Abanico

Cuando en un diálogo participan más de dos interlocutores, si el hablante con el turno no selecciona de manera clara al siguiente, es común que una intervención reciba una reacción múltiple, ya que cualquiera de los presentes en la interacción puede autoseleccionarse para continuar el discurso. Esta es la situación que plantea el *abanico*. Como consecuencia de ello, en una conversación varios participantes pueden tratar de tomar la palabra, pero finalmente será uno solo el que normalmente continúe el diálogo.

Si se contrastan los datos de las muestras recogidas mediante una *T-student*, se observa que los intervalos de confianza de sus medias poblacionales no son diferentes (p =0,138) y que, en principio, no puede hablarse de, nuevo, de una diferencia significativa entre ambos tipos de discurso. Sin embargo, si se observa en detalle su distribución en los gráficos siguientes, puede apreciarse ciertas diferencias a pesar de que ambos conjuntos de muestras presentan una distribución cercana a la normal.

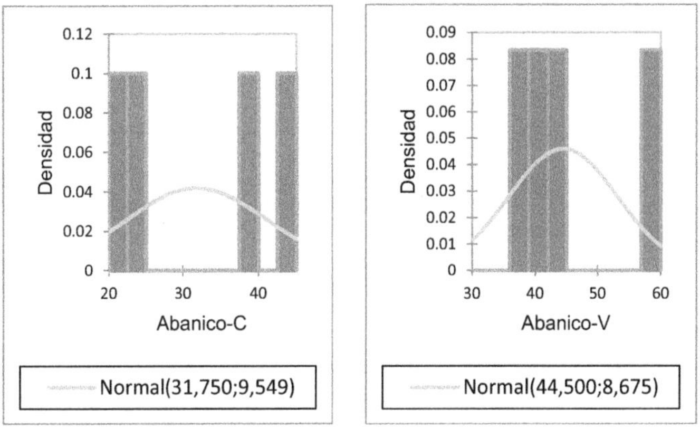

Gráficos 3 y 4. Distribución de los abanicos en la conversación (C) y el videojuego (V)

Por un lado, la conversación (C) presenta una *curtosis* relativamente baja (-2,306) con una distribución equitativa de los datos respecto a la media (*asimetría* = 0,070); unos valores que indican que esta figura tiene una aparición irregular en las muestras y, por lo tanto, no siempre suele aparecer con frecuencia en todas las grabaciones. En contraposición a esto, el videojuego presenta una concentración de datos más constante, puesto que el *apuntalamiento* es bastante más alto (-1,768) y el número de *abanicos* suelen situarse en valores más positivos que la media, tal y como indica su *asimetría* (0,591), unas medidas que indican que su presencia en este tipo de discurso es más constante.

En resumen, a pesar de lo que indicaba el contraste de los datos generales, será más común encontrar este tipo de *patrón dialógico* en el videojuego que en la conversación. Esto se debe a que se trata de un discurso de naturaleza dialógica con carga *transaccional* que muestra cierta dependencia con los sucesos del contexto (ver § 2.2.2.2.), dado que los acontecimientos pueden provocar reacciones tanto en los sujetos implicados como en sus testigos, puesto que no seleccionan, a priori, ningún hablante en concreto. Esta es una diferencia con la conversación, ya que en ella los hablantes, en virtud de la regla (1a) (Sacks, Schegloff y Jefferson, 1974: 704), tienen la posibilidad de escoger de manera directa a su siguiente interlocutor:

(82) V-XI – 21:49[63]

Enemigo_acciones:**mata a un aliado**
SJ: ¡ASESINATO DOBLE!
D: no no
S: pero que- que no
A: i no se mor[12]↑

(83) C-02-v1 – 21:22

S: [pero noo] pero no↓ / [pero no no] no llevéis las expectativas muy altas↑
A: [simplemente un]
D: [no tranquila que no]
A: [claro con que no] te fijes en lo que pasa en la película la película está bien↑

El fragmento (82) de transcripción del videojuego muestra que, a raíz de un mensaje de la máquina, los jugadores intervienen de manera consecutiva y casi simultánea para comentar la situación de las que les ha informado el sistema. Es decir, esta *figura* no está formada solo por los enunciados de los hablantes, sino que interviene un agente externo a ellos propio de este universo discursivo (ver § 2.3 del capítulo 5). Por su parte, en (83) perteneciente a una conversación, S se está dirigiendo a D, pero está compartiendo una información que también conoce A, de manera que su intervención implica a los dos participantes.

A partir de estos datos se puede comprobar que este tipo de *figura* es más representativo del videojuego, aunque también tenga presencia en la conversación. No obstante, para observar de manera más específica esta diferencia y más allá de que un tipo de patrón interactivo pueda ser más o menos frecuente, de nuevo resultaría esclarecedor estudiar su composición para determinar si, efectivamente, el comportamiento es igual en los dos géneros discursivos que se están analizando en la investigación (ver apartado 2.2.2.2).

C) Rastrillo

En muchas ocasiones un interlocutor mantiene su turno a pesar de que otros puedan reaccionar mientras habla. De hecho, estas reacciones no suelen tener la finalidad de *robar* o *interrumpir*, sino de corroborar y validar el discurso

63 Valenciano: «y no se muere»

que está manteniendo el primero; es decir, una forma de hacerle saber que lo están escuchando. Esta clase de interacción, también conocida como *rastrillo*, es común en las secuencias de historia o explicación (Espinosa-Guerri, 2024). Son, por lo tanto, fragmentos de habla en los que un hablante mantiene la palabra durante un tiempo relativamente largo.

Debido a su naturaleza, se trata de un patrón interactivo que se asocia a una interacción interpersonal. Como se ha mencionado en el capítulo anterior, suele vinculares a los relatos conversacionales, un tipo de secuencia que suele ser bastante abundante en la conversación (Schegloff, 1992; 1999; Benavent, 2015). De hecho, tal y como muestra el contraste de medias de las muestras de los dos discursos (p =>0,0001), su frecuencia es diferente, rasgo que se observa también en la visualización de su distribución:

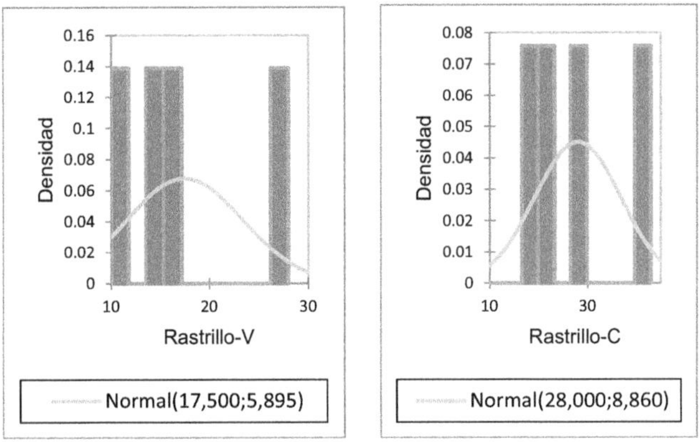

Gráficos 5 y 6. Distribución de la frecuencia de rastrillos en el videojuego(V) y en la *conversación*(C)

Ambos tipos de discurso presentan una distribución más o menos normal, pero con algunos matices: en el videojuego, su *apuntalamiento* presenta un valor de (-2,044) y una asimetría ligeramente inclinada a la izquierda (0,335) que presenta una distancia considerable de la media respecto a un único valor de una muestra, muy superior al resto. Estos datos indican que el *rastrillo* presenta valores relativamente bajos en general de acuerdo con el máximo observado: se concentran alrededor de 17 figuras por grabación frente al máximo de 27 encontrados. Por contrapartida, la conversación mantiene una curtosis algo más concentrada (-1,743) y, por lo tanto, unos valores más estables; además de una mayor frecuencia de aparición que en el otro género (unas 28 figuras por muestra).

En otras palabras, los datos recopilados sobre esta figura en la investigación corroboran que se trata de un patrón dialógico que identifica a la conversación. Su aparición, por tanto, en este género discursivo es común y suele asociarse a secuencias en las que se explica una cuestión (ya sea formal o informal, como en el ejemplo 84) o se cuenta una anécdota o historia (ejemplo 85).

(84) C-02-v1 – 25:29

C: a mí me ponen casa↑
S: mm
C: yo no doy dinero en casa pero↓ / noo
S: mm
C: no piden ni nada ¿sabes?↑

(85) C-03 – 00:25

S: entonces qué ha pasado↓
D: claro
S: que el otro equipo enseguida se ha cogido a alguien que- m / [revienta a su persona]jee↑
D: [me hace el counter]↑ / sí
S:¿vale?↑ // y claro enseguida él *ay cariño* [*confía en mí cariño*]↑

Por su parte, en el videojuego, si bien es cierto que suelen introducirse momentos en los que los jugadores explican cuestiones del juego general o de la partida (especialmente aquellos jugadores que cuentan con más experiencia), las circunstancias comunicativas reducen considerablemente este tipo de diálogos. Esto se debe a que este patrón dialógico requeriría que la atención de los jugadores estuviera dividida durante demasiado tiempo. Por esta razón, los *rastrillos* suelen concentrarse en el inicio de las partidas (ejemplos 86 y 87) y en fases de juego poco activas, como cuando un encuentro se ha dado por perdido (ejemplo 88).

(86) V-III – 3:38

C: ¿sa- sabes lo que pasa con la ulti de Zed?↑ Cuando a- tiene- cuando gastas la ulti de Zed contra un Zed [tienes que] saber que tú no tienes que ser nunca el primero en tirarla↓
B_acciones: **selecciona un personaje**
S: [mm]
A: ya
C: y los su- y los jugadores de Sylas lo saben / esa es my ventaja↓

(87) V-VI – 3:34

C: main Soraka OTP top↓ / (RISAS)
S: a tope
C: OT- OTP es one trick pony es una persona que se ha especializado [solo↑] / [en un pers]onaje↓

(88) V-II – 30:30

C: chicos yoo→ lo sientoo→ peroo→ os aprecio pero en esta partida ya no podemos hacer más↓
S: (RISAS)
B_acciones:**dice "no" a la rendición
B: na
C: iba seis uno y ahora voy seis cinco (RISAS) y no ha pasado ni un minuto solo↓ / yo creo que no podemos hacer [nada más]↓

La interacción de los videojuegos, por tanto, está constantemente influida por la partida en curso. Los jugadores controlan a sus avatares en el mundo digital y necesitan focalizar sus esfuerzos en el objetivo que comparten con sus compañeros de equipo: ganar la partida. Esta es, por lo tanto, una diferencia significativa respecto a la conversación en la que la protagonista es la propia comunicación.

De hecho, esta característica viene apoyada por la densidad informativa, el número de palabras por intervención, de sus intervenciones, puesto que estas durante el juego no suelen ser muy largas: el contraste de medias de ambos discursos indica que existe una diferencia en la composición de las intervenciones (p =<0,0001). En contraposición a la conversación, en el *League of Legends* (2009) los enunciados suelen ser más breves y con una menor densidad informativa (7 palabras por intervención de media en el discurso digital frente a 9.2 en la conversación [Badia, en prensa]):

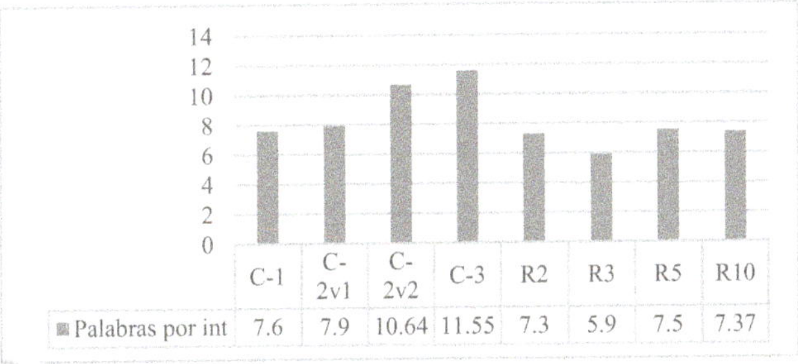

Gráfico 7. Media de palabras por intervención

En resumen, puede concluirse que el *rastrillo*, a pesar de ser un tipo de *figura* que se asocia tanto al relato conversacional como a las secuencias de explicación, no suele ser representativa del comportamiento interactivo de los participantes en el videojuego. La comunicación, en busca de ser lo más eficaz, concreta y rápida posible, se construye con patrones interactivos que faciliten la transmisión de la información y la comprobación de que la misma ha sido recibida en el menor tiempo posible. Este rasgo guarda vinculación, precisamente, con el tipo de figura predominante en el *MOBA*: el *pico*.

D) Pico

La interacción más básica consta de dos personas que intercambian dos estímulos: uno que empieza la comunicación y otro que reacciona a este. Esta es la situación que refleja la figura del *pico*, en la que se contempla la sucesión de dos intervenciones, una que inicia y otra que reacciona cerrando ese diálogo o secuencia interactiva; el esquema básico del par adyacente (Val.Es.Co., 2014: 14). Si se contrastan las medias de esta figura pertenecientes a las muestras recogidas en este estudio, se observa que vuelve a existir una diferencia significativa entre ambos discursos (p =0,011) que se corrobora también si se observa su distribución:

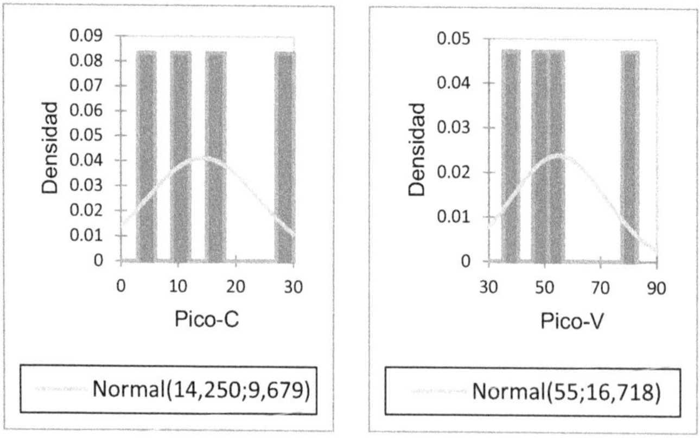

Gráficos 8 y 9. Distribución de la frecuencia de picos en el videojuego (V) y en la conversación *(C)*

En la conversación, se mantienen los datos en torno a los 14 picos por grabación, aunque la variación de los datos es bastante elevada; su distribución se presenta de manera equitativa con una distancia considerable de uno de los valores de las muestras respecto a la media (*asimetría* = 0,911), aunque con una dispersión de los datos elevada (*curtosis* = 1,512). Cabe destacar la presencia de una muestra con un número sensiblemente más alto de esta clase de figura[64] respecto a la media observada en todas. Estos resultados indican que la frecuencia de aparición de este tipo de patrón dialógico es baja. Por su parte, en el videojuego la forma de la curva de los datos se mantiene similar, pero con un valor de las muestras mucho más distanciado respecto a la media (*asimetría* = 4,045 y *curtosis* = 39,029). Además, los números son mucho más elevados, puesto que se concentran a una media de 55 picos por muestra.

Este comportamiento suele estar asociado a la transmisión de información rápida que, por un lado, si forman diálogos independientes (visualmente, la figura aparece aislada), suelen revelar un carácter transaccional como el aviso de un peligro (89) o la petición de ayuda (90); y, por otro, si forman parte de una secuencia mayor, suelen ser intervenciones de transición entre un esquema interactivo y el siguiente (ejemplo 91).

(89) V-II - 12:36

C: cuida(d)o con el Lee Seen
S: vale vale vale atrás atrás atrás no ha salido bien [no ha sali]do bien↓

(90) V-xi - 32:34

C: tío está el Kog'Maw espérate↑
A: sí to estoy yendo↓ / llevo ya full build casi↓

(91) V-II - 17:27

S: ee→ vale Manolo dime ¿qué compro?↑ ¿o qué no compro?↓
B: e escudo reliquia se llamaba
S_acciones:**busca en la tienda "escudo"**
S: [escudo]
B: [si no re]cuerdo mal
B: tú poon oro y el que tenga forma de escudo lo compras
S_acciones:**compra el escudo
S: vale lo [tengo]

Asimismo, en la comunicación desarrollada durante una partida existe un número más elevado de picos independientes debido a las necesidades del

64 Esta grabación fue tomada en presencia de un gato, un elemento que, de vez en cuando, acaparaba la atención de los participantes de la conversación e interrumpía cualquier diálogo fuese lo que fuese que estuvieran diciendo.

juego: los jugadores preguntan o dan una información y el compañero interesado responde o confirma que la ha recibido para no apartar su atención de la acción, especialmente en momentos de tensión como el combate PVP (*player versus player*) o la caza de grandes monstruos.

Cabe destacar, además, la presencia de figuras *monohablantes*, especialmente *picos*, en los que un mismo jugador ejecuta o sufre una acción y reacciona verbalmente a este hecho. Este tipo de situaciones serán más frecuentes en aquellos discursos dialógicos en los que los hablantes tengan una finalidad que vaya más allá de la propia comunicación, puesto que su atención estará centrada también en lo que hacen (ver § 2.2.2.3.).

(92) V- VI – 17:38

C_acciones:**huye**
C: y aún me ha pillado↑ ¿en serio?↑

A modo de conclusión, a partir de los datos y los ejemplos expuestos en este apartado sobre la distribución de las diferentes figuras, puede empezar a trazarse el dibujo interactivo predominante de los videojuegos: frente a la preeminencia temática y del turno en figuras como el *rastrillo* o la *cremallera* en la conversación, en el género discursivo digital hay fragmentos de diálogos asociados a la comunicación rápida y a la necesidad de respuesta, como el *pico* o el *abanico* (aunque esa última también sea frecuente en la conversación).

Estos análisis permiten comprobar la segunda de las hipótesis (H2) que se había planteado en la metodología y al principio de este apartado: existe una distinción entre la interacción en la conversación y el videojuego *MOBA*. No obstante, a pesar de contar con estos primeros resultados que permiten diferenciar, en parte, el tipo de interacción predominante de ambos discursos, hay otros factores que deben tenerse en cuenta para entender todos los rasgos involucrados en la construcción de los diálogos y que aportan más información que solo la frecuencia de aparición de cada clase de patrón dialógico. Por esta razón, el siguiente epígrafe se dedicará al estudio de una de las características que pueden presentar las figuras independientemente del tipo de diálogo que representen: su composición en tanto en cuanto al tipo de canales.

2.2.2.2. Multimodalidad e intervenciones

El último parámetro que se va a evaluar, conforme a la tercera hipótesis (H3), concierne a las diferencias entre las conversaciones y los videojuegos con respecto al número de intervenciones extraverbales. Según H3, se espera que los diálogos en videojuegos presenten un mayor número de estas en comparación con las conversaciones tradicionales. De esta forma, en cada discurso se han distinguido dos tipos de *figuras* desde el punto de vista de los canales comunicativos involucrados: interacciones en las que las emisiones son siempre verbales, es decir, dependen siempre de los enunciados orales o escritos de los hablantes, y otras en las que hay intervenciones extralingüísticas. Los resultados de su análisis van a exponerse a través de un gráfico de barras que muestre la comparativa de los valores recopilados en cada muestra. Además, estos datos se van a procesar por medio de un *contraste de medias Z* y una *prueba de varianza* que indiquen si existen diferencias en las medias observadas de cada tipo de muestra y en la distribución de sus valores; respectivamente.

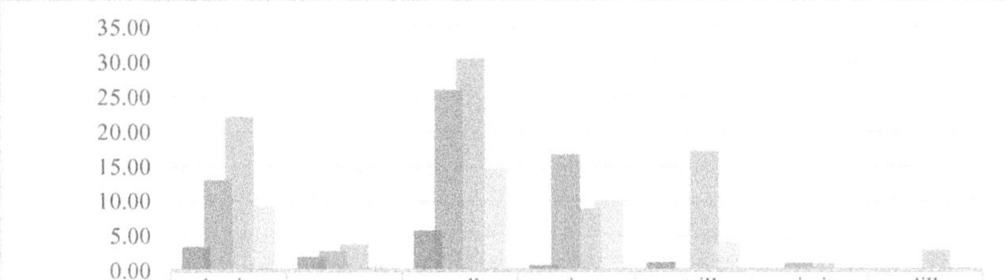

	abanico	cerco	cremallera	pico	rastrillo	pajarita	palillos
Cextraling	3.43	2.02	5.86	0.81	1.21	0.00	0.00
Vextraling	13.13	2.85	26.03	16.78	0.23	1.14	0.00
Cling	22.22	3.84	30.51	8.89	17.17	1.01	3.03
Vling	9.25	0.80	14.73	10.05	4.11	0.34	0.57

Gráfico 10. Tipos de figuras según los canales involucrados

Al examinar el gráfico 10, se puede apreciar que el videojuego presenta un número superior de *figuras* extralingüísticas en comparación con la conversación, aunque las interacciones puramente verbales no muestran diferencias significativas entre ambos. Este dato viene refrendado estadísticamente, ya que la diferencia es significativa en las interacciones que involucran elementos extraverbales, como lo confirman las pruebas de contraste de medias (p = 0,04) y de varianza (p < 0,0001). En cambio, no se detectan diferencias significativas en las interacciones compuestas exclusivamente por enunciados verbales, con un valor p de 0,685 en la prueba de medias y de 0,807 en la de varianza.

Tabla 48. Contraste de tipos de figuras según los canales involucrados entre la conversación y el videojuego

	Figuras lingüísticas	**Figuras extraling.**
Contraste de medias (prueba Z)	**P = 0.685**	P = 0.040
Contraste de varianzas (F de Fisher)	**P = 0. 807**	P = <0.0001

Una consecuencia de este análisis es que los contrastes realizados en § 2.2.2.1 a partir del tipo de figura pueden revisarse: la *cremallera* o el *abanico*, patrones interactivos que presentaban números similares en ambos tipos de discursos, en el videojuego aparecen muchas más veces cuando hay algún tipo de intervención no verbal involucrada, mientras que en la conversación estos números se invierten.

(93) V-I – 24:01

C_acciones:**ataca**
B: Katerina KO y / ¡noo!^ / ¿c'has hecho Jandro? ↓
C: da igual / dale Fernan↓

(94) V-IV – 19:31

S_acciones:**ulti**
S: o[oh]
D: [oh] no tengo nada

Asimismo, la figura del *pico* o el *par adyacente* se genera más frecuentemente en el universo digital con la combinación de una intervención lingüística y otra que no lo es. De hecho, es posible, incluso, que tanto la acción como la emisión verbal las produzca el mismo participante (ejemplos 95 y 96); un tipo de comportamiento que no se ha observado en las conversaciones grabadas:

(95) V-I – 24:21

Enemigo_acciones:**escapa**
C: qué mentira no puede ser verda' eso tío↓ // a cinco de vida→

(96) V-IV- 21:29

C_acciones:**presiona su línea**
C: madre mía que animala' cómo chupa maná este personaje↓

En resumen, otro distintivo entre la conversación y los videojuegos *MOBA* es la prevalencia de comportamientos extraverbales, ya sean generados por los participantes o inherentes al contexto del juego. Esta tendencia respalda la idea de que, en el videojuego, los jugadores distribuyen su atención, manteniéndose alerta tanto a las comunicaciones verbales como a la consecución de un objetivo compartido: ganar la partida. Así, la interdependencia observada entre la comunicación y las acciones dentro del entorno digital refuerza la conexión existente entre este tipo de discurso y el componente transaccional.

2.2.2. Resumen: el comportamiento interactivo grupal

A partir de la visualización y análisis de la interacción grupal de los participantes se ha podido comprobar que existen diferencias suficientes para distinguir la comunicación a través del videojuego *MOBA* de una conversación. En consecuencia, estos pueden clasificarse como géneros discursivos distintos desde un punto de vista interactivo a partir de los siguientes rasgos:

Tabla 49. Resumen de los rasgos de la conversación y del videojuego MOBA

Rasgo de la hipótesis comprobado	Conversación	Videojuego MOBA
H2: Figuras representativas	*Rastrillo*: secuencias de relato conversacional	*Pico*: intercambios de información breves
H3: Incidencia de lo extralingüístico	Poca dependencia de las acciones	Mayor dependencia a las acciones

En primer lugar, la comparación de las figuras ha revelado que existe un tipo de comportamiento interactivo que identifica a cada discurso: por una parte, el *rastrillo* es más representativo de la conversación, ya que en ella se producen secuencias de habla en las que un interlocutor puede mantener su turno por un espacio de tiempo relativamente extenso, una situación que no es frecuente en el videojuego debido a sus circunstancias. Por otra parte, en el discurso digital la figura con mayor importancia es el *pico*, un tipo de interacción caracterizada por su brevedad y por relacionarse, en el videojuego, con temáticas transaccionales como la petición de una información o el aviso de determinadas situaciones que no puedan ver todos los miembros del equipo. Por el contrario, otro aspecto que se revelaba en el contraste de *figuras* era la semejanza de comportamiento de algunos patrones interactivos en ambos discursos, especialmente en la *cremallera* y el *abanico*; secuencias asociadas a la continuidad discursiva y a la reacción múltiple, respectivamente.

Asimismo, esta tendencia se mantiene de manera general. El número de *figuras* por minuto es mucho mayor en el videojuego, una característica que demuestra que este discurso presenta un mayor dinamismo interactivo; rasgo relacionado, de nuevo, con el alto número de intervenciones extralingüísticas que, incluso, llegan a interrumpir diálogos en marcha. Es decir, se trata de un tipo de interacción más cambiante debido a su dependencia transaccional, que le da mayor importancia a cada suceso; hecho contrapuesto a la tendencia interpersonal de la conversación.

En relación con esto, la composición general de las figuras es también diferente desde el punto de vista de los canales comunicativos involucrados. La *cremallera* y el *abanico* suelen tener siempre algún tipo de acción involucrada. De hecho, el *abanico* en el videojuego suele estar compuesto por una intervención extraverbal que es la encargada de provocar la reacción de los jugadores. Además, parte de estas interacciones también son comentarios de algún suceso ajeno o propio que no tienen mayor repercusión discursiva que rellenar fragmentos de silencio.

En resumen, la conversación es un discurso caracterizado por la continuidad discursiva, su finalidad interpersonal, la dependencia constante con lo dicho y la predominancia de las intervenciones verbales. Por su parte, el videojuego es un espacio comunicativo en el que hay una mayor *fragmentación* interactiva, ya que se trata de un discurso muy dependiente de los sucesos extraverbales que, incluso, llegan a predeterminar, en parte, los turnos y el inicio de nuevas secuencias interactivas; rasgo relacionado también con la mayor brevedad de las interacciones (Badia, en prensa).

Con este análisis, por tanto, se ha conseguido establecer un primer acercamiento a la comunicación de los videojuegos *MOBA* a través de su comparación con un género más conocido y estudiado por la bibliografía, como es la conversación. Con ello, se ha hecho evidente que existen rasgos suficientes tanto en la situación como en la interacción que diferencian la construcción del discurso en esta clase de entorno digital de la conversación. Esto, en definitiva, lo dota de entidad propia, razón por la que merece la pena su estudio de manera individual.

5 La batalla final

La interacción de los videojuegos cooperativos en línea

1. Rasgos generales de los MOBA: un tipo de videojuego de comunicación MIXTA

Los *MOBA* como el *League of Legends* (2009) son una clase de videojuegos en los que confluyen dos circunstancias que determina la atención y acción de los usuarios: se trata de programas que tanto enfrentan como llevan a colaborar a sus jugadores. A continuación, se resumirán los rasgos expuestos en el capítulo 2 con el fin de tenerlos presentes para ponerlos en relación con el análisis y estudio que se va a desarrollar a lo largo de este capítulo.

Tabla 50 [5]. Agrupación de videojuegos según el tipo de comunicación (solo Mixta) [Badia, 2023 y en prensa]

Tipo de comunicación	Rasgos	Ejemplos
Mixta	- El sistema ofrece información general de la partida e individual - La pantalla es individual - Interacción grupal, competitiva y narrativa	***Shooters online***: - *Team Fortress 2* (2007) - *Call of Duty 2* (2005) ***MOBA***: - *League of Legends* (2009) - *Heroes of the Storm* (2013) ***MMORPG:*** - *World of Warcraft* (2004) - *Eve Online* (2003)

Uno de los primeros aspectos que se ha comentado es la relevancia de la distribución de la información en pantalla y las distintas formas en las que el sistema de juego tiene de comunicarse con sus usuarios: las estadísticas que se muestran de forma constante sobre el estado general de la partida, la información personal de cada jugador o el anuncio de ciertos sucesos relevantes del juego. Asimismo, la manera en la que los usuarios pueden comunicarse también tomará distintas formas de acuerdo con la composición de equipo o el objetivo del mensaje: el canal oral solo está disponible para los miembros de un mismo equipo que se han agrupado antes de la partida, mientras que el *chat* es la modalidad que está disponible siempre. Del mismo modo, los participantes cuentan con una serie de señales que pueden emplearse para transmitir mensajes cortos y señalar ubicaciones relevantes. Cabe añadir, además, que este elemento es empleado de manera recurrente tanto de manera aislada como acompañando de enunciados verbales.

En consecuencia, los interlocutores en este espacio discursivo cuentan con tres canales de comunicación, además de las acciones ejecutadas por medio de sus avatares: 1) el canal escrito para la comunicación de problemas técnicos o para el envío de mensajes con desconocidos (sean del equipo enemigo o del propio), 2) el oral para la interacción regular del grupo preconfigurado y 3) las señales deícticas que indican una ubicación en el espacio virtual.

Otro aspecto que se ha comentado es el tipo de visión que tiene cada jugador. Además de la información que ofrece el sistema, la interfaz muestra una cámara en tercera persona alrededor de su personaje, al cual desplazan a través de *clics* por la pantalla o el minimapa. Cabe tener en cuenta que cada jugador cumple un rol en el equipo que se mueve normalmente por una zona determinada en el mapa. Por esta razón, el control de los eventos de la partida no dependerá solo del usuario de manera individual, sino también de la colaboración con sus compañeros.

Por su parte, el sistema interactúa con los jugadores a través de diversos mecanismos cuyo objetivo es completar la experiencia de juego acorde al universo digital en el que los sumerge. De esta manera, la interfaz ofrece información que atañe a tres aspectos: en primer lugar, datos relativos a las estadísticas de cada personaje en tanto a sus habilidades y a sus acciones en el juego (asesinatos, muertes y asistencias) a lo que cada usuario accede de manera particular y que puede decidir compartir o no con sus compañeros de equipo. En segundo, las estadísticas generales de la partida en forma de marcador para todos los jugadores sean del equipo que sean, como las muertes totales de cada equipo o el tiempo transcurrido de partida. Por último, mensajes eventuales que comunican algún suceso relevante a los usuarios que se muestran en el centro de la pantalla y quedan registrados en el chat de la partida.

A través de los párrafos anteriores se ha hecho un resumen de la configuración que presenta este videojuego (cfr. § 5.1. del capítulo 2). Estos rasgos son un primer acercamiento al tipo de interacción, puesto que esta no deja de estar influida por la estructura y mecanismos que definen la situación que se produce en los *MOBA*. En otras palabras, los canales comunicativos, la posición en el equipo, la interfaz, la ubicación en el mapa o la jugabilidad son factores que determinan la manera en la que los jugadores se comunican.

Por todo ello, dentro del universo comunicativo que forman los videojuegos multijugador, la comunicación se puede clasificar como *mixta*, es decir, un género de videojuegos en el que el sistema ofrece información general e individual, la pantalla es personal y los usuarios mantienen una interacción mayormente cooperativa, además de la posibilidad de hablar con los contrincantes. Estas características se pueden analizar para comprobar qué realización material tienen tanto en el nivel estructural del discurso como en el contenido. El resumen de las hipótesis que se han planteado respecto al funcionamiento de la interacción se presenta de manera resumida en el siguiente cuadro:

Tabla 51. Cuadro resumen hipótesis, apartados y pruebas (resumen tabla 38)

Hipótesis macro: la comunicación en el videojuego se define por	**Apartado**	**Pruebas**
H1: Interacción breve, fragmentada y simple, independientemente de la circunstancia H2: Mayor uso del canal escrito cuando hay menos jugadores *premade* en el equipo	Composición de equipo: número de jugadores (§ 3.1.)	- Análisis de componentes principales
H3: Los modos de juego no presentan diferencias significativas en sus características comunicativas	Modo de juego (§ 3.2.)	- Prueba *T-student*
H4: Interacción dependiente del sistema de juego H5: Los mensajes con contenido sobre los jugadores serán más proclives a ser *turno*	El papel de la máquina (§ 3.3.)	- Prueba *T-student* - Análisis de componentes principales

De esta forma, el capítulo se estructurará de la siguiente manera: inicialmente, se revisarán los resultados previamente obtenidos de la comparación entre la conversación y el MOBA, pero esta vez con un enfoque centrado en el videojuego. A partir de aquí, se realizará un análisis detallado de todas las grabaciones recopiladasdel discurso digital. Dicho análisis considerará variables específicas a este tipo de discurso, tales como la composición del equipo (§ 2.1.), los modos de juego (§ 2.2) y el rol de la máquina (§ 2.3).

2. La interacción en los videojuegos MOBA

Los seres humanos tienden a organizarse de manera que la realización de sus metas se simplifique. En contextos transaccionales, la comunicación y, por ende, la interacción, se convierten en elementos cruciales para planificar y manejar eficientemente las situaciones a las que se enfrenta un grupo, especialmente cuando los miembros comparten un objetivo común. En dichos escenarios, es común que la responsabilidad y funciones se distribuyan entre los participantes, de forma que sea más fácil abordar las tareas necesarias para obtener el éxito. Los videojuegos cooperativos son un ejemplo de esta circunstancia comunicativa: todos los jugadores comparten la intención de ganar y el hecho de pertenecer a un equipo en el que, normalmente, cada uno ocupa un rol.

En el capítulo anterior se ha podido observar qué clase de figuras definen a esta clase de comunicación en relación con la conversación. En este sentido, la interacción cobra unas formas que identifican al género discursivo como un contexto *fragmentario* y con cierta *predeterminación en el turno*:

Tabla 52. Cuadro resumen de las características interactivas generales de los videojuegos MOBA

Figuras	Composición
Pico	+ extralingüísticas (intervenciones iniciativas o reactivas)
Abanico	
Cremallera	

Asimismo, la interacción se caracteriza por diálogos cortos, provocados normalmente por sucesos relativos a la propia partida que o bien necesitan de la reacción del jugador afectado, como muestran la gran cantidad de picos y cremalleras breves en este discurso (97 y 98) o bien por la reacción múltiple a un mismo suceso, como demuestran los abanicos (99):

(97) V-II – 18:35

Enemigos_acciones:**aparece en top**
C: fuera fuera fuera fuera fuera fuera

(98) V-II 20:01

B_acciones:**escapa**
B: madre mía la cinturita del yordel

(99) V-II – 24:30

C_acciones:**observa estadísticas enemigos**
C: no tienen nada de AP en realidad↑
A: no el Vel'Khoz↓
C: pero el Vel'Khoz pff / tiene dañoo eh que más que daño mágico es daño verdadero↓

(100) V-I – 15:11

C: Tengo ulti↓ / focus Lux→ / que es más [(squici)]↓
B: [ella está haciendo back] →
A: (CARRASPEO) // sí yo tengo ulti también→

El videojuego cuenta además con una función relevante para la dinámica del equipo: un mismo hablante puede generar un pequeño diálogo extralingüístico, dado que él mismo puede reaccionar o anunciar sus propias acciones. De hecho, este pequeño *monólogo* multimodal puede llegar a componerse de más de dos interacciones, pues es posible que se sucedan, por ejemplo, el anuncio de una acción, su ejecución y el comentario de este (101):

(101) V-IV – 22:50

S: m- m- mm voy a poner aquí un ward / cuidado
S_acciones:**pone un ward**
S: oh mira // voy / voy
S_acciones:**pone un ward**
S: ala / a tomar por saco

Esta interacción individual cobra especial importancia en en el discurso digital. Como los jugadores ocupan espacios de juego diferentes durante gran parte de la partida, la mayoría del tiempo no son conscientes de lo que sucede en otras ubicaciones. Por esta razón, muchos de ellos comentan sus acciones o los sucesos más importantes de sus líneas, de manera que, aun sin recibir reacción de sus compañeros de manera explícita, contribuyen a mantener al equipo actualizado con la información más relevante de la partida.

En resumen, estos rasgos son necesarios para entender qué elementos son relevantes en la construcción de la interacción de los videojuegos MOBA. A lo largo del capítulo 4 se ha expuesto el tipo de figuras predominantes en la comunicación de equipos completos a través de la comparativa con la conversación. Ahora, en el apartado siguiente estos datos se complementarán, por un lado, observando la influencia de la composición del equipo preconfigurado (§ 2.1.), es decir, la cantidad de jugadores que se han agrupado antes de la partida; y, por otro, la clase de partida que se desarrolle (§ 2.2.).

2.1. La composición de equipo

Una de las características de este videojuego es que los usuarios se agrupan en equipos de cinco miembros que pueden mantenerse en contacto entre ellos, sea cual sea la circunstancia de partida. En este apartado se va a estudiar qué tipo de interacción se crea en cada composición de equipo y si existe un patrón general de conducta que se mantenga constante. Este análisis pretende comprobar la primera hipótesis (H1) relacionada con la descripción de este género discursivo: la interacción en el videojuego *MOBA* se mantiene con las mismas figuras de manera general independientemente del número de integrantes del equipo.

Por esta razón, se ha observado qué figuras son las más representativas de cada clase de equipo[65]:

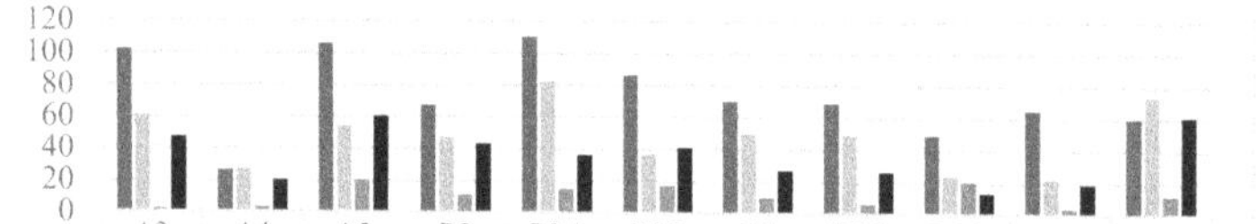

	A3	A4	A5	R2	R3.1	R3.2	R4	R5.1	R5.2	R5.3	R5.4
■ CREMALLERA	102	26	106	67	110	86	70	69	49	65	60
■ PICO	61	27	54	47	82	37	50	49	24	22	74
■ RASTRILLO	2	3	20	11	15	17	10	6	20	4	12
■ ABANICO	47	20	60	43	36	41	27	26	13	19	61

Tabla 53. Figuras por composición de equipo

La tabla presenta los datos obtenidos de las grabaciones, tanto en partidas *Aram* [A] como en Reclutamiento [R], con al menos una muestra de todas las composiciones posibles (de 2 a 5 jugadores). En cada una de ellas se han registrado el número de *cremalleras*, *picos*, *rastrillos* y *abanicos*. Tal como se discutió en el capítulo anterior, este fenómeno puede explicarse por la necesidad imperante de los participantes de mantener su atención enfocada en la partida. Esta concentración intensa impide que los jugadores generen o sostengan intervenciones y diálogos extensos, independientemente de la composición específica de su equipo. Los pocos que pueden observarse, por lo general, emergen durante las pantallas de carga, como ilustra el ejemplo 102, o se presentan en situaciones en las que se reacciona de manera abrupta por medio de acciones o intervenciones de otros usuarios, según se evidencia en el fragmento 103. No obstante, en

65 Se han dejado fuera las figuras que tenían un recuento muy bajo como los *palillos*, *pajarita* o el *cerco* con el fin de presentar unos datos más claros.

cualquier circunstancia, estos rastrillos raramente se prolongan más allá de dos o tres intervenciones.

(102) V-II – 8:05

C: [yo flojeoo] yo flojeo mucho con la línea de bot a la hora de gankear así que los ganekos en bot para mí son escasos
A: [a ver es una Saya]
C: [me centro (( )) en top]
A: [una] Saya y un [Vel'Khoz]
C: [y en mid] me da igual / [os lo digoo ↑] os lo digo porque no juguéis muyy agresivo↑

(103) V-x – 8:53

C: ¿estoy solísimo verdad?↑
A: sí
D: sí
C_acciones:**escapa**
A: pero eso te lo tienes que preguntar antes Jandro

Por otro lado, la *cremallera* se mantiene como el patrón interactivo con el mayor número de apariciones en todas las ocasiones. Esta figura, en general, presenta normalmente una extensión breve (Badia, en prensa) y normalmente con alguna intervención extralingüística involucrada, puesto que un gran número suelen componerse de 4 o menos intervenciones por segmento (45 % por ciento), muchos de ellos incluso motivados por una acción o suceso del juego; una tendencia que se repite también en los picos tal y como se ve en el gráfico 11:

	R1	R2	R3	R4	R5	R6	A7	A8	R9	R10	A11
Pico E	51	39	34	43	59	41	23	14	21	34	52
Pico L	10	15	13	7	23	8	4	8	3	3	22
Cremallera E	87	82	48	53	74	54	20	50	37	74	44
Cremallera L	15	24	19	17	36	15	6	15	12	12	16

Gráfico 11. Picos y Cremalleras clasificados por tipo de figura según el canal (lingüístico [L] o extralingüístico [E])

En cuanto a los *abanicos*, aunque su presencia es menos frecuente comparada con los otros dos tipos de segmentos, se pueden encontrar en cualquier muestra recopilada del videojuego. Su composición sigue un patrón similar al de los segmentos previamente mencionados: generalmente, están motivados por un evento o acción no verbal que ocurre durante la partida. Sin embargo, estos tienden a manifestarse en momentos de silencio o durante diálogos que no son cruciales para el progreso del juego. En estos instantes, una acción significativa captura la atención de los jugadores, dando lugar a una intervención extralingüística inicial:

(104) V-I - 25:57

(3")
D_acciones:**mata a un enemigo**
A_acciones:**mata a un enemigo**
C: (crida a la critis)↓ / tira^
B: madre mía

(105) V-X - 23:54

(3")
B_acciones:**escapa**
S: jodeer
A: es que Alejan tío
C: quee es lo que hay↓

En resumen, al considerar la distribución de las muestras, se identifica una tendencia general en los segmentos interactivos predominantes. Esta tendencia es independiente tanto del número de participantes en el equipo como de la forma y composición de los segmentos. La extensión promedio de los diálogos en este tipo de discurso se mantiene cercana a las cuatro intervenciones, un número sensiblemente inferior en cualquier caso a los datos que presentaban las conversaciones analizadas en esta investigación.

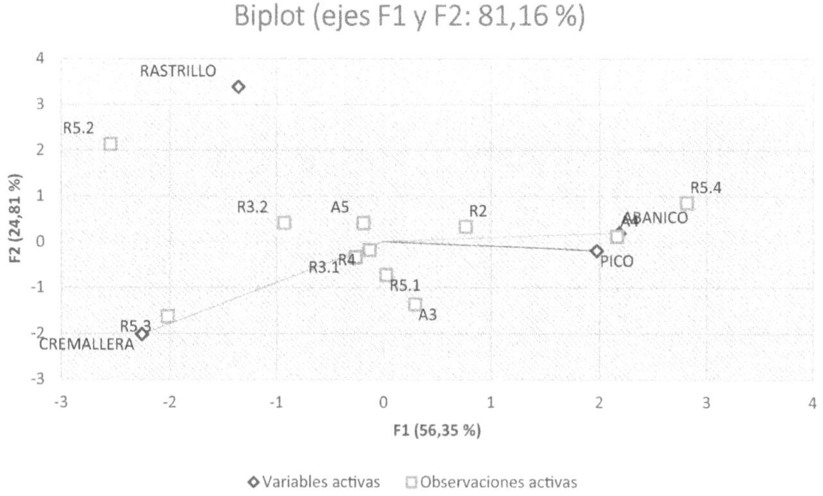

Gráfico 12. Análisis de componentes principales de las figuras por participantes

Por último, si se cruzan las partidas con las *figuras* mediante la visualización de un análisis de componentes principales (ACP), se observa que la mayoría de las grabaciones se agrupan cerca del eje central, indicando comportamientos interactivos similares entre ellas. Este agrupamiento central sugiere que el *rastrillo*, situado en uno de los extremos del gráfico, es una *figura* poco común en la mayoría, aunque con una excepción notable. Asimismo, a pesar de que la cremallera es numéricamente significativa, no es la característica definitoria de estos discursos. En cambio, la combinación de *cremallera*, *pico* y *abanico* sí parecen ser más característicos del discurso de los videojuegos *MOBA*.

Por lo tanto, a la luz de estos resultados, se puede concluir que existe un comportamiento interactivo se mantiene constante independientemente del número de jugadores que participen en el canal oral. La consistencia en la interacción sugiere un modelo de comunicación inherente a los videojuegos *MOBA* que no depende significativamente del tamaño del grupo participante.

Por otra parte, cabe observar si existe alguna diferencia en el tipo de canales empleados en cada composición de equipo (H2): el oral, el escrito o las señales:

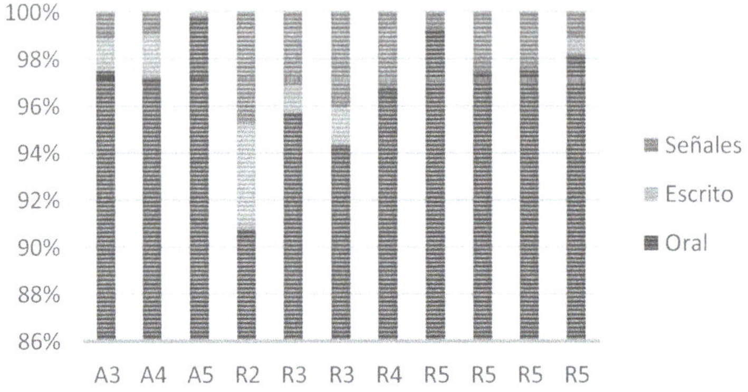

Gráfico 13. Porcentaje de uso de canales comunicativos en el videojuego

El gráfico anterior presenta un porcentaje de uso de cada uno de los canales disponibles en el videojuego destinados a la comunicación. En él se destaca que la oralidad es la forma preferida para casi cualquier configuración de equipo. Esto, como se ha reseñado en el epígrafe anterior, se debe a que los enunciados orales no interfieren directamente en la dinámica de la partida, dado que pueden producirse de manera simultánea mientras se realizan acciones en el juego (ejemplos 106 y 107). Por su parte, los canales escrito y deíctico del juego son empleadas de manera más accesoria, aunque el último mantenga una presencia constante en casi cualquier tipo de agrupación de equipo, ya que en ocasiones es necesario señalar el lugar exacto en el que está ocurriendo algún suceso (ejemplo 108).

(106) V-I – 36:24

D: voy a hacer el split pu(ch) en top ¿vale?↑
D_acciones:**presiona en top**

(107) V-II- 16:45

C_acciones:**descubre un enemigo**
C: pues [mira mira]
B: [el Lee Seen]
C: venid venid
B_acciones:**se dirige a mid**
B: voy voy
S_acciones:**se dirige a mid**
B: ee yendo
S: es que no podía pasar por delante de estos↑

(108) V-x – 25:33

B_acciones: **señala un punto en el mapa**
B: drake
S: sí van a hacerse eel dragón

Sin embargo, son destacables los datos de la grabación *R2*, que cuenta con solo dos jugadores *premade*. En ella se observa que sí hay un reparto equitativo entre los canales disponibles del videojuego. Esto se debe, fundamentalmente, al hecho de que más de la mitad del equipo no tiene acceso al canal oral, con lo que cierta información relevante debe comunicarse de manera que llegue a todos los compañeros, es decir, utilizando el canal escrito o las señales deícticas.

En definitiva, se puede observar una constante que se mantiene independientemente de las diversas composiciones de equipo presentes en el juego: ni el tipo de *figuras* que predominan en las interacciones dentro del videojuego MOBA, ni su extensión, ni los canales de comunicación que se emplean más frecuentemente, parecen ser significativamente afectados. Este hallazgo es crucial, ya que nos señala que la estructura dialógica, o la forma en que los diálogos y las interacciones se estructuran y desarrollan en este tipo específico de discurso que se da en los videojuegos, se mantiene de manera notablemente constante y uniforme. Esto sucede incluso cuando se presentan cambios en los participantes que tienen acceso al canal oral durante el juego.

De esta forma, el canal oral no solo es una opción disponible, sino que se convierte en el medio de comunicación preferido entre los jugadores en casi todas las circunstancias y contextos dentro del juego. Además, es crucial entender que la dinámica de los diálogos e interacciones se desenvuelve predominantemente entre aquellos jugadores que tienen acceso a este canal oral. Esto es así especialmente cuando estos jugadores representan más de la mitad del grupo total de participantes en una partida, es decir, cuando hay tres o más jugadores involucrados. La excepción la representan los equipos compuestos por dos jugadores *preconfigurados*, en los que se emplean de manera equitativa tanto el canal oral como el escrito.

Habiendo validado y confirmado tanto la primera como la segunda hipótesis que se plantearon inicialmente, la siguiente sección se dirigirá a comprobar si existen diferencias entre los dos modos de juego disponibles en este videojuego *MOBA*. Con el mismo enfoque analítico seguido hasta el momento, se desglosará el esquema interactivo que se presenta con el fin último de obtener una comprensión más profunda y matizada de cómo se configura y estructura la comunicación en este tipo de videojuegos. Este análisis nos permitirá, además, verificar si la estructura de los diálogos mantiene su consistencia incluso cuando se introducen modificaciones a ciertas reglas del juego.

2.2. Los modos de juego

En el *League of Legends* (2009) existen dos modos de juego: el clásico y el *ARAM* (ver § 4.1. del capítulo 2). El primero es la forma principal que caracteriza al videojuego, en el que los miembros de un equipo deben ocupar unas localizaciones en el mapa y desempeñar roles específicos. El segundo es un tipo de partida en el que los jugadores, aun pudiéndose agrupar de manera previa, no escogen a los personajes, sino que es el sistema el que los asigna de manera aleatoria.

En el presente epígrafe va a comprobarse la tercera hipótesis (H3) relativa a la descripción de este género de acuerdo con la interacción: se mantiene una tendencia general del tipo de *figuras* que definen este discurso independientemente de la circunstancia; en este caso, el modo de juego. Para ello, se retoman los datos clasificados de acuerdo con el tipo de partida y, posteriormente, se procesarán mediante una prueba *T-student* que determine si hay diferencias en sus medias desde una perspectiva estadística.

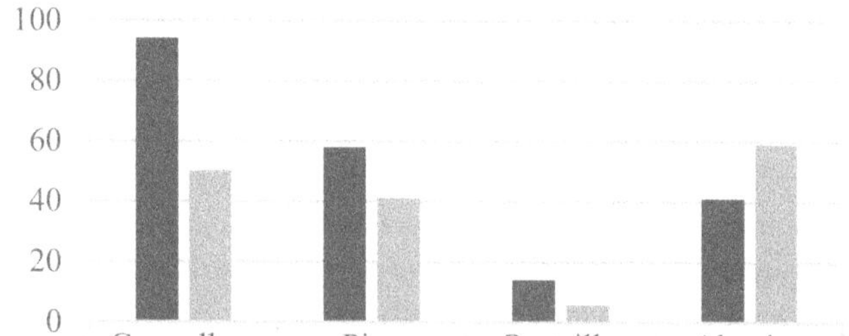

	Cremallera	Pico	Rastrillo	Abanico
Reclutamiento	94	58	14	41
ARAM	50	41	6	59

Gráfico 14 y. Media de figuras por tipo de partida

El Gráfico 14 muestra el comportamiento interactivo promedio en los dos tipos de partidas. De manera general, se observa un patrón de interacción similar entre ambos modos de juego, con la excepción notable de las *cremalleras*. Este tipo de *figura* tiene una presencia significativamente mayor en las partidas de Reclutamiento en comparación con las de *ARAM*. En contraposición a esto, las otras figuras representativas del género —*pico, abanico* y *cremallera* (ver § 2.1.)— exhiben una distribución más equilibrada en las partidas de *ARAM*. Estas conclusiones vienen apoyadas también desde una perspectiva estadística: los resultados de realizar un test T-*student* para comparar las medias de estos datos respalda la hipótesis de que no hay diferencias significativas entre los dos modos de juego, ya que el valor p obtenido (0.554) es superior al umbral de 0.05, indicando que las diferencias observadas no son estadísticamente significativas.

Asimismo, se ha comentado ya que el videojuego es un universo digital en el que los participantes realizan acciones con sus avatares mientras se comunican, razón por la que estas se introducen también en la interacción. De esta forma, los jugadores pueden reaccionar mediante ellas a los distintos sucesos del juego o a los enunciados de sus compañeros, es decir, se trata de un discurso multimodal (ver apartado § 3. del capítulo 2 y § 2.2.2.2. del capítulo 4).

Esta circunstancia propicia una situación inusual en los discursos dialógicos interpersonales que ya se ha comentado en los anteriores epígrafes: los usuarios pueden generar diálogos por sí mismos, combinando sus acciones con el comentario de estas, reaccionando a sus propios movimientos. De nuevo, esta forma de interacción y comunicación se presenta de manera similar en ambos modos de juego analizados:

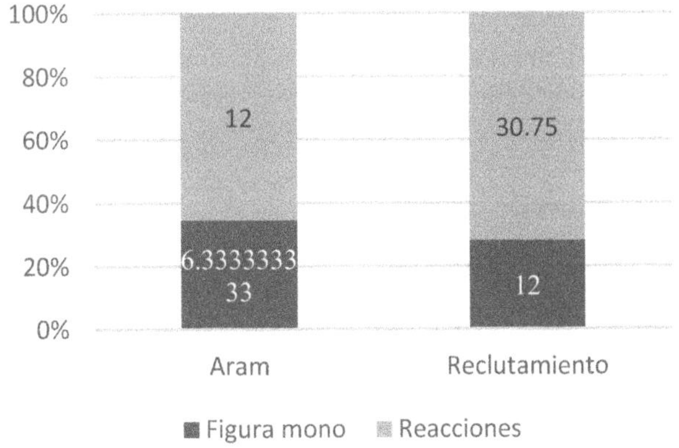

Gráfico 15. Media de figura monohablantes y reacciones a uno mismo

Después de ver estos datos se refuerza tanto la primera hipótesis (H1) como la tercera (H3) en las que se concluye que esta clase de videojuego, independientemente del modo de juego y las reglas que afecten a la partida, mantiene una constante interactiva que lo identifica de manera general: los jugadores siguen manteniendo el mismo objetivo común y, por lo tanto, su transaccionalidad. En consecuencia y a la luz de los datos, puede concluirse que la interacción de los MOBA presenta una forma comunicativa que los identifica gracias a que se mantienen una serie de constantes en el contexto además de la meta común, como el tipo de jugabilidad, la organización de los jugadores o los personajes disponibles.

En todas estas interacciones se ha tenido en cuenta un integrante que posee unas características especiales: el sistema de juego. Por esta razón, el siguiente segmento del análisis se centrará en explorar cuál es el papel interactivo que puede atribuirse y qué semejanzas y diferencias presenta con las del resto de jugadores. Este examen permitirá entender cómo el sistema de juego contribuye a la estructura y dinámica de la comunicación dentro del videojuego y cómo influye en las constantes identificadas previamente en los diferentes modos de juego.

2.3. El papel interactivo del sistema de juego

Desde sus inicios, los videojuegos se han basado en el control de elementos, personajes o avatares que realizan acciones que estén programados en su código respondiendo a los deseos de los usuarios. Para facilitar su jugabilidad, el sistema de juego ofrece ciertas informaciones adaptadas al estilo de juego y que permiten regular el comportamiento de las partidas, como marcadores para simuladores de deporte (imagen 52), barras de estado en RPGs (imagen 53) o tutoriales con secuencias de juego (imagen 54), entre otras.

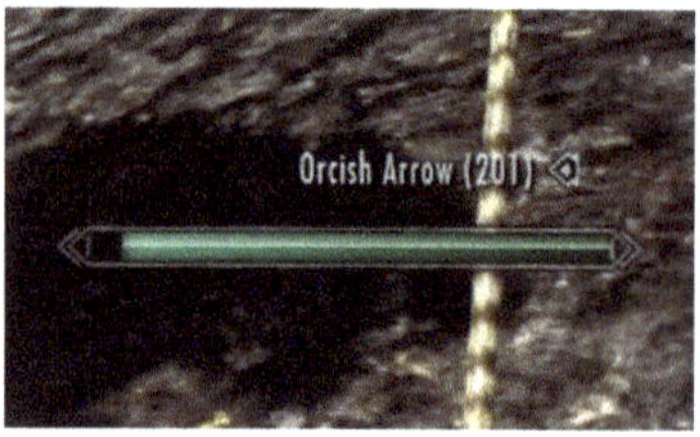

Imágenes 52 y 53. Barra de estado del personaje de Skyrim (2011) y marcador del FIFA 2020 (2019)

Imagen 54. Captura de un mensaje tutorial del Rayman 2 (1999)

En su evolución, estos han ido volviéndose más complejos y, por lo tanto, el tipo de información que ofrecen se ha ido especializando. En los videojuegos multijugador, especialmente en los *online* en los que cada jugador cuenta con una interfaz individual, la máquina debe comunicar determinados sucesos para que todos los usuarios de una partida estén informados. Esto puede realizarse de dos formas: con el mismo mensaje para todos los usuarios o adaptados a cada equipo o jugador (cfr. § 3. del capítulo 5).

En los *MOBA* existen tres tipos de situaciones importantes que necesitan ser conocidas por los jugadores (ver § 5. del capítulo 2): 1) la muerte de personajes y monstruos con bonificaciones, 2) la destrucción de estructuras y 3) la desconexión y reconexión de compañeros de equipo. Como consecuencia de esto, el desarrollo del discurso puede verse interrumpido por ciertos mensajes emitidos por el sistema de juego (SJ), como sucede en el fragmento siguiente:

(109) V-ɪ -10:32

D_acciones:**mata a dos enemigos**
Enemigo_acciones:**mata a un enemigo**
SJ: ha muerto un enemigo
D: bueno me lo he cargao↓
SJ: ha muerto un aliado
A: ¿el Lee Seen llevaba rojo Patrii?↑
SJ: Asesinato doble
D: Pf no me fijao creo que sí que lo llevaba↓
C: m / pues en- t'has hecho una doble en bot tú sola↓

El objetivo, por tanto, con este elemento es doble: por un lado, observar qué papel tiene en la construcción de la interacción grupal y, por otro, comprobar si presentan rasgos suficientes para compararlos con las intervenciones humanas. Para ello, se ha introducido al sistema de juego y sus intervenciones en el esquema interactivo como si se tratara de un participante más. Con ello se pretende comprobar las hipótesis 4 y 5 para la descripción de este género discursivo: (H4) la construcción de la interacción depende también de los mensajes del sistema de juego y (H5) las intervenciones del sistema de juego son consideradas por los usuarios como *turno*, especialmente cuando se refieren a información sobre los jugadores.

Con esta finalidad, se han analizado los mensajes de la máquina para clasificarlos en el nivel interactivo y estudiar cómo se relacionan con los diálogos de los usuarios. Para ello, se han empleado dos estadísticos descriptivos, un *gráfico de barras* y un *análisis de componentes principales*, que ayuden a observar qué clase de comportamiento presenta esta entidad respecto al resto de jugadores. Además, estos datos se han contrastado por medio de una *T-student* que compare las medias de los tipos de intervención del sistema de juego con las de cada uno de los interlocutores.

A continuación, se ha clasificado las intervenciones de la máquina en *turnos* y *no turnos* de acuerdo con el tipo de información que ofrecen a los jugadores por medio de un *gráfico de barras*, una forma de comprobar qué tipo de contenido resulta más relevante para los jugadores. Estos datos, de nuevo, se han comprobado por medio de otra *T-student* que compruebe si existen diferencias en las medias de estos dos tipos de intervención.

De esta manera, el gráfico 16 representa la distribución de los tipos de intervención para cada participante:

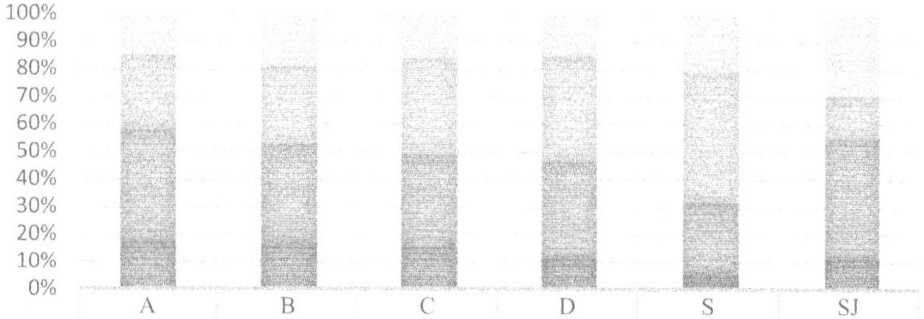

	A	B	C	D	S	SJ
Ind	18	23.2	19.1	16.78	20.4	20.54545455
R	33.4	34.8	42.6	44.56	47.2	11.2
R-I	50.4	44.8	40.9	39.89	25.6	30.9
I	21.6	20.8	19.2	13.33	5.5	8.1

Gráfico 16. Tipos de intervenciones de media para cada participante

Los datos muestran que, aunque la máquina exhibe un porcentaje alto de *intervenciones independientes* —una proporción comparable a la de los hablantes

B y S— también registra cifras significativas en relación con los enunciados que se incorporan de manera efectiva a los diálogos. De hecho, más de la mitad de sus intervenciones se categorizan como *iniciativas*, *reactivo-iniciativas* o *reactivas*. Esta observación implica que un porcentaje considerable de los mensajes generados por la máquina es reconocido y tomado en cuenta por los interlocutores humanos durante la comunicación. En otras palabras, los resultados sugieren que los mensajes de la máquina no solo se reconocen sino que también se integran activamente en la dinámica comunicativa del juego. Además, si se filtran estos datos por medio de un *Análisis de Componentes Principales*:

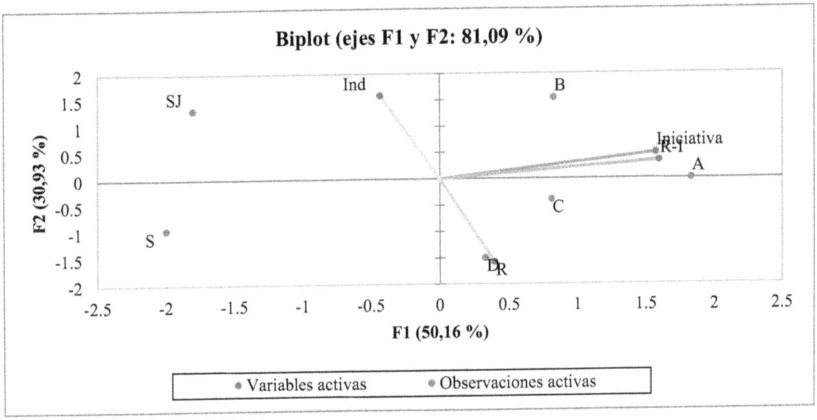

Gráfico 17. Análisis de componentes principales de los tipos de intervención

Cada participante exhibe un comportamiento distinto en relación con el total de sus intervenciones, comportamiento que está alineado con su rol específico en la partida (ver a § 5.1. del capítulo 2). Esta tendencia no solo se aplica a los jugadores humanos, sino que también es evidente en el comportamiento del sistema de juego. Por ejemplo, las intervenciones del hablante B tienden a ser principalmente *independientes*, mientras que el hablante D muestra una propensión a emitir respuestas *reactivas*. En contraste, los hablantes A y C, quienes tuvieron un protagonismo considerable en las grabaciones del videojuego, se inclinan más hacia intervenciones que son tanto *iniciativas* como *reactivo-iniciativas*. En cuanto a la máquina, aunque se acerca a las intervenciones *independientes*, también muestra afinidad con las *iniciativas* y *reactivo-iniciativas* en el plano vertical del gráfico, lo que indica una participación activa y significativa en los diálogos e interacciones dentro del juego.

En conclusión, a pesar de las diferencias existentes entre todos los participantes, los datos no indican que estas sean suficientes para excluir o considerar de forma distinta a ninguno de ellos, ni siquiera al SJ. Es decir, el comportamiento de los mensajes de la máquina sigue la tendencia natural de la del resto de participantes y sus intervenciones forman parte de la interacción. De hecho, su contribución no presenta diferencias estadísticas significativas con las del resto de hablantes, como revela el contraste de cada participante con las intervenciones de la máquina mediante una *T-student*:

Tabla 54. Resultados T-student de los tipos de intervención del sistema de juego (SJ) en relación con las de cada participante

Participante	***T-student***
A	0,680
B	0,660
C	0,194
D	0,426
S	0,545

A pesar de que los resultados indican que, efectivamente, el SJ contribuye a la construcción de los diálogos, deben tenerse en cuenta las diferencias que presenta respecto al resto de participantes humanos. Estas se producen, principalmente, a causa de la naturaleza de su programación, dado que sus mensajes solo pueden reaccionar a las acciones que ocurren durante el juego, no a lo que dicen los usuarios. Sin embargo, esta limitación no impide que sus intervenciones inicien nuevos diálogos o se mezclen con los de los hablantes:

(110) V-x – 29:09

D: oy oy oy
Enemigo_acciones:**mata a un enemigo**
SJ: Aniquilados
S: [ala]
A: [si el] que mejor va soy yo / y no duro nada
D: (RISAS)

(111) **V-II – 12:53**

C: [me la]
S: [mierda]
C: he jugado ahí contra el Darius / es que cuando tiene la pasiva se vuelve mm
Enemigo_acciones:**mata a un aliado**
SJ: ha muerto un aliado
C: yoo
S: buaa / adiós
B: adiós
S: adiós / pero ¿qué t'ha pasaoo?

Debido a esto, cabe detenerse en los mensajes de la máquina y estudiar qué clase de contenido los construye para determinar cuáles son más relevantes para los jugadores (H4). Como se ha explicado anteriormente, existen tres tipos de información que transmite la máquina: muertes (de jugadores [MJ] o de monstruos [MM]), destrucciones de estructuras (D) y conexiones de los usuarios (C), además de los mensajes programados por tiempo (P). Con ello, se pueden diferenciar los distintos tipos de enunciados y observar cuáles son más propensos a introducirse en los diálogos. Para ello, se recuerda que se ha tomado la distinción entre intervenciones *turno* (T) y *no turno* (NT) del grupo Val.Es.Co. (2003 y 2014; Pons, 2022; ver apartado § 2 del capítulo 3):

	C	D	MJ	P	MM
T	1	55	455	18	3
NT	0	52	197	43	8

Gráfico 18. Porcentaje de turnos y no turnos de la máquina clasificados por tipos de contenido

Tabla 55. Resultados del contraste mediante x2 del tipo de contenido de las intervenciones con su clasificación como turno o no turno

Valor de x^2	33,303
Valor de P	<0.0001

En primer lugar, la prueba *chi-cuadrado* (x^2) realizada sobre estos datos proporciona un valor $p < 0.0001$. Este resultado es estadísticamente significativo, ya que indica que existe una asociación entre el tipo de mensaje y si se clasifica como intervención de turno o no turno. Es decir, dado que el valor *p* es muy pequeño, se puede rechazar la hipótesis nula de que estas variables son independientes, sugiriendo que el tipo de mensaje influye en la probabilidad de que sea incorporado en los diálogos entre jugadores.

Por su parte, los datos del gráfico 18 indican la frecuencia de cada tipo de mensaje como intervención *turno* o *no turno*. La información más significativa que puede destacarse es que los mensajes de muerte de jugadores (MJ) son los más propensos a ser incorporados en los diálogos, probablemente porque tienen un impacto directo en la dinámica del juego y son cruciales para la estrategia y el resultado final de la partida. Esta tendencia puede deberse a que estos mensajes están directamente relacionados con el estado de los personajes que los jugadores controlan y, por ende, son de alta relevancia para ellos: si bien no es el objetivo central del juego, el asesinato de los enemigos o compañeros de equipo es clave para conseguir la victoria, puesto que dan experiencia y bonificaciones al autor de esas muertes que puede resultar determinante para ganar una partida:

(112) V-x – 23:51

Enemigo_acciones:**mata a un aliado **
SJ: te han matado
C: locoo→
D: (RISAS)
C: Jayce / seis cero

(113) V-VIII – 19:46

Enemigos_acciones:**mata a un aliado**
SJ: se acabó
D: eh y mira que te he curado ¿eh?↑
C: ya ya pero la hostia que me ha metido ha sido bonita→

Del mismo modo, aunque solo ocurrió una vez en las grabaciones recogidas del estudio, los mensajes referidos a las conexiones de los usuarios (C) son siempre relevantes comunicativamente hablando: la pérdida de un miembro del equipo durante un tiempo indeterminado puede suponer una grave desventaja. Por esta razón, la desconexión y la reentrada de un jugador será siempre comentada, como se observa en (114).

(114) V-VIII - 6:39

SJ: un invocador se ha reconectado
D: ¿quién ha dejado la partida?↓
C: Mar[ta]
D: [¿equis?]
S: yo // pero ya no
D: <cantando>y volvióó otra vez aquíí</cantando>

El siguiente tipo de contenido que también tiene un porcentaje elevado de *intervenciones turno* es la *destrucción de estructuras* (D). Aunque es cierto que para lograr la victoria es necesario destruir las torres enemigas hasta llegar a su nexo, no resulta una información tan relevante debido a que, a excepción de la primera, estas no dan grandes bonificaciones a los equipos. De hecho, hasta llegar a las que guardan la base, muchas de estas torretas son prescindibles y los jugadores no le dan importancia (115 y 116). Por este motivo, más o menos la mitad de estos mensajes no suele generar respuesta en los jugadores.

(115) V-VIII - 23:47

D: a ver es quee→ madre mía
Enemigo_acciones:**destruye una torreta**
SJ: vuestra torreta ha sido destruida
C: [tienen el equipazo]
D: [Seeth] sí- hostias tienen lo más tocho Mordekaisher Seth Yashuo Lux↓
Enemigo_acciones:**destruye un inhibidor**
SJ: vuestro inhibidor ha sido destruido
S: yaa
C: joder
A: síí y nuestraa- nuestraa a- nuestraa Ahri le falta una mano o algo↓

(116) V-II - 29:22

SJ_acciones:**los minions derriban la torre de mid y bot**
A: Vel tira la torre de top
Enemigos_acciones:**destruye una torreta**
SJ: vuestra torreta ha sido destruida
A: y la de bot↓
S: bua / qué ma

Por último, tanto los mensajes programados por tiempo (P) como los referidos a las muertes de los monstruos (MM) no suelen provocar la reacción de los hablantes. Por un lado, los primeros son conocidos por cualquier usuario con un mínimo de experiencia y no aportan ningún dato relevante para el desarrollo de la partida, por lo que los interlocutores siguen su actividad o discurso sin reaccionar (117). Por otro, las intervenciones del sistema de juego MM no suelen tampoco generar respuesta debido a, probablemente, una cuestión técnica de la programación del juego: esto solo se indica mediante un rugido y un mensaje en el chat, de manera que solo los jugadores que estén involucrados o atentos se percatarán de esta información, como se observa en los fragmentos (118) y (119):

(117) V-v – 13:03

A: empieza con la Q
SJ: treinta se[gundos para súbditos]
D: [síí tranquilo guía Garmin está todo] controlado↓
A: [claro]
D: [(RISAS)] (RISAS)
A: ya- ya confío un poco más

(118) V-v -27:28

C: por eso ganaremos ¿eh? no os penséis vosotros quee→
D: noo→ porque voy jungla tío que no te enteras↑
Enemigo_acciones:**mata un dragón**
SJ: rugido
(7")
B_acciones:**pelea con un enemigo**
D: ¡eeh!
B: eh que le he metío un slow↑

(119) V-vɪ -22:19

Enemigo_acciones:**mata a un dragón**
SJ: rugido
S: aah / se han hecho el dragón↓
C: Lee tenía el smithe es quee→

A la vista de los resultados anteriores es posible señalar al sistema de juego como una clase de participante reactivo-iniciativo (*continuador*) que se introduce en la interacción de los hablantes humanos, aunque con una característica que debe tenerse en cuenta: sus enunciados solo se producen cuando ocurren determinados sucesos o transcurre un tiempo específico. Es decir, bajo la distinción de intervenciones *turno* y *no turno* (Val.Es.Co. 2014) que se emplea en esta investigación, sus mensajes reciben el reconocimiento de los jugadores y forman parte de la comunicación entre ellos; especialmente aquellos que informen del estado directo de los jugadores:

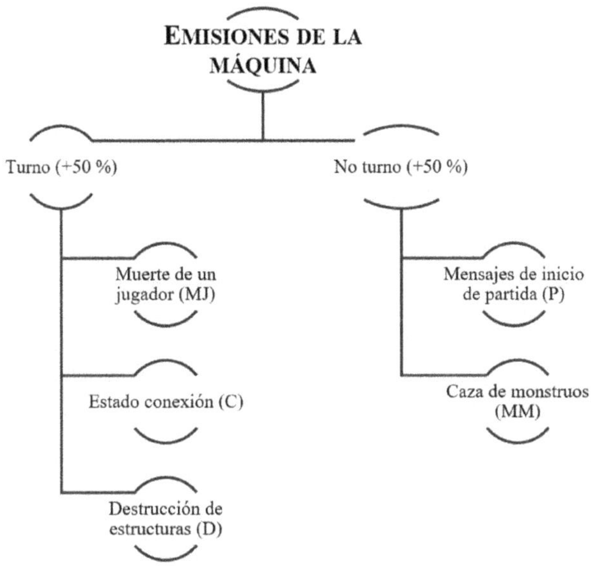

Imagen 55. Esquema de tipos de contenido que generan turno.

En resumen, la interacción en los MOBA se desarrolla de forma multilateral, donde los participantes requieren la información proporcionada por el juego para elaborar estrategias efectivas. Controlar un mayor número de variables durante una partida ofrece una ventaja competitiva para la victoria. Por lo tanto, los mensajes emitidos por el sistema son esenciales y útiles, especialmente en situaciones donde los usuarios no pueden observar directamente lo que está sucediendo.

La selección, por tanto, de las intervenciones de la máquina como *turno* parece regirse por la máxima de relación que postuló Grice (1975), ya que cualquiera de los sucesos en los que los mensajes cobran sentido forman parte de las mecánicas más importantes del juego y, por ello, cumplen con la expectativa de que su contribución sea «appropriate to immediate needs at each stage of the transaction» (Grice, 1975: 47). De hecho, los enunciados que suelen recibir un mayor número de reacciones son los referidos a los propios jugadores, es decir, aquellos sucesos que afectan directamente a los avatares que controlan y que pueden limitar o amplificar sus acciones. Otra consecuencia que se desprende es que se ha generado una vinculación entre dos mundos en un nivel mucho más profundo que el mero uso transaccional de las plataformas digitales. Cuando un usuario accede a ellas, no solo hace uso de estas, sino que se ve influido por estas.

En la toma de turno, por lo tanto, tiene la palabra un nuevo integrante que, aunque posea unas características distintas a las de un hablante tradicional, es capaz de formar parte del esquema interactivo del discurso. Es decir, a pesar de que el SJ no tiene la misma capacidad de reacción y/o creación que las de una persona (que es, en definitiva, totalmente impredecible), los resultados parecen apoyar los estudios que apuntan a que la conceptualización que las personas poseen respecto a la máquina está cambiando (Fischer, 2010) hacia una aceptación, en última instancia, de que en la comunicación existe un nuevo participante distinto a los conocidos hasta la fecha, de manera que en los análisis interactivos debe tenerse en cuenta su presencia y enunciados.

3. Recapitulación: la descripción del discurso de los videojuegos MOBA

La comparativa del discurso de los MOBA con la conversación y el posterior análisis específico ha demostrado que se trata de un género discursivo que posee identidad propia tanto en la situación que crea como en la interacción que mantienen los participantes. En otras palabras, la organización de sus intervenciones muestra diferencias suficientes para definir su comunicación de manera individual y poner de relieve los rasgos que la acercan o la alejan de otros discursos dialógicos.

El estudio se ha basado, fundamentalmente, en 2 características que atienden a la estructura del discurso que se han complementado con las características de la situación discursiva: la interacción individual y la grupal. En primer lugar, se va a retomar la comparación que se ha realizado con la conversación en el capítulo anterior que permitían establecer su definición a partir de características físicas reconocibles.

Tabla 56. Resumen comparación conversación y videojuegos MOBA

Género discursivo	Conversación	Videojuego MOBA
Interacción individual	Comportamiento más uniforme de los participantes	Papeles más diferenciados de acuerdo con su rol en el equipo.
Interacción grupal	Continuada, con turnos y secuencias interactivas extensas (+rastrillos, +cremalleras)	Fragmentada, con interacciones breves (+picos, +cremalleras breves); dirigida por los sucesos de la partida.

La interacción en la conversación y el videojuego presenta rasgos diferentes que indican que se trata de dos tipos de discursos distintos, al menos desde una perspectiva estructural. Por una parte, los hablantes se ven influidos por cada una de las situaciones y, en consecuencia, cambian su comportamiento de acuerdo con el contexto en el que se encuentren, especialmente en los papeles de *iniciadores*. Asimismo, su forma de actuación es más uniforme en el primer tipo de grabaciones, ya que en ella las características sociolingüísticas y los rasgos propios de cada uno se nivelan (Briz et al., 1995; 2010); mientras que en el MOBA sus actuaciones son más diferenciadas debido a la influencia de otros elementos que no existen en la conversación, como el papel que desempeñan en el equipo.

En cuanto a la interacción grupal, la conversación es un discurso caracterizado por la continuación temática que lleva a los participantes a interactuar en diálogos más extensos donde predominan la secuencialidad interactiva y los relatos conversacionales (Espinosa-Guerri, 2024); representadas estas situaciones por las figuras de la *cremallera* y el *rastrillo*, respectivamente. En contraposición a esto, el videojuego es una situación donde prima el factor transaccional y la necesidad de una comunicación rápida a la par que efectiva, razón por la que los segmentos interactivos son más breves y dependientes de lo extralingüístico, es decir, suele haber un mayor número de *picos* y *cremalleras* breves iniciadas o compuestas en un 77 % por acciones.

Los interlocutores cuentan con una organización específica desde el principio que los lleva a asumir posiciones concretas durante el desarrollo de una partida. Estas vienen determinadas por tres factores: la experiencia de juego, el rol en el equipo y el personaje escogido. Como consecuencia, estos se asocian a ciertos comportamientos discursivos de los participantes como el papel más iniciativo y frecuente de los *mid* o los *jungla*, la interacción continuativa del *support*, el papel más individual del *top* o los diálogos laterales generados entre los dos jugadores de la línea de bot.

Además, el tipo de patrones interactivos y su composición se mantienen de manera general independientemente del número de participantes y del modo de juego que se seleccione: diálogos breves destinados a organizar y coordinar movimientos de equipo o a comentar e informar de sucesos de la partida, mayormente. En todas estas interacciones el canal empleado por defecto es el oral, dado que su uso no interfiere en la jugabilidad de los usuarios. No obstante, este se emplea de manera más equilibrada con el chat en aquellas partidas que el equipo tenga dos jugadores *preconfigurados*, es decir, cuando más de la mitad de los compañeros se han seleccionado de manera aleatoria. Sin embargo, es esperable que los enunciados verbales se acompañen de las señales deícticas que ofrece el videojuego para lograr una mayor especificidad en el discurso.

En relación con la necesidad de precisión en la comunicación, a pesar de que no se ha tratado en esta monografía, se ha podido observar a través de los ejemplos que muchos de los enunciados están cargados de palabras especializadas vinculadas al juego. Esta característica puede deberse al objetivo de facilitar la transmisión de información de manera efectiva y precisa dentro de los equipos (Badia, en prensa). Además, es evidente que el discurso no se circunscribe únicamente al ámbito real, sino que se expande al espacio virtual del juego, lo que introduce una dinámica deíctica peculiar; un fenómeno que señala que, durante el juego, los participantes se mueven a través de dos espacios de manera concurrente. Estos hallazgos preliminares sugieren áreas muy interesantes para exploraciones futuras en estudios específicos.

A partir de los rasgos estudiados, resumidos en la tabla 56, se puede concluir que este tipo de discurso, representado en esta investigación por las grabaciones tomadas del *League of Legends* (2009), se ve altamente influido por la tecnología que lo posibilita y media en el comportamiento de los interlocutores. Una interacción rápida, breve y fragmentada, pero motivada y ligada a la jugabilidad de la plataforma, además de adaptada a las necesidades y posibilidades de este tipo de mundo virtual que dan, en definitiva, una identidad propia a la comunicación de los videojuegos MOBA:

Tabla 57. Resumen de las características interactivas del discurso de los videojuegos MOBA

Interacción individual	- Relevancia del papel en el equipo (experiencia, posición y personaje) - Roles comunicativos: *a)Iniciador b)Continuador c)Reactivo d)Sistema de juego*
Interacción grupal	- Segmentos breves (picos o cremalleras), dependientes de los sucesos del juego (dependencia de lo extraverbal) - 1 a 1 o autocomentarios (picos) - Reacciones múltiples a un suceso (abanicos)

6 Fin del juego

Los videojuegos como un nuevo paradigma comunicativo

La investigación expuesta a lo largo de esta monografía ha abordado el estudio del discurso producido en el género de videojuegos *MOBA*, gracias al análisis de uno de sus representantes como es el *League of Legends* (2009). Este se ha desarrollado a través de dos objetivos que se han llevado a cabo de manera consecutiva: 1) la comparación de su interacción con la de la *conversación* que estableciera un punto de partida para 2) describir de manera detallada los rasgos que definen la interacción del género discursivo de este tipo de videojuegos.

Para ello, se ha realizado, en primer lugar, un pequeño recorrido por la historia de los videojuegos, sus características comunicativas y su clasificación de acuerdo con el resto de discursos mediados por ordenador (capítulo 2). De esta manera, se han dejado claros los rasgos que definen de manera general la comunicación en esta clase de universo digital: su dependencia con la pantalla y la información que muestra, los canales accesibles a los usuarios, el tipo de jugabilidad…

Seguidamente, se han explicado las características de la *conversación*. Con este fin, se ha seguido la ordenación del grupo Val.Es.Co., complementando su visión con la aportación de otros grupos de investigación (capítulo 3), de manera que se ha obtenido un esquema de rasgos situacionales comparables entre este tipo de discurso y el *League of Legends* (2009). Gracias a estos elementos, se ha podido plantear un marco teórico sobre el que asentar la comparación de la interacción de la *conversación* y esta clase de *videojuego* (capítulo 4) y, por último, el estudio pormenorizado de las características interactivas de los *MOBA* (capítulo 5).

Este análisis integral ha permitido esbozar un perfil de la comunicación en estos entornos virtuales, al menos desde una perspectiva interactiva. Los resultados obtenidos a través de las pruebas estadísticas y los ejemplos proporcionados ilustran las características identificadas en cada capítulo, permitiendo al lector verificar o cuestionar las interpretaciones propuestas. En el siguiente apartado se hará un resumen de las conclusiones e implicaciones específicas que emergen de este estudio, analizando su relevancia y el valor que aportan tanto al campo de estudio de los videojuegos como al análisis del discurso en entornos digitales.

1. Conclusiones e implicaciones de la investigación

Este apartado pretende resumir las conclusiones alineadas con los objetivos esbozados en el primer capítulo de la monografía (cfr. § 3.). Cabe recordar que estos objetivos fueron planteados en respuesta a la notable ausencia de estudios integradores que ofrezcan un análisis y descripción detallados de la comunicación en videojuegos, así como una comparativa profunda entre sus características distintivas y las de otros géneros discursivos. La presente sección, por lo tanto, no solo recapitula los hallazgos significativos derivados de la investigación, sino que además reflexiona sobre sus implicaciones, tratando de ofrecer una visión cohesivade los elementos más críticos y relevantes identificados durante el estudio.

Con el objetivo de facilitar la comprensión y visualización de los resultados, se presenta a continuación un resumen de las hipótesis formuladas y evaluadas en el texto. Este cuadro pretende integrar las hipótesis macro, sus derivadas, los resultados de cada una y las conclusiones macro correspondientes, ofreciendo una visión consolidada de cómo los rasgos situacionales y sociolingüísticos en la situación discursiva de los videojuegos, en particular los *MOBA*, son modificados o matizados por características intrínsecas de este medio interactivo:

Tabla 58. Resumen de las hipótesis y conclusiones planteadas en la investigación

Hipótesis macro	Hipótesis	Resultados	Conclusión macro
Los rasgos situacionales y los rasgos sociolingüísticos de la situación discursiva se difuminan por otras características propias del videojuego que tienen su correlato en su comportamiento interactivo individual (cfr. 2.1.1. del capítulo 5)	1.Los participantes se comportan de manera distinta en la conversación coloquial que en los MOBA	a) Los hablantes C y D intercambian sus papeles como *iniciadores* de acuerdo con el discurso en el que se encuentren b) S mantiene una participación más activa en la conversación como *continuadora*; mientras que en el videojuego es más *pasiva* c) B y A mantienen su contribución de manera similar como *pasivo* y *continuador*, respectivamente	Los rasgos que suelen definir el tipo de interacción de los participantes quedan neutralizados por otros que cobran importancia en el videojuego: a. La experiencia de juego b. La posición y el personaje escogido c. Los acontecimientos de la partida.
	2.Las posiciones y roles del juego suelen asociarse a tipos de comportamiento interactivos:	a) *Mid* suele llevar un papel de *líder* y de *iniciador* de diálogos b) Las posiciones de *bot* (*support y ADC*) suelen crear diálogos paralelos c) *Top* y *jungla* suelen ser más *pasivos*.	
	3. La experiencia de juego influye en el comportamiento interactivo de los participantes:	a). Los jugadores con menor experiencia mantienen más interacción (por las dudas y la inseguridad) b). Los jugadores con mayor experiencia no suelen interactuar tanto, salvo que estén tutorizando a otro usuario.	
	4. En el videojuego los hablantes tienen en cuenta las emisiones del sistema	a). Los mensajes de la máquina son tenidos en cuenta por los jugadores para construir su interacción b). Existe una clasificación de los enunciados que son más proclives a ser considerados como *turno* según su contenido: +jugadores; -monstruos/ temporales c). El papel interactivo que puede asociarse es el de *+iniciador* o *continuador*.	

Hipótesis macro	Hipótesis	Resultados	Conclusión macro
La interacción grupal de los participantes presenta rasgos suficientes para distinguirse de otros géneros como la conversación (cfr. 2.1.2. y 3.2.3. del capítulo 5)	1. Los videojuegos MOBA muestran patrones interactivos diferentes a la conversación:	a) Las *figuras* que destacan en el videojuego son el *pico* y las *cremalleras* breves frente a los *rastrillos* o las *cremalleras* extensas de la conversación b). Hay mayor frecuencia de cambio de *figuras* en el videojuego c) En el videojuego existen mayores espacios de silencio que en la conversación d) En el videojuego hay un mayor número diálogos iniciados por acciones extraverbales.	La interacción grupal del videojuego MOBA se caracteriza por ser más fragmentaria, breve y dependiente del contexto, independientemente del número de integrantes del equipo *premade* o del modo de juego que se opte. Además, los mensajes de la máquina sirven para mantener a los jugadores informados de la partida, razón por la que son capaces de generar nuevos diálogos.
	2. A semejanza de la conversación, la interacción se modifica por el número de participantes, pero con rasgos vinculados a las características del videojuego	a) Cuantos más participantes *premade* haya, más se hace uso del canal oral y de las señales deícticas con enunciados b) En caso contrario, se hará mayor uso del canal escrito y de las señales deícticas sin enunciados	
	3. Cuantos más jugadores haya, más se especializa el canal escrito	a) El canal escrito se emplea para comunicarse con jugadores no *premade, enemigos* o cuando hay problemas de conexión	

A partir de los resultados expuestos en el cuadro anterior, en primer lugar, es posible realizar una síntesis de las conclusiones relativas al primer objetivo, la comparación entre los *MOBA* y la *conversación*, planteadas en los capítulos 4 y 5:

1. Los rasgos situacionales que plantea la *conversación* (Briz et al.. 1995; 2010) difieren ligeramente del videojuego *MOBA*, especialmente en lo referido a la mayor *predeterminación del turno*, que en el juego está sujeta en ocasiones a los sucesos de la partida. Además, la selección de canales múltiples en el entorno digital no depende únicamente de las decisiones del hablante, sino también de las opciones proporcionadas por la interfaz del juego (ver § 1 del capítulo 4).

2. La comparación de la interacción entre ambos tipos de discursos evidencia diferencias significativas que corroboran o matizan, desde una perspectiva estructural, las distinciones observadas en el estudio de los rasgos situacionales (ver § 2 del capítulo 4).
   a. Se observa una diferencia notable en el comportamiento individual de los hablantes, ya que su forma de interactuar varía dependiendo de si participan en una conversación o en un *MOBA* (ver § 2.1 del Capítulo 4)
   b. A pesar de que son dos discursos *dialógicos* que construyen su interacción por el principio básico de acción-reacción, presentan patrones de comportamiento (*figuras*) diferentes. Esta diferencia se muestra, especialmente, en la mayor incidencia de los *rastrillos* en la conversación y los *picos* en el videojuego (ver § 2.2.2.1.).
   c. Relacionado con este último punto, mientras que en la conversación la regulación es principalmente llevada a cabo por los participantes (Briz et al., 1995) y se basa en el principio de toma de turnos (Sacks, Schegloff y Jefferson, 1974), en los *MOBA* la asignación de turnos está fuertemente influida por los eventos del juego. Esto se evidencia en la cantidad de diálogos que son iniciados o formados por acciones extralingüísticas, ya sean realizadas por los usuarios o por el sistema de juego. Este fenómeno indica que los *MOBA* representan un discurso transaccional donde los participantes están enfocados no solo en comunicarse, sino también en alcanzar un objetivo común: ganar el juego. Por lo tanto, la interacción puede ser más dinámica y fragmentada, con una frecuencia de figuras por minuto más alta en los videojuegos (ver § 2.2.2.2).

Centrando la mirada en el discurso digital y de acuerdo con el objetivo 2, la clasificación de los diferentes tipos de comunicación de acuerdo con los géneros de videojuegos se ha podido proponer una primera tipología teórica. Esta clasificación sirve como fundamento para determinar el lugar que ocupa el discurso en los MOBA, tanto en relación con títulos similares como con otros géneros distintos:

3. Se ha podido distinguir hasta tres tipos de comunicación que se han clasificado de acuerdo con los rasgos que influyen la interacción, como la organización de la información en pantalla, el tipo de jugabilidad y la forma de conectarse con otros usuarios (ver § 3. del capítulo 2): 1) *Particular*, correspondiente a los videojuegos que se desarrollan individualmente y cuentan con una interfaz que centra la información en el personaje del jugador; 2) *Global*, asociado a géneros que enfrentan a los usuarios directamente y

comparten la misma pantalla de juego; y 3) *Mixta*, una categoría donde convergen ambos tipos de información en la pantalla. En esta última clase, no solo se enfrentan los jugadores, sino que también se distribuyen en equipos, lo que les obliga a colaborar entre sí.
4. De acuerdo con estos rasgos generales, los *MOBA* se situarían en el último tipo de comunicación, la *Mixta*. En ellos, como se recordará, se agrupa a los usuarios en dos grupos cuyo objetivo es destruir sus bases, respectivamente. Como cada jugador controla un avatar que se mueve por una ubicación determinada del mapa, su interfaz y la cámara es individual, además de mostrar información tanto del estado general de la partida como características propias del usuario (ver § 5.2. del capítulo 2).

Basados en esta clasificación y en la comparativa efectuada entre el discurso generado en los MOBA y en la conversación, se ha logrado alcanzar el tercer objetivo, que es describir la interacción en este género de videojuegos, esta vez centrando la mirada de manera exclusiva en este tipo de discurso:

5. La interacción que se produce en este tipo de videojuegos siempre sigue patrones similares que caracterizan al discurso, independientemente del número de integrantes premade o del modo de juego seleccionado; que son las mostradas en la conclusión (§ 2.b.).
   a. En relación con el número de participantes, se ha observado que no existen diferencias significativas en las distintas combinaciones de equipo posible respecto al tipo de figura, excepto en los equipos compuestos únicamente por dos jugadores agrupados previamente. En estos casos, los diálogos se distribuyen equitativamente entre el canal oral y el escrito (cfr. § 2.1. Capítulo 5)
   b. Debido a que la atención principal de los interlocutores está puesta en el desarrollo del juego, y considerando la distancia entre las posiciones que los usuarios ocupan durante la partida y los sucesos que ocurren, los jugadores tienden a generar diálogos monohablantes. Estos diálogos suelen consistir en una sucesión de intervenciones extralingüísticas y verbales de un mismo hablante, donde se anuncian acciones futuras o se comentan acciones recientes en las que han participado (ver § 2.1. del Capítulo 5)

Hasta este punto se han comentado los distintos aspectos involucrados en la interacción producida en este contexto entre los jugadores. Sin embargo, en ella también intervienen los distintos mensajes que emite el sistema de juego, ya que son capaces de generar o continuar nuevos diálogos. Por esta razón y en relación con el objetivo 5, la descripción de la comunicación y de la relación entre los jugadores y el sistema de juego, se puede extraer una clasificación de los distintos tipos de enunciados que muestra la máquina:

6. Además de la mayor dependencia de la comunicación de los sucesos y acciones producidas, se inserta un nuevo elemento, los mensajes de la máquina, capaz de generar nuevos diálogos o de engarzar ciertas intervenciones extralingüísticas con turnos de los jugadores. Asimismo, se puede clasificar los enunciados de acuerdo con su contenido según los que sean más proclives a ser tenidos en cuenta en la interacción (ver § 3.3. del capítulo 5):
   a. Los mensajes referidos al estado de los jugadores, como su asesinato o su conexión, y la destrucción de estructuras suelen ser más proclives a ser considerados como *turno* por los usuarios.
   b. Por el contrario, los enunciados que dan información programada por tiempo o de la muerte de monstruos no suelen ser tenidos en cuenta por los participantes.

En resumen, el videojuego *MOBA* es un espacio donde, a priori, no hay consecuencias, ya que los entes involucrados no son reales (Bauman, 2000). No obstante, la comunicación continúa ocurriendo, afectando a los interlocutores reales de diversas maneras. Esto da lugar a un nuevo 'juego comunicativo' (Wittgenstein, 1953), caracterizado por tipos específicos de interacción que, además, previsiblemente irán acompañados de un léxico especializado (Badia en prensa) y el uso de desplazamientos deícticos. Los distintos elementos recopilados a lo largo de este libro han tratado de demostrar, precisamente, que la confluencia de estos elementos define a un tipo de *discurso mediado por ordenador* (Herring, 2007; Herring y Androtsopoulos, 2015) con entidad individual.

Por último, el juego, por definición, obliga a los participantes a compartir y, al mismo tiempo, a colaborar para lograr dos cosas: que este se desarrolle a buen término y que los miembros de un mismo equipo alcancen su objetivo común. El *principio de cooperación* de Grice (1975) se revela en este contexto de manera explícita y lleva a los jugadores a seguir una serie de reglas comunicativas en esta clase de videojuegos que actuaría como las máximas de la comunicación (Grice, 1975), las heurísticas de Levinson (1983 y 2013) o el principio de Relevancia de Sperber y Wilson (1986), como se ha tratado de reflejar en la siguiente conclusión:

7. El discurso en los videojuegos de comunicación *mixta*, especialmente los *MOBA*, se regula por una serie de normas destinadas a facilitar el objetivo que comparte un mismo equipo y que regulan tanto el contenido de las intervenciones como el tipo de interacción:

a. *Simplicidad*: los enunciados y la interacción no deben ser complejos
b. *Especificidad*: deben emplear los términos adecuados y ajustados con el fin de que los enunciados sean claros y no necesiten más explicación
c. *Rapidez*: deben ser lo menos extensos posibles
d. *Informatividad*: deben ser lo suficientemente informativos, incluso recurriendo a la intersección de canales

El conjunto de conclusiones que se ha planteado busca sintetizar la representación que se ha construido acerca de la comunicación en los *MOBA* desde un enfoque interactivo y situacional. Este trabajo representa un primer acercamiento a estos géneros discursivos, realizado con el objetivo de proporcionar una descripción inicial que pueda servir como fundamento para investigaciones futuras. Los estudios subsecuentes podrían no solo validar las observaciones y conclusiones presentadas en esta investigación, sino también expandir el análisis a otros aspectos y títulos de videojuegos.

2. Limitaciones y futuras direcciones

A pesar de las conclusiones anteriores, es crucial reconocer que, aunque el estudio proporciona resultados interesantes sobre la comunicación dentro de los videojuegos *MOBA*, se basa principalmente en un conjunto limitado de datos. Este corpus, aunque diverso, no abarca la totalidad de los contextos y situaciones comunicativas que pueden surgir durante las partidas. Asimismo, las dinámicas de comunicación pueden variar significativamente entre diferentes juegos del mismo género *MOBA*, así como entre jugadores de distintas regiones y niveles de habilidad. Por tanto, una limitación principal del presente estudio radica en la generalización de sus hallazgos.

Futuras investigaciones podrían beneficiarse de la incorporación de un corpus más extenso y diverso, que incluya materiales de diferentes juegos *MOBA*, de distintos niveles de juego y de varias regiones geográficas, así como variaciones en cuanto al género. Esto no solo permitiría validar los resultados del presente estudio, sino que también proporcionaría una comprensión más profunda y matizada de las prácticas comunicativas en estos entornos de juego. Además, se podrían explorar otros elementos lingüísticos y paralingüísticos no considerados en este estudio.

Asimismo, futuras líneas de investigación podrían enfocarse en analizar cómo las normas y prácticas comunicativas en los *MOBA* evolucionan con el tiempo, en respuesta a cambios en el diseño del juego, en las dinámicas de la comunidad de jugadores, o en respuesta a eventos globales o culturales significativos. Estos estudios podrían proporcionar interesantes valiosos sobre la naturaleza dinámica y contextual de la comunicación en los videojuegos, contribuyendo a un campo de estudio en constante crecimiento y cambio.

Estas nuevas líneas de investigación podrían realizarse desde dos puntos de vista: seguir explotando el corpus recogido o ampliar esta base de datos. El primero de los dos pretende seguir profundizando en los rasgos que identifican el discurso producido de este juego y podría plantearse sumando nuevos elementos a los análisis realizados. Respecto al contenido:

1) Sería relevante examinar cuánta información procedimental y conceptual se encuentra, respectivamente, en las intervenciones realizadas dentro del videojuego. Esta información permitiría observar características relacionadas con la construcción del discurso y facilitaría la comparación con otros géneros discursivos.
2) En relación con los puntos anteriores y en consonancia con otros estudios vinculados al lenguaje de los videojuegos, sería pertinente investigar la terminología emergente en este contexto (Badia en prensa). Aunque los ejemplos analizados hasta ahora indican el uso de términos especializados, un estudio más detallado ayudaría a determinar si estos términos reflejan un grado mayor o menor de especialización en este género discursivo digital.
3) Asimismo, podría clasificarse los enunciados de acuerdo con el tipo de acto de habla e intención que contienen, un rasgo que ampliaría los resultados obtenidos sobre la terminología y el grado de especialización de esta comunicación.

Otro aspecto que se ha comprobado que es constante en la comunicación de estos videojuegos es la información acerca de la ubicación de los miembros del equipo, enemigos, monstruos y/o eventos importantes. Como se ha mencionado, la cámara de cada usuario es individual y, por tanto, solo puede observar directamente las acciones que ocurren a su alrededor. Por esta razón, sería interesante estudiar elementos del contenido relacionados con el espacio y la localización:

4) Dada la necesidad de ser específicos respecto a las ubicaciones mencionadas, es previsible que los jugadores utilicen todos los mecanismos disponibles para minimizar la ambigüedad y prevenir confusiones. En este sentido, sería valioso analizar el uso de las señales deícticas que ofrece el juego y explorar si acompañan o sustituyen enunciados que indican ubicaciones.
5) Además, considerando el alto grado de involucramiento de los jugadores en el desarrollo de la partida, se puede anticipar que los enunciados reflejen cierta transferencia entre los universos digital y real. Este fenómeno podría

investigarse examinando el uso de la deixis en sus tres formas: personal, espacial y temporal.

Adicionalmente, se podrían incorporar más dimensiones al estudio de la interacción con el fin de ofrecer una visión más compleja del comportamiento de los participantes y, a su vez, validar ciertas observaciones presentadas en este trabajo:

6) Aunque los resultados preliminares sugieren que no hay diferencias significativas entre los modos de juego, sería provechoso realizar un estudio más detallado que considere la frecuencia de silencios entre intervenciones y los cambios en la dinámica del diálogo. Este análisis podría ayudar a determinar si realmente las dinámicas interactivas son consistentes entre partidas de *Reclutamiento* y *ARAM*, o si existen diferencias sutiles pero significativas en la comunicación y la interacción entre estos modos de juego.
7) El corpus actual incluye el audio de los jugadores y el video de la partida, pero no imágenes de los jugadores mismos. Un paso adicional en futuras investigaciones podría ser la recolección de datos que ofrezcan una triple perspectiva: audio, video de la partida, e imágenes de los jugadores. Esto permitiría analizar cómo la gesticulación de los jugadores se relaciona con su comunicación verbal y con las acciones que ejecutan en el juego.
8) Además, respecto a esta nueva entrada de información podría emplearse un sistema de *eye-tracking* que muestre cuáles son los elementos que reciben más atención de los participantes; una forma, por ejemplo, de corroborar que reaccionan a los sucesos del juego o a los mensajes del sistema.
9) Vinculado a lo anterior, se podrían administrar cuestionarios a los jugadores antes y después de las partidas. Estos cuestionarios podrían diseñarse para explorar las percepciones y comprensiones de los jugadores respecto a la información desplegada en la interfaz del juego y los mensajes que se presentan, proporcionando información sobre cómo los participantes interpretan y valoran diferentes tipos de mensajes durante el juego.

Por último, cabe recordar que este análisis se ha realizado solo sobre un título de este tipo de videojuegos y con los mismos participantes en todas las muestras, un hecho que ha permitido desarrollar la investigación sin variables de los hablantes que pudieran modificar o adulterar los resultados, pero que ofrecen una visión limitada de este tipo de comunicación. Por ello, otra posibilidad que se abre para el futuro de esta investigación es la de replicar los análisis con nuevas muestras que tengan otras características:

10) Como punto de partida, se podrían realizar grabaciones con diferentes participantes en el mismo videojuego. Estos participantes podrían compartir características sociales y de juego similares a las de los participantes originales o presentar características distintas. La finalidad de este enfoque es doble: en primer lugar, permitiría verificar si los resultados obtenidos en este estudio son aplicables de manera más general a otros grupos de jugadores; y en segundo lugar, facilitaría la comparación de la interacción entre jugadores con diferentes niveles de experiencia (tanto expertos como novatos). Este análisis adicional enriquecería la descripción de la comunicación en los videojuegos *MOBA*, proporcionando resultados adicionales sobre si este tipo de comunicación puede categorizarse como un discurso especializado.
11) Asimismo, es crucial ampliar el alcance de las muestras recopiladas incorporando otros videojuegos del género *MOBA*. Esto permitiría evaluar en qué medida las conclusiones obtenidas en este estudio, basadas en el análisis del juego *League of Legends* (2009), pueden extrapolarse a otros títulos similares.
12) Con respecto al análisis de las referencias deícticas, sería pertinente extender el estudio no solo a otros videojuegos, sino también a otros géneros digitales que tengan un impacto directo en la realidad percibida por los usuarios, como es el caso de la tecnología de realidad virtual o aumentada. Estos géneros son particularmente interesantes porque no solo alteran la percepción espacial de los usuarios, sino que también trasladan aspectos significativos de su identidad y movimiento a un entorno digital. Este escenario ofrece una oportunidad única para investigar cómo los usuarios navegan y se comunican en espacios que mezclan elementos de la realidad física y digital.
13) Una vez realizada la descripción inicial, es esencial verificar si las características identificadas y propuestas en relación con los tipos de comunicación en videojuegos se alinean con las dinámicas observadas en la realidad. Este paso es fundamental para validar y, si es necesario, ajustar los marcos teóricos y conceptuales propuestos, asegurando que proporcionen una representación precisa y útil de la comunicación en estos entornos de juego.

En resumen, aunque la presente investigación ha arrojado luz sobre la comunicación en los videojuegos del género *MOBA*, específicamente en *League of Legends* (2009), es esencial reconocer sus limitaciones y considerar futuras direcciones de investigación. Las sugerencias propuestas aquí, desde explorar diferentes aspectos del contenido e interacción hasta expandir el alcance del estudio a diferentes títulos, géneros y participantes, son cruciales para proporcionar una comprensión más rica y matizada de la comunicación en estos entornos digitales. Ampliando el corpus y explorando nuevas dimensiones del discurso de videojuegos, futuros estudios pueden validar, refinar y extender los hallazgos iniciales de este trabajo. Estos esfuerzos combinados contribuirán significativamente a consolidar y avanzar en nuestro conocimiento sobre la comunicación en videojuegos, un área de estudio fascinante y en constante evolución.

Anexos

1. Glosario de figuras

Tabla 59. *Tipos de figuras* (Espinosa-Guerri, 2024; y García-Ramón, 2019; Pons, 2022)

Figura	Dibujo figura	Figura	Dibujo figura
Pico	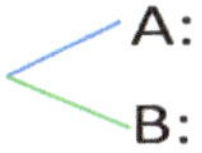	Cerco	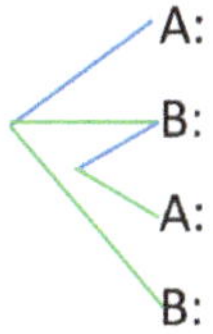
Cremallera	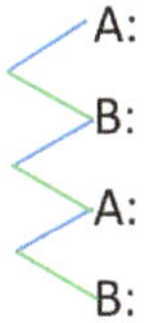	Abanico	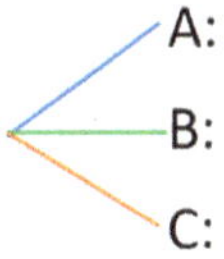
Rastrillo	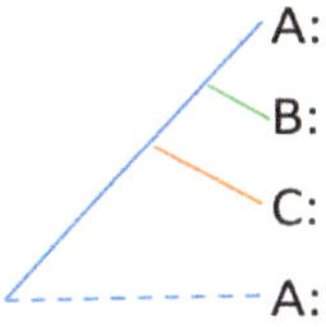	Palillos	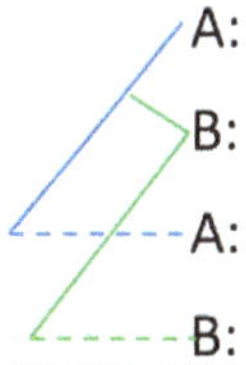
Pajarita	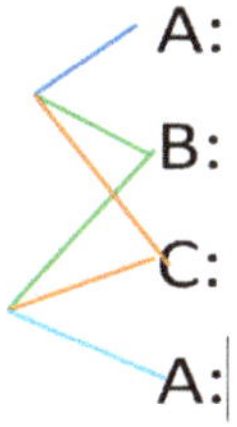		

Pico: unión de una intervención iniciativa y otra reactiva; un *par adyacente*.
Cremallera: sucesión de intervenciones reactivo-iniciativas encabezadas por una iniciativa que termina en una reactiva.
Rastrillo: mantenimiento de un *turno* más allá de una intervención de un mismo hablante que recibe la reacción de otros interlocutores.
Pajarita: cruce de intervenciones reactivo-iniciativas en el que una o más intervenciones parten de dos enunciados anteriores.
Cerco: *par adyacente* que contiene en su interior otra interacción que puede estar unida con este o ser independiente (diálogo lateral).
Abanico: intervención que provoca dos o más reacciones.
Palillos: mantenimiento del turno más allá de una intervención de dos o más interlocutores que se cruzan.

2. Glosario términos MOBA

armadura *f.* Atributo de cada personaje vinculado a la resistencia física, aumentable por medio de determinados objetos.

backear *intr.* Acción de volver a la base.

base *f.* Zona del mapa donde se encuentran las estructuras más importantes de cada equipo, como el nexo. Situadas en los extremos del mapa, respectivamente.

blue *m.* Bonificación de maná que concede uno de los monstruos de la jungla

bot *m.* Línea inferior del mapa.

bufo *m.* Cualquier bonificación que conceda uno de los monstruos de la jungla.

build *f.* Conjunto de objetos que aumentan los atributos y habilidades de un personaje.

campeón *m.* Personaje del juego que puede ser escogido por los invocadores.

carry *m.* Personaje o jugador que juega mayormente un rol ofensivo.

clasificatoria *adj./ u.t.c.f.* Partida en la que se obtienen o pierden puntos para clasificarse dentro de las ligas del *League of Legends.*

counter *tr.* Anular o contrarrestar las fortalezas de un personaje.

farm *m.* Experiencia u oro conseguido por medio de las muertes de los minions enemigos.

farmear *tr.* Matar minions con la finalidad de recolectar experiencia y oro.

feed *m.* Cantidad de enemigos o minions derrotados por un jugador en una partida.

flash *m.* Acción de teletransportar a un personaje una distancia corta.

(hacer) focus *loc.v.* Fijar o concentrar el daño sobre un enemigo.

gank *m.* Acción de "enganchar" a un enemigo en su propia línea con un jugador o varios que no estaba jugando inicialmente en ella.

gankear *tr.* Hacer un gank.

habilidad *f.* Acción especial que puede realizar cada campeón en cada partida.

inhibidor *m.* Estructura que inhibe la creación de superminion del equipo enemigo, situada en la base cada uno de los equipos.

invocador *m.* Jugador o usuario del *League of Legends.*

jungla *adj/ u.t.c. m.* Rol que puede ser escogido por un invocador y que se desarrolla en la zona situada entre las líneas.

2- *m.* Zona situada entre las líneas que está habitada por monstruos controlados por la máquina.

línea *f.* Cualquier calle del mapa en la que se esté jugando: mid, top o bot generalmente.

livear *tr.* Acción de presionar a un enemigo.

maestría *f.* Atributo que pude subirse cada invocador en base a su nivel (hasta 30 puntos).

maná *m.* Fuerza medida en una barra situada debajo de la barra de vida que permite realizar ciertas habilidades.

mid *m.* Línea situada en el centro del mapa.

minion *m.* Personaje controlado por la máquina, aliado o enemigo, que ayudan en el ataque a sus compañeros o dan experiencia y oro a los campeones enemigos tras su muerte.

nerfeo *m.* Acción de bajar los atributos de un campeón concreto llevada a cabo por los desarrolladores del juego.

nexo *m.* Estructura situada en cada una de las bases de los equipos. Su destrucción determina el fin de la partida y la victoria para el equipo contrario.

nivel *m.* Rango que clasifica la cantidad de experiencia de un campeón en partida (hasta el 18).

noob *adj.* Jugador que tiene poca experiencia en el juego o no ha sabido aprender a jugar al mismo después de mucho tiempo.

off-tank *m.* Personaje que por sus habilidades, atributos y objetos desempeña tanto la función de tanque como de ad, es decir, puede ser un campeón defensivo como ofensivo.

outplayed *adj.* Característica de jugar mejor que otro jugador.

pasiva *f.* Habilidad que se activa de manera automática en cada personaje.

premade *adj./ u.t.c.f.* Propiedad de los equipos conformados por invocadores que se conocen entre sí.

pentakill *f.* Asesinato de los miembros del equipo contrario por parte de un único jugador.

ping *m.* Señal deíctica realizada en el juego, normalmente señalando una ubicación.

push *m.* Acción de ayudar al jungla en los inicios de la partida para derrotar a un monstruo

q *f.* Habilidad lanzada con esa tecla.

reportar *tr.* Denunciar a un invocador ante el tribunal del propio juego por su mal comportamiento.

rework *m.* Remodelado que recibe un personaje, ya sea estético o de características

rojo/red *m.* Bonificación de daño que concede uno de los monstruos de la jungla

runa *f.* Placa que pueden comprarse con dinero del propio juego que aumentan los atributos del invocador, normalmente asociadas en conjunto a un tipo de personajes.

skilshot *f.* Habilidad lanzada contra un enemigo

stun *m.* Acción de aturdir a un enemigo.

Súbdito *m.* Ver *minion.*

support *m.* Personaje cuya función, por habilidades o atributos, es proporcionar ayuda a sus compañeros en partida.

splitpush *m.* Acción de moverse a una línea poco defendida de los enemigos para pushear

tanque *adj.* Personaje cuyos atributos, habilidades u objetos equipados le capacitan para ser muy resistente a los ataques y/o tener gran cantidad de vida.

tanquear *intr.* Acción de resistir el daño de los enemigos durante un combate.

teamfight *f.* Batalla que involucra a todos los miembros o a la gran parte de un equipo.

top *m.* Línea situada en la parte superior.

ulti(mate) *f.* Habilidad definitiva de cada campeón que se consigue a partir del nivel 6 del mismo.

w *f.* Habilidad lanzada con esa tecla.

ward *m.* Objeto con forma de alas que sirve para visualizar zonas pequeñas del mapa oscuras durante un breve período de tiempo.

3. Sistema de transcripción

:	Emisión de un interlocutor
?:	Interlocutor no reconocido.
§	Sucesión inmediata, sin pausa apreciable, entre dos emisiones de distintos interlocutores.
=	Mantenimiento del turno de un participante en un solapamiento.
[	Lugar donde se inicia un solapamiento o superposición.
]	Final del habla simultánea.
-	Reinicios y autointerrupciones sin pausa.
/	Pausa corta, inferior al medio segundo.
//	Pausa entre medio segundo y un segundo.
///	Pausa de un segundo o más.
(5“)	Silencio (lapso o intervalo) de 5 segundos; se indica el nº de segundos en las pausas de más de un segundo, cuando sea especialmente significativo.
↑	Entonación ascendente.
↓	Entonación descendente.
→	Entonación mantenida o suspendida.
^	Entonación circunfleja.
Cou	Los nombres propios, apodos, siglas y marcas, excepto las convertidas en “palabras-marca” de uso general, aparecen con la letra inicial en mayúscula.
PESADO	Pronunciación marcada o enfática (dos o más letras mayúsculas).
pe sa do	Pronunciación silabeada.
(())	Fragmento indescifrable. ((siempre)) Transcripción dudosa.
((……))	Interrupciones de la grabación o de la transcripción.
(en)tonces	Reconstrucción de una unidad léxica que se ha pronunciado incompleta, cuando pueda perturbar la comprensión.
pa’l	Fenómenos de fonética sintáctica entre palabras, especialmente marcados.
°()°	Fragmento pronunciado con una intensidad baja o próxima al susurro.
h	Aspiración de “s” implosiva.

(RISAS, TOSES GRITOS…)	Aparecen al margen de los enunciados. En el caso de las risas, si son simultáneas a lo dicho, se transcribe el enunciado y en nota al pie se indica "entre risas".
aa	Alargamientos vocálicos.
nn	Alargamientos consonánticos.
¿¡!?	Interrogaciones exclamativas.
¿?	Interrogaciones. También para los apéndices del tipo "¿no?, ¿eh?, ¿sabes?"
¡!	Exclamaciones.
és que se pareix a mosatros:	Fragmento de conversación en valenciano. Se acompaña de una nota donde se traduce su contenido al castellano.
Letra cursiva:	Reproducción e imitación de emisiones. Estilo directo, característico de los denominados relatos conversacionales.
Notas a pie de página:	Anotaciones pragmáticas que ofrecen información sobre las circunstancias de la enunciación. Rasgos complementarios del canal verbal. Añaden informaciones necesarias para la correcta interpretación de determinadas palabras (la correspondencia extranjera de la palabra transcrita en el texto de acuerdo con la pronunciación real, siglas, marcas, etc.), enunciados o secuencias del texto (p. e., los irónicos), de algunas onomatopeyas, etc.
Sangrados a la derecha:	Escisiones conversacionales

* Las incorrecciones gramaticales (fónicas, morfosintácticas y léxicas) no aparecen marcadas por lo general. Así pues, según el usuario del corpus (p. e., si este es utilizado por un estudiante de español como segunda lengua), puede ser recomendable el soporte explicativo del profesor.

* Los antropónimos y topónimos no se corresponden por lo general con los reales.

4. Documentos de consentimiento para las grabaciones

A. Conversaciones

AUTORIZACIÓN PARA EMPLEAR LA GRABACIÓN Y LA TRANSCRIPCIÓN DEL MATERIAL CON FINES INVESTIGADORES EN LINGÜÍSTICA

A. Autorización previa a la grabación
Dña./D. ____ con DNI ____________________________

DECLARO

1) que se me ha informado de que voy a ser grabado/a secretamente en las próximas semanas;
2) que, posteriormente a la grabación, podré escuchar el contenido de mi grabación;
3) que, en caso de no estar de acuerdo, puedo ejercer mi derecho a retirar la grabación.

A los efectos oportunos, firmo la presente autorización en ____ a ________________de 20____.

Fdo. ______________________________

B. Autorización posterior a la grabación

Dña./D. ____ con DNI ____________________________

DECLARO

1) que se me ha informado de que he sido grabado/a y he escuchado el contenido de mi grabación;
2) que se me ha informado de que puedo ejercer mi derecho a retirar la grabación.

Y, por tanto, AUTORIZO al uso de la grabación de su contenido, previamente anonimizados texto, audio y video para fines estrictamente de investigación.

A los efectos oportunos, firmo la presente autorización, en _____________ a _______________________ de
20____.

Fdo.____________________________________

1. Datos personales

Los datos personales obtenidos mediante el presente formulario se incorporarán a los sistemas de información de la Universitat de València – Estudi General (links.uv.es/lopd/dpo) en el marco de la tesis doctoral FPU18/02767 y bajo el grupo de investigación Val.Es.Co. (Valencia Español Coloquial).

La información objeto de tratamiento será utilizada para el desarrollo de funciones docentes y académicas propias de la Universitat de València como la investigación, la creación, desarrollo, transmisión y crítica de la ciencia, de la técnica y de la cultura y la difusión, la valorización y la transferencia del conocimiento.

En concreto, se prevé que estas grabaciones formen parte de un corpus oral de la comunicación en los videojuegos (aún en fase de desarrollo) y del corpus Val.Es.Co.. Con el objetivo de analizar el discurso generado dentro de una partida de videojuego, en esta investigación se recogen conversaciones en situaciones reales y cotidianas dentro del juego y se comparan con conversaciones coloquiales para establecer las diferencias entre los dos discursos.

La Universitat de València se compromete a que cualquier divulgación pública de los resultados obtenidos con motivo de la investigación se realizará anonimizando debidamente los datos utilizados, de modo que los sujetos de la investigación no resultarán identificados o identificables. La base jurídica del tratamiento es el consentimiento del afectado/a y se prevé la conservación de los datos personales durante cinco años. Transcurrido ese periodo, los datos se conservarán debidamente disociados para garantizar el anonimato.

2. Registro de imagen o sonido

En el marco del desarrollo de la actividad se obtendrán registros de audio y video. Ud. Autoriza a la Universitat de València al uso, edición, difusión y explotación de estos registros exclusivamente para fines de investigación. En caso de utilización, se asegurará que el afectado/a nunca sea identificado por su nombre ni mediante información alguna que le haga identificable.

Todo ello con la única salvedad y limitación de aquellas utilizaciones o aplicaciones que pudieran atentar a los derechos garantizados en la Ley Orgánica 1/1982, de 5 de mayo, de Protección Civil al Derecho al Honor, la Intimidad Personal y familiar y a la Propia Imagen, así como del pleno respeto de las previsiones específicas del art. 4 de la Ley Orgánica 1/1996, de 15 de enero, de protección jurídica del menor.

3. Publicación

Los resultados del proyecto son susceptibles de publicación. En caso de tal utilización, se asegurará que Ud. nunca sea identificado/a por su nombre apellidos, ni mediante información alguna que le haga identificable.

4. Ejercicio de derechos

Las autorizaciones concedidas en este documento podrán ser revocadas mediante la presentación del oportuno escrito. La revocación comportará la retirada de la información de los sistemas de la Universitat de València en un plazo prudencial de tiempo en función de la disponibilidad de recursos. Puede obtener más información acerca de sus derechos en: links.uv.es/lopd/derechos

Y en prueba de conformidad, firmo el presente documento en el lugar y la fecha indicados en el encabezamiento.

Nombre y apellidos	Nombre y apellidos
Firma:	Firma (padre/madre/tutor/)*: *Rellenar solo en caso de menores o personas con incapacidad legal

B. VIDEOJUEGO

AUTORIZACIÓN PARA EMPLEAR LA GRABACIÓN Y LA TRANSCRIPCIÓN DEL MATERIAL CON FINES INVESTIGADORES EN LINGÜÍSTICA

A. Autorización previa a la grabación

Dña./D. ____ con DNI ____________________________

DECLARO

1) que se me ha informado de que voy a ser grabado/a durante el transcurso de las partidas del videojuego
2) que, posteriormente a la grabación, podré escuchar el contenido de mi grabación;
3) que, en caso de no estar de acuerdo, puedo ejercer mi derecho a retirar la grabación.

A los efectos oportunos, firmo la presente autorización en________________ ______________________________ a ___________________de 20____.

Fdo. ______________________________

B. Autorización posterior a la grabación

Dña./D. ____ con DNI ____________________________

DECLARO

1) que se me ha informado de que he sido grabado/a y he escuchado el contenido de mi grabación;
2) que se me ha informado de que puedo ejercer mi derecho a retirar la grabación.

Y, por tanto, AUTORIZO al uso de la grabación de su contenido, previamente anonimizados texto, audio y video para fines estrictamente de investigación.

A los efectos oportunos, firmo la presente autorización, en ______________________ a __________________________de
20____.
Fdo.______________________________________

1. Datos personales

Los datos personales obtenidos mediante el presente formulario se incorporarán a los sistemas de información de la Universitat de València – Estudi General (links.uv.es/lopd/dpo) en el marco de la tesis doctoral FPU18/02767.

La información objeto de tratamiento será utilizada para el desarrollo de funciones docentes y académicas propias de la Universitat de València como la investigación, la creación, desarrollo, transmisión y crítica de la ciencia, de la técnica y de la cultura y la difusión, la valorización y la transferencia del conocimiento.

En concreto, se prevé que estas grabaciones formen parte de un corpus oral de la comunicación en los videojuegos (aún en fase de desarrollo). Con el objetivo de analizar el discurso generado dentro de una partida de videojuego, en este estudio se recogen conversaciones en situaciones reales y cotidianas dentro del juego.

La Universitat de València se compromete a que cualquier divulgación pública de los resultados obtenidos con motivo de la investigación se realizará anonimizando debidamente los datos utilizados, de modo que los sujetos de la investigación no resultarán identificados o identificables. La base jurídica del tratamiento es el consentimiento del afectado/a y se prevé la conservación de los datos personales durante cinco años. Transcurrido ese periodo, los datos se conservarán debidamente disociados para garantizar el anonimato.

2. Registro de imagen o sonido

En el marco del desarrollo de la actividad se obtendrán registros de audio y video. Ud. Autoriza a la Universitat de València al uso, edición, difusión y explotación de estos registros exclusivamente para fines de investigación. En caso de utilización, se asegurará que el afectado/a nunca sea identificado por su nombre ni mediante información alguna que le haga identificable.

Todo ello con la única salvedad y limitación de aquellas utilizaciones o aplicaciones que pudieran atentar a los derechos garantizados en la Ley Orgánica 1/1982, de 5 de mayo, de Protección Civil al Derecho al Honor, la Intimidad Personal y familiar y a la Propia Imagen, así como del pleno respeto de las previsiones específicas del art. 4 de la Ley Orgánica 1/1996, de 15 de enero, de protección jurídica del menor.

3. Publicación

Los resultados del proyecto son susceptibles de publicación. En caso de tal utilización, se asegurará que Ud. nunca sea identificado/a por su nombre apellidos, ni mediante información alguna que le haga identificable.

4. Ejercicio de derechos

Las autorizaciones concedidas en este documento podrán ser revocadas mediante la presentación del oportuno escrito. La revocación comportará la retirada de la información de los sistemas de la Universitat de València en un plazo prudencial de tiempo en función de la disponibilidad de recursos. Puede obtener más información acerca de sus derechos en: links.uv.es/lopd/derechos

Y en prueba de conformidad, firmo el presente documento en el lugar y la fecha indicados en el encabezamiento.

Nombre y apellidos	Nombre y apellidos
Firma:	Firma (padre/madre/tutor/)*: *Rellenar solo en caso de menores o personas con incapacidad legal

7 Bibliografía

1. Obras citadas

de Aguilera, M., & Mañas, S. (2001): «Atravesando el espejo», *Comunicar*, 9(17), pp. 79–85.

Albelda M., M. y Barros G., M.ª. J. (2013): *La cortesía en la comunicación.* Madrid: Arco/Libros

Alemany, A. (en prensa): *Estudio Pragmático del componente temporal en los adverbios aproximativos: el caso de aún y todavía* [tesis doctoral]. Valencia: Universitat de València

Almeraya, J. M. C. (2020): «Google Drive como entorno virtual de investigación científica para el desarrollo de la escritura académica», *Didac*, 75, pp. 14–21.

Androutsopoulos, J. (2014): «Languaging when contexts collapse: Audience design in social networking». *Discourse, Context & Media*, 4, pp. 62–73.

Anscombre, J. C. (2008): «La polifonía: nociones y problemas». *Archivum, 58*, pp. 21–51.

Anscombre, J. C. (2009): «La comédie de la polyphonie et ses personnages». *Langue française*, 4, pp. 11–31.

Anscombre, J. C. y Ducrot, O. (1983): *L'argumentation dans la langue*. Editions Mardaga.

Aoki, K., & Pogroszewski, D. (1998): «Virtual university reference model: A guide to delivering education and support services to the distance learner», *Online journal of distance learning administration*, 1(3), pp. 1–15.

Aranda, V. T. (2004): «Historia y evolución de Internet», *Autores científico-técnicos y académicos*, pp. 22–32.

Austin, J. L. (1955): *Cómo hacer cosas con palabras*. Barcelona: Paidós.

Badia, S. (2018): «La conversación coloquial y los videojuegos MOBA: estudio sobre la fragmentariedad». *Estudios interlingüísticos*, 6, pp. 27–41.

Badia, S. (2023): *Lenguaje coloquial y videojuegos en línea. El caso de los MOBA: hacia un nuevo tipo de comunicación.* València: Universitat de València.

Badia, S. (en prensa): «El discurso de los MOBA: entre la jerga y la especialidad», *Círculo de Lingüística aplicada a la comunicación.*

Bajtin, M. (1979): «El problema de los géneros discursivos En Estética de la creación verbal», *México DF: Siglo 21*, pp. 294–323.

Bajtin, M. (1982 [1979]): *Estética de la creación verbal.* España: Siglo Veintiuno Ediciones

Bañón, A. M. (2005): «El debate político. Una aproximación desde el análisis del discurso oral», *LSC–Llengua, societat i comunicació*, pp. 10–19.

Baron, Naomi S. (2000): *Alphabet to Email: How to Written English Evolved and Where It's Heading.* Nueva York: Routledge.

Bauer, R., & Kato, H. (2018): «The Spectacular Space. Rules and Guiding Principles of Irrational Spaces in Games» en Suter, Kocher y Bauer (eds.) *Games and Rules: Game Mechanics for the "Magic Circle"*, pp. 139–168.

Bauman, Z. (2000): *Modernidad líquida*. Buenos Aires: Fondo de Cultura Económica.

Becerra Olivares, F. E. (2022): *Estudio descriptivo y comparativo de la terminología en español, francés e inglés de un texto especializado del ámbito de la oleicultura del aceite de oliva.* Chile: Universidad de Concepción.

Beisswenger, M. (2001): «Chat-Kommunikation. Sprache, Interaktion und Sozialität in synchroner computervermittelter Kommunikation», *Perspektiven auf ein interdisziplinäres Forschungsfeld.Stuttgart.*

Benavent Payá, E. (2015): *Decir y discurso directo en los relatos de la conversación coloquial.* Valencia: Universitat de València.

De Benito M., C. (2021): «'The Spanish of the Internet': Is That a Thing?» en Perez, Danae Maria; Hundt, Marianne; Kabatek, Johannes; Schreier, Daniel. *English and Spanish – World Languages in Interaction.* Cambridge: Cambridge University Press, pp. 258–286.

Benveniste, E. (1971): *Problemas de lingüística general I.* México: Siglo XX editores.

Benitez, G. S. (2009): «La comunicación no verbal», *Estrategias de enseñanza y aprendizaje del español en China*, pp. 1–16.

Bernal, M. (2006): «Actos corteses, descorteses y anticorteses en la conversación coloquial española», *II Congreso sobre lengua y sociedad.* Castelló de la Plana.

Berrendonner, A. (2003): «Éléments pour une macro-syntaxe: actions communicatives, types de clauses, structures périodiques», en Scarano, A. (ed.), *Macro-syntaxe et pragmatique. L'analyse linguistique de l'oral.* Roma: Bulzoni, pp. 93–110.

Berrendonner, A. (2011): «Unités syntaxiques & unités prosodiques», *Langue francaise*, 170(2), pp. 81–93.

Berrendonner, A. y Reichler-Béguelin, M. J. (1989): «Décalages: les niveaux de l'analyse linguistique», *Langue française*, 81, pp. 99–125.

Bertomeu P., P. (2020): *Peticiones en alemán y español: un estudio contrastivo en conversaciones coloquiales prototípicas y periféricas*. València. Universitat de València.

Biber, D. (2014). «Register and discourse analysis», Gee, J. P. y Handford, M. (eds.), *The routledge handbook of discourse analysis*. Nueva York: Routledge handbooks, pp. 191–208.

Biber, D. (2015): «Corpus-based and corpus-driven analyses of language variation and use», en Bernd Heine y Heiko Narrog (eds.), *The Oxford Handbook of Linguistic Analysis*, pp. 194–224.

Biber, D. Conrad, S. y Reppen, R. (1994): «Corpus-based approaches to issues in applied linguistics», *Applied linguistics*, 15(2), pp. 169–189.

Biber, D., y Reppen, R. (2016): *Corpus Linguistics*. Cambridge: Cambridge University Press.

Blanco, L. (2007): «Aproximación al paralenguaje», *Hesperia: Anuario de filología hispánica*, 10, pp. 83–97.

Bloomfield, L. (1983): *An Introduction to the Study of Language*. Amsterdam: John Benjamins.

Booth, P. A. (1989): *An Introduction to Human-computer Interaction*. Nueva York: LEA.

Brazil, D. (1995): *A grammar of speech*. Oxford: Oxford University Press.

Brill, E. D. (1993): *A corpus-based approach to language learning*. Pensilvania: University of Pennsylvania.

Briz Gómez, A. (1996): *El español coloquial: situación y uso (Vol. 38)*. Barcelona: Arco Libros.

Briz Gómez, A. (1998): *El español coloquial: Esbozo de pragmagramática*. Barcelona: Ariel.

Briz Gómez, A. (2006): «La segmentación de una conversación en diálogos», *Oralia*, 9, pp. 45–72.

Briz Gómez, A. (2007): «La unidad superior del discurso (conversacional): el diálogo», en Cortés Rodríguez, L. M. (ed.), *Discurso y oralidad: homenaje al profesor José Jesús de Bustos Tovar*. Barcelona: Arco Libros, pp. 15–40

Briz Gómez, A. (2010): «Lo coloquial y lo formal, el eje de la variedad lingüística», en Castañer Martín, R. M. y Lagüéns Gracia, V. (eds.), *De moneda nunca usada: Estudios dedicados a José Ma Enguita Utrilla*. Zaragoza: Insituto Fernando El Católico, pp. 125–133.

Briz Gómez, A. (2011): «Los juicios orales: un subgénero de lo+ formal», en Harvey (ed.), *El diálogo oral en el mundo hispanohablante: estudios teóricos y aplicados*. Madrid: Iberoamericana, pp. 139–161.

Briz Gómez, A. *et al.* (1995): *La conversación coloquial (Materiales para su estudio).* Valencia: Universitat de València.

Briz Gómez, A. y grupo Val.Es.Co. (2003): «Un sistema de unidades para el estudio del lenguaje coloquial», *Oralia*, 6, pp. 7–61.

Briz Gómez, A. y grupo Val.Es.Co. (2010): «El registro como centro de la variedad situacional. Esbozo de la propuesta del grupo Val.Es.Co sobre las variedades diafásicas» en Fonte, I.; Rodríguez Alfano, L. (comp.): P*erspectivas dialógicas en estudios del lenguaje.* México: Universidad de Nuevo León, pp. 21–56.

Briz Gómez, A. y grupo Val.Es.Co. (2014): «Las unidades del discurso oral. La propuesta Val.Es.Co. de segmentación de la conversación (coloquial)», *Estudios de Lingüística del Español*, 35(1), pp. 11–71.

Briz Gómez, Antonio y Albelda, M. (2009): «Estado actual de los corpus de lengua española hablada y escrita: I+ D», *El español en el mundo: Anuario del Instituto Cervantes 2009.* Instituto Cervantes.

Briz Gómez, A. y Albelda, M. (2019): «La atenuación y la intensificación en la expresión de la (des) cortesía en la conversación coloquial» en *Guía práctica de pragmática del español.* Londres: Routledge, pp. 125–135.

Brown, G. y G. Yule (1993): *Análisis del discurso.* Madrid: Visor.

Bustos Tovar, J. J. de (1995): «De la oralidad a la escritura» en Cortés Rodríguez (ed.), *Actas del I Simposio sobre Análisis del discurso Oral.* Almería: Universidad de Almería, pp. 7–28.

Bustos Tovar, J. J. de (2000): «Texto, discurso e historia de la lengua», *Revista De Investigación Lingüística*, 2(3), pp. 67–94.

Bühler, k. (1934 [1985]): *Teoría del lenguaje.* Madrid: Alianza

Cabanes, S. (2023): *Análisis multimodal en la distinción entre intervención y turno: efectos en la segmentación de la conversación desde el modelo Val. Es.Co* [tesis doctoral]. Valencia: Universitat de València.

Cabré, M. T. (2002): «Terminología y lingüística: la teoría de las puertas», *Estudios de lingüística del español*, 16(3).

Cabré, M. T. (2004): «¿Lenguajes especializados o lenguajes para propósitos específicos?», en Andreu P.J.V. van Hooft (ed.), *Textos y discursos de especialidad.* Leiden: Brill, pp. 19–33.

Cabré, M. T. (2005a): «Una nueva teoría de la terminología: de la denominación a la comunicación» en Cabré (ed.), *La terminología: representación y comunicación: elementos para una teoría de base comunicativa y otros artículos.* Barcelona: Documenta Universitaria, pp. 1000–1019.

Cabré, M. T. (2005b): «Hacia una teoría comunicativa de la terminología: aspectos metodológicos.» en Cabré (ed.), *Terminología: representación y comunicación: elementos para una teoría de base comunicativa y otros artículos*. Barcelona: Documenta Universitaria, pp. 1000–1022.

Cabré, M. T. (2009): «La Teoría Comunicativa de la Terminología, una aproximación lingüística a los términos», *Revue française de linguistique appliquée*, 14(2), pp. 09–15.

Cabré, M. T. Llorente, M., y Estopà, R. (1996): «Terminología y fraseología», *Actas del V Simposio de Terminología Iberoamericana*, pp. 67–81.

Cabré, M. T. Bach, C., Castellà, J. M., y Martí, J. (2007): «La caracterización lingüística del discurso especializado», en Mairal R, *et al.* IRAL, R. et. al. (eds.), *Aprendizaje de lenguas, uso del lenguaje y modelación cognitiva: perspectivas aplicadas entre disciplinas. Actas del XXIV Congreso Internacional de AESLA (Asociación Española de/nLingüística Aplicada)*. Madrid: UNED-AESLA, pp. 851–857.

Calderón de la Barca, P. (1904): *La vida es sueño*. Madrid: Cátedra

Calsamiglia Blancafort, H. y A. Tusón Valls (2008): «Aportaciones del análisis del discurso a la educación lingüística», *Textos de didáctica de la lengua y la literatura*, 49, pp. 14–27.

Calvi, M. V. (2006): «El uso de términos culturales en el lenguaje del turismo: los hoteles y su descripción» en M.ª Calvi y L. Chierichetti (eds.), *Nuevas tendencias en el discurso de especialidad*. Frankfurt: Peter Lang, pp. 271–292.

Calvi, M. V. (2010): «Los géneros discursivos en la lengua del turismo», *Ibérica*, 19, pp. 9–32.

Calvi, M. V. (2022). «Introducción: diversidad lingüística y traducción de textos turísticos», *Estudios de traducción*, 12, pp. 1–2.

Calvi, M. V. y Mapelli, G. (2011): *La lengua del turismo: Géneros discursivos y terminología*. Frankfurt: Peter Lang.

Campbell, Nick (2009): «An Audio-Visual Approach to Measuring Discourse Synchrony in Multimodal Conversation Data» en Peter Juel Henrichsen (ed.), *Linguistic Theory and Raw Sound*. Copenhague: Copenhague Studies in Language 40, pp. 199–209. En línea <https://www.tara.tcd.ie/bitstream/handle/2262/39517/An?sequence=1> [consulta:03/05/24]

Cañedo Andalia, Rubén (2004): «Aproximaciones para una historia de Internet», *Acimed*, 12(1).

Carranza, I. E. (2015): *Conversación y deixis del discurso*. Córdoba: Universidad Nacional de Córdoba.

Casacuberta, F., García, R., Llisterri, J., Nadeu Camprubí, C., Pardo, J. M., y Rubio, A. (1992): «Desarrollo de corpus para investigación en tecnologías del habla», *Procesamiento del lenguaje natural*, 12, pp. 35–42.

Cassany, D. (2008): «Metodología para trabajar con géneros discursivos», *Jornadas sobre lenguajes de especialidad y terminología*. Leioa, Biscaia, 1 febrer de 2008.

Castillo Bernal, María Pilar (2022): «Traducción de la terminología de la ficha técnica y el prospecto (alemán-español)», *Revista de lenguas para fines específicos*, 28(1), pp. 142–156.

Calsamiglia Blancafort, H., y Tusón Valls, A. (2008): «Aportaciones del análisis del discurso a la educación lingüística». *Textos de didáctica de la lengua y la literatura*, 13(49), pp. 14–27.

Chafe, W. L. (1994): *Discourse, Consciousness, and Time: The Flow and Displacement of Conscious Experience in Speaking and Writing*. Chicago: University of Chicago Press.

Chapanis, A., Ochsman, R. B., Parrish, R. N., y Weeks, G. D. (1972): «Studies in interactive communication: I. The effects of four communication modes on the behavior of teams during cooperative problem-solving», *Human Factors*, 14(6), pp. 487–509.

Church, A. (1937). «AM Turing. On computable numbers, with an application to the Entscheidungs problem». *The Journal of Symbolic Logic*, 2(1), 42–43.

Cicourel, Aaron (1968): *The social organization of juvenile justice*. Nueva York: John Wiley.

Codina, L. (2009): «¿Web 2.0, web 3.0 o web semántica?: el impacto en los sistemas de información de la web», *I Congreso Internacional de Ciberperiodismo y Web* (Vol. 2). Bilbao.

Comer, D. E., y Peterson, L. L. (1986): «Conversation-based mail», *ACM Transactions on Computer Systems (TOCS)*, 4(4), pp. 299–319.

Condon, E. U. (1942): «Clubs and Allied Activities». *The American Mathematical Monthly*, 49(5), 330–335.

Corcolés, T. (2023): *El discurso de la corrupción: estudio pragmático-retórico de los argumentos y las fases lingüísticas en los casos de corrupción de Cristina Cifuentes y Carmen Montón* [tesis doctoral]. Valencia: Universitat de València.

Cortés-Rodríguez, L. (1986): *Sintaxis del coloquio. Aproximación sociolingüística*. Salamanca: Universidad de Salamanca.

Cortés-Rodríguez, L. (2002): «Las unidades del discurso oral», *Boletín de lingüística*, 14(17), pp. 7–29.

Coulthard, M. y Brazil, D. (1992): «Exchange structure.» en Coulthard, M. (ed.), *Advances in Spoken Discourse Analysis*. Londres y Nueva York: Routledge, pp. 50–78.

Copeland, B. J. (2013): «Turing and the Physics of the Mind». *Alan Turing: His Work and Impact*, pp. 651–666.

Coseriu, E. (1981). *Principios de semántica estructural* Madrid: Gredos

Cots, J. M., Nussbaum, L., Payrató, L., y Tusón, A. (1989): «Conversa (r)». *Caplletra. Revista Internacional de Filologia*, 7, pp. 51–72.

Cramer, H., De Juan, P., y Tetreault, J. (2016): «Sender-intended functions of emojis in US messaging», *Proceedings of the 18th International Conference on Human-Computer Interaction with Mobile Devices and Services*. Florencia, pp. 504–509.

Criado de val, M. (1980): *Estructura general del coloquio*. Madrid: Consejo Superior de Investigaciones Científicas.

Cummings, H. M., y Vandewater, E. A. (2007): «Relation of adolescent video game play to time spent in other activities», *Archives of pediatrics & adolescent medicine*, 161(7), pp. 684–689.

Dabbish, L. A., y Kraut, R. E. (2006) «Email overload at work: An analysis of factors associated with email strain», *Proceedings of the 2006 20th anniversary conference on Computer supported cooperative work*, pp. 431–440.

Dainas, A. R., y Herring, S. C. (2021): «Interpreting emoji pragmatics» en C. Xie, H. Hartmunt y F. Yus (eds.), *Approaches to Internet Pragmatics*. Amsterdam: John Benjamins, pp. 107–144.

Degand, L. Y Simon, A. C. (2008): «Minimal discourse units in spoken French: Uncovering genrebound segmentation strategies», en Ramm, W. y Fabricius-Hansen, C. (eds.), *Linearisation and Segmentation in Discourse. Multidisciplinary Approaches to Discourse* 2008 (MAD 08). Oslo, pp. 31–41. En línea, <https://dial.uclouvain.be/pr/boreal/object/boreal:83366> [consulta: 14/10/2019].

Degand, L. Y Simon, A. C. (2009): «On identifying basic discourse units in speech: theoretical and empirical issues», *Discours, 4*. En línea <http://journals.openedition.org/discours/5852> doi: 10.4000/discours.5852 [consulta: 22/03/2023].

Delgado-Benito, Vanesa y Casado Muñoz, Raquel (2012): «Google docs: una experiencia de trabajo colaborativo en la Universidad» en Vanesa Delgado y Raquel Casado (eds.), *Enseñanza & Teaching*. Salamanca: Universidad de Salamanca.

Depperman A (2013): «Multimodal interaction from a conversation analytic perspective », *Journal of Pragmatics*, 46, pp. 1–7.

Depperman A y Streeck, J. (2018): «The body in interaction» en Arnulf Depperman y Jürgen Streeck (eds.), *Time in Embodied Interaction: Synchronicity and sequentiality of multimodal resources*. Amsterdam: John Benjamins, pp. 1–29.

Devís Herraiz, E. (2014): «La entonación como paralenguaje», en Ana Díaz Galán (Ed.), *Comunicación, cognición, cibernétic@: actas*, pp. 904–913. Madrid

Dijk, T. A. (1980): *Texto y contexto*. Madrid: Cátedra.

Djonov, E., y Van Leeuwen, T. (2017): «The power of semiotic software: A critical multimodal perspective», *The Routledge handbook of critical discourse studies*. Londres: Routledge, pp. 566–581.

Djonov, E., & van Leeuwen, T. (2018): «Social media as semiotic technology and social practice: the case of ResearchGate's design and its potential to transform social practice», *Social Semiotics*, 28(5), pp. 641–664. DOI: https://doi.org/10.1080/10350330.2018.1504715

Domènech Bagaria, O., Estopà Bagot, R., y Cabré Castellví, M. T. (2018): «La terminologia avui: termes, textos i aplicacions», *La terminologia avui*. Barcelona: UOC

Donath, J., Karahalios, K., & Viegas, F. (1999): «Visualizing conversation». *Proceedings of the 32nd Annual Hawaii International Conference on Systems Sciences*. HICSS-32. Abstracts and CD-ROM of Full Papers (pp. 9–pp). IEEE.

Donovan, T. (2010): *Replay: The History of Video Games*. Yellow Ant Media Ltd.

Dooly, M. (2017): «A Mediated Discourse Analysis (MDA) approach to multimodal data» en E. Moore y M. Dooly (eds.), *Qualitative approaches to research on plurilingual education*, pp. 189–211.

Dresner, E., y Herring, S. C. (2010): «Functions of the nonverbal in CMC: Emoticons and illocutionary force», *Communication theory*, 20(3), pp. 249–268.

Dresner, E., Herring, S. C.y Siever, C. M. (2017): «Beyond the alphabet–communcataion of emojis», *Kurzfassung eines (auf Deutsch) zur Publikation eingereichten Manuskripts*, pp. 1–13.

Ducrot, O. (1982 [1972]): *Decir y no decir*. Barcelona: Anagrama.

Ducrot, O. (1983): «Opérateurs argumentatifs et visée argumentative», *Cahiers de linguistique française*, 5, pp. 7–36.

Ducrot, O. (1984): *Le dire et le dit*. Paris: Minuit

Dumont, M., Rogmans, S., Maesen, S. y Bekaert, P. (2009): «Optimized two-party video chat with restored eye contact using graphics hardware», *e-Business and Telecommunications: International Conference, ICETE 2008, Porto, Portugal, July 26–29, 2008, Revised Selected Papers*. Berlín-Heidelberg: Springer, pp. 358–372.

Dürscheid, C., & Siever, C. M. (2017): «Jenseits des Alphabets. Kommunikation mit Emojis», *Zeitschrift für Germanistische Linguistik*, 45(2), pp. 256–285. DOI: 10.1515/zgl-2017-0016

El mimouni, H., Fussell, S. R., Herring, S., Neustaedter, C. y Rode, J. (2018): «SIG on Telepresence Robots. In Extended Abstracts of the 2018 CHI Conference on Human Factors», *Computing Systems*, pp. 1–4.

tertainment Software Association (ESA) (20 (2022). «2022 Essential Facts About the Video Game Industry». En línea <https://www.theesa.com/resource/2022-essential-facts-about-the-video-game-industry/>

Espinosa-Guerri, Guadalupe. (2016): «Los dientes de sierra: una herramienta para el estudio de la estructura interactiva del discurso dialógico», *Normas*, pp. 13–26. En línea <https://doi.org/10.7203/Normas.6.8828> [consulta: 22/04/2023]

Espinosa-Guerri, Guadalupe. (2024): *Visualización de la conversación coloquial española* [tesis doctoral]. Valencia: Universitat de València.

Espinosa-Guerri, Guadalupe. y A. García-Ramón (2019): «A preliminary typology of interactional figures based on a tool for visualizing conversational structure» en Óscar Loureda, Inés Recio, Laura Nadal y Adriana Cruz (eds.), *Empirical Studies of the Construction of Discourse*. Amsterdam: John Benjamins, pp. 93–130.

Estévez-Rionegro, N. (2016): *Las construcciones de estilo directo. Estudio de corpus*. Santiago de Compostela: Universidade de Santiago de Compostela

Estopà, R. (2014): «El reciclaje léxico: mecanismo de actualización terminológica recurrente entre los especialistas», *Debate Terminológico*, (11), pp. 38–46.

Fairclough, N. (2014): «Critical discourse analysis», Gee, J. P. y Handford, M. (eds.), *The routledge handbook of discourse analysis*. Nueva York: Routledge handbooks, pp. 9–21.

Ferrara K.; Brunner H. and Whittemore G. (1991): «Interactive Written Discourse as an Emergent Register », *Written Communication*, 1(8), pp. 8–34.

Filliettaz, L. y Roulet, E. (2002): «The Geneva Model of discourse analysis: An interactionist and modular approach to discourse organization», *Discourse Studies*, 4, pp. 369–393. Doi: 10.1177/14614456020040030601.

Finn, K. E. (1997): *Video-mediated communication*. Estados Unidos: Erlbaum Associates Inc.

Fischer, Kerstin (2006): *What computer talk is and isn't*. Germany: AQ-Verlag.

Fischer, Kerstin (2010): «Why it is interesting to investigate how people talk to computers and robots: Introduction to the special issue». *Journal of Pragmatics*, 42, pp. 2349–2354.

Fischer, Kerstin (2011): «How People Talk with Robots: Designing Dialog to Reduce User Uncertainty». *AI Magazine*, 32(4), pp. 31–38.

Forsyth, Eric N. y Martell Craig H. (2007): *Lexical and Discourse Analysis of Online Chat Dialog*. USA: IEEE.

Fradejas, M. D. A. C. (2000): *La voz en la conversación: propuesta para el análisis de los rasgos del paralenguaje*. Leon: Universidad de León.

Francis, G. (1993): «A corpus-driven approach to grammar: Principles, methods and examples», *Text and technology: In honour of John Sinclair*, 1, pp. 137–156.

Fuentes-Luque, A. (2009): «El turismo rural en España: terminología y problemas de traducción», *Entreculturas: revista de traducción y comunicación intercultural*, (1), pp. 469–486.

Fuentes-Luque, A. y León, M. I. F. (2019): «Estudio y traducción de la terminología del turismo rural en español, inglés y francés», *Revista de Lenguas para Fines Específicos*, 25(2), pp. 134–152.

Fuentes-Rodríguez, C. (2000): *Lingüística pragmática y análisis del discurso.* Madrid: Arco/Libros.

Fuentes-Rodríguez, C. (2013): «La gramática discursiva: niveles, unidades y planos de análisis», *Cuadernos AISPI: Estudios de lenguas y literaturas hispánicas*, 2, pp. 15–36.

Fuentes-Rodríguez, C. (2017): «Macrosintaxis y lingüística pragmática», Círculo de Lingüística Aplicada a la Comunicación, 71, pp. 5–34.

Fuster Caubet, Y. (2016): «El texto académico como género discursivo y su enseñanza en la educación terciaria», *Palabra clave*, 5(2), pp. 1–11.

Gallardo-Paúls, Beatriz (1990): «Discurso y conversación» en López García, Á. *et al*ii (eds.), *Lingüística general y aplicada*. Valencia: Universidad de Valencia, pp. 273–296.

Gallardo-Paúls, Beatriz (1996): *Análisis conversacional y pragmática del receptor*. Valencia: Episteme

Garfinkel, Harold (1963): «A conception of and experiments with "trust" as a condition of stable concerted actions» en O. J. Harvey (ed.), *Motivation and Social Interaction*. New York: Ronald Press, pp. 187–238.

Garfinkel, Harold (1964): «Studies of the routine grounds of everyday activities». *Social Problems*, 11, pp. 225–250.

Garfinkel, Harold (1967): *Studies in ethnomethodology*. Englewood Cliffs: Paradigm Publishers.

Garrison, A., Remley, D., Thomas, P. y Wierszewski, E. (2011): «Conventional faces: Emoticons in instant messaging discourse», *Computers and Composition*, 28(2), pp. 112–125.

Gibbon, D. (1997): «Intonation in German», en Hirst y Di Cristo (eds.), *Intonation systems: a survey of twenty languages*, pp. 78–95. Cambridge: Cambridge University Press

Giles, D., Stommel, W., Paulus, T., Lester, J. y Reed, D. (2015): «Microanalysis of online data: The methodological development of "digital CA"», *Discourse, context & media*, 7, pp. 45–51.

Givón, T. (1979): «From discourse to syntax: Grammar as a processing strategy» en T. Givon (ed.), *Discourse and syntax*. Leiden: Brill, pp. 81–112

Glynn, D. y Fischer, K. (eds.) (2010): *Quantitative methods in cognitive semantics: Corpus-driven approaches*. Berlín: De Gruyter Mouton.

Goffman, E. (2005): *Interaction ritual: Essays in face to face behavior*. Chicago: AldineTransaction.

Gómez de Enterría Sánchez, J. (2000): «Los diccionarios especializados y la enseñanza de ELE»., *¿Qué español enseñar? Norma y variación lingüísticas en la enseñanza del español a extranjeros: actas del XI Congreso Internacional ASELE. Zaragoza 13–16 de septiembre de 2000*. Asociación para la Enseñanza del Español como Lengua Extranjera-ASELE, pp. 105–122.

Goodwin, M. H. (2006): *The hidden life of girls: Games of stance, status, and exclusion*. Hong Kong: John Wiley & Sons.

Greiner, B., Caravella, M. y Roth, A. E. (2014): «Is avatar-to-avatar communication as effective as face-to-face communication? An Ultimatum Game experiment in First and Second Life», *Journal of Economic Behavior & Organization, 108*, pp. 374–382.

Grice, H. P. (1957): «Meaning», *Philosophical Psychology*, 67, pp. 377–388

Grice, H. P. (1975): «Logic and conversation» en Peter Cole y Jerry J. Morgan (ed.), *Speech acts*. Leiden: Brill, pp. 41–58.

Grice, H. P. (1989): *Studies in the ways of words*. Cambridge, MA: Harvard University Press.

Gries, S. (2005): «Syntactic priming: a corpus-based approach», *Journal of psycholinguistic research*, 34(4), pp. 365–399.

Gries, S. (2009): «What is corpus linguistics?», *Language and linguistics compass*, 3(5), pp. 1225–1241.

Gries, S. y Gries, S. (2015): «Turn order and turn distribution in multi-party storytelling», *Journal of Pragmatics*, 87, pp. 171–191.

Gries, S. y Berez, A. L. (2017): «Linguistic annotation in/for corpus linguistics», en Ide y Pustejovsky (eds.), *Handbook of linguistic annotation*, pp. 379–409.

Guantiva Acosta, R., Cabré Castellví, M. T., y Castellà Lidon, J. M. (2008): «Clasificación de textos especializados a partir de su terminología», *Íkala, revista de lenguaje y cultura*, 13(19), pp. 15–39.

GUIOMAR, E. C. (2010): *Textos especializados y terminología*, vol. 6. Documenta Universitaria.

GUSTAFSON J. (2002): *Developing Multimodal Spoken Dialogue Systems. Empirical Studies of Spoken Human-Computer Interaction* [tesis doctoral]. KTH Stockholm.

HAFNER, K. y Lyon M. (1998): *Where Wizards stay up late (the origins of the Internet)*. Nueva York: Touchstone.

HALLIDAY, M. A. K. (1961): «Categories of the theory of grammar» en Bertil Malmberg (ed.), *Readings in Modern Linguistics: An Anthology*. Berlín: De Gruyter Mouton, pp. 157–208.

HALLIDAY, M. A. K. (1978): *El lenguaje como semiótica social*. México: Fondo de cultura Económica

HALLIDAY, M. A. K. (1984): «Language as Code and Language as Behaviour», *Report of the Fifteenth Annual (First International) Round Table Meeting on Linguistics and Language Studies, Monograph Series on Languages and Linguistics 17*, Georgetown University Press, pp. 11–24.

HALLIDAY, M. A. K. (1994): *An introduction to functional gramar*. Londres: Edward Arnold.

HANS, A. y Hans, E. (2015): «Kinesics, haptics and proxemics: Aspects of non-verbal communication» *IOSR Journal of Humanities and Social Science (IOSR-JHSS)*, 20(2), pp. 47–52.

HARRÉ, R. (2005): «Positioning and the discursive construction of categories», *Psychopathology*, 38(4), pp. 185–188.

HARRISON, Sandra M. (2002): *The discourse structure of Email discoussions*. Inglaterra: Information and English.

HEATH, Christian (2013): «Embodied action and organisational interaction: Establishing contract on the strike of a hammer», *Journal of Pragmatics*, pp. 24–38. En línea < http://www.sciencedirect.com/science/article/pii/S0378216612000045/pdfft?md5=a6d38048e6998c5ed0563a47a4c3a8d3&pid=1-s2.0-S0378216612000045main.pdf> [consulta: 28/4/2017].

HEATH, Christian y Luff, P. (1991): «Collaborative activity and technological design: Task coordination in London Underground control romos», *Proceedings of the Second European Conference on Computer-Supported Cooperative Work ECSCW'91*. Springer: Dordrecht, pp. 65–80.

HEATH, Christian *et al*ii (2010): *Video Analysis and Qualitative Research*. Londres: Sage.

HERRING, Susan C. (2001): «Computer-mediated discourse» en D. Schiffrin, D. Tannen y H. Hamilton (eds.), *The Handbook of Discourse Analysis*. Oxford: Blackwell Publishers, pp. 612–634.

Herring, Susan C. (2003). «Dynamic topic analysis of synchronous chat», *New Research for New Media: Innovative Research Methodologies Symposium Working Papers and Readings*. Minneapolis, MN: University of Minnesota School of Journalism and Mass Communication.

Herring, Susan C. (2004): «Computer-Mediated Discourse Analysis: An Approach to Researching Online Behavior» en Barab, S. A., Kling, R. y Gray, J. H. (eds.), *Designing for Virtual Communities in the Service of Learning*. Nueva York: University Press.

Herring, Susan C. (2007): «A Faceted Classification Scheme for Computer-Mediated Discourse», *Language@Internet*, 4(1). En línea < http://nbn-resolving.de/urn:nbn:de:0009-7-7611> [consulta: 12/10/2021]

Herring, Susan C. (2013): «Discourse in Web 2.0: Familiar, Reconfigured, and Emergent» en Deborah Tannen y Anna Marie Trester (eds.), *Discourse 2.0.: Language and New Media*. Washington: Georgetown University Press.

Herring, Susan C. (2015): «New Frontiers in interactive multimodal communication» en A. Georgopoulou y T. Spilloti (eds.), *The Routledge handbook of language and digital communication*. Londres: Routledge, pp. 395–400.

Herring, Susan C. (2017): «Emergent forms of Computer-Mediated Communication and their global implications», en Fuentes-Calle, Alicia (ed.), *Linguapax. World Language Diversity: Old and New Frontiers, Emerging Scenarios*. Barcelona: Linguapax, pp. 90–130.

Herring, Susan C. (2019): «Grammar and electronic communication», en C. Chappelle (ed.), *The Concise Encyclopedia of Applied Linguistics*. Hoboken, NJ: Wiley-Blackwell, pp. 1–9.

Herring, Susan C. (2021): «Interpreting Emoji Pragmatics» en C. Xie, F. Yus y H. Haberland (eds.), *Internet pragmatics: Theory and practice*. Amsterdam: John Benjamins, 107–144.

Herring, Susan C. Kutz, D. O., Paolillo, J. C. y Zelenkauskaite, A. (2009): «Fast talking, fast shooting: Text chat in an online first-person game», *2009 42nd Hawaii International Conference on System Sciences*, pp. 1–10.

Herring, Susan C. y Androutsopoulos J. (2015): «Computer-Mediated Discourse 2.0» en Deborah Tannen, Heiddi E. Hamilton y Deborah Schiffrin (eds.), *the HandBook of Discourse Analysis*, pp. 127–151.

Herring, Susan C. y Demarest, B. (2017): «I'm the first video Voicethread–it's pretty sweet, I'm pumped: Gender and Self-Expression on an Interactive Multimodal Platform», *Alsic. Apprentissage des Langues et Systèmes d'Information et de Communication*, 20(1). En línea <https://doi.org/10.4000/alsic.3007> [consulta: 22/03/2022]

Hidalgo N., A. (1997): *La entonación coloquial: función demarcativa y unidades de habla.* Valencia: Cuadernos de Filología

Hidalgo N., A. (2001): «Modalidad oracional y entonación. Notas sobre el funcionamiento pragmático de los rasgos suprasegmentales en la conversación», *Moenia*, 7, pp. 271–292.

Hidalgo N., A. (2003): «Microestructura discursiva y segmentación informativa en la conversación coloquial». *ELUA. Estudios de Lingüística*, 17, pp. 367–385.

Hidalgo N., A. (2006): «Estructura e interpretación en la conversación coloquial: el papel del componente prosódico», *Revista de Filología*, 24, pp. 129—151

Hidalgo N., A., y Grupo Val.Es.Co (2005): «La transcripción de un corpus de lengua hablada» en J. Murillo (ed.) *Actas del II Coloquio Internacional del programa EDICE*, pp. 275–318.

Hinds, J. (1979): «Organizational patterns in discourse», en Givon, T. (ed.), *Discourse and syntax*. Leiden: Brill, pp. 135–157.

Hodges, A. (2012): *Alan Turing: The Enigma*. Princeton University Press.

Holmer, T. (2008): «Discourse Analysis of Chat Communication», *Language@Internet*, 5, pp. 1–17.

Hopper, P. (1987): «Emergent gramar», *Proceedings of the Thirteenth Annual Meeting, Berkeley Linguistics Society*, pp. 139–157.

Hyland, K. (2021): *Teaching and researching writing.* Londres: Routledge.

Hymes, D. (1964): «Introduction: toward ethnographies of communication,» *American Anthropologist*, 66(2), pp. 12–25.

Hymes, D. (1974): *Foundations in Sociolinguistics. An Ethnographic Approach*, Philadelphia: University of Pennsylvania Press.

Hymes, D. (1989): «Ways of speaking», en Bauman y Sherzer (eds.), *Explorations in the ethnography of speaking.* Cambridge: Cambridge University Press, pp. 433–452.

Instituto Cervantes (1994): *Plan curricular del Instituto Cervantes.* Madrid: Instituto Cervantes.

International Game Developers Association (2021): «Developer Satisfaction Survey: Summary Report». En línea <https://igda.org/resources-archive/developer-satisfaction-survey-summary-report-2021/>

Jefferson, G. (1978): «Sequential aspects of storytelling in conversation.» en J. Schenkein (ed.), *Studies in the organization of conversational interaction.* New York, NY: Academic Press, pp. 219–248.

JEFFERSON, G. (1984): «Notes on some orderlinesses of overlap onset» en V. D'urso y P. Leonardi (eds.), *Discourse analysis and natural rethorics*. Padova: CLEUP Editore

JOVANOVIC y V. Leuween (2018): «Multimodal dialogue in social media», *Social Semiotics*, (28), pp. 683–699

JUCKER, A. H., *et al.* (2018): «Doing space in face-to-face interaction and on interactive multimodal platforms». *Journal of Pragmatics*, 134, pp. 85–101.

JUNG, Y. W., Lim, Y. K. y Kim, M. S. (2017): «Possibilities and limitations of online document tools for design collaboration: The case of Google Docs» en *Proceedings of the 2017 ACM Conference on Computer Supported Cooperative Work and Social Computing*, pp. 1096–1108.

KAAKINEN, M., Sirola, A., Savolainen, I. y Oksanen, A. (2020): «Shared identity and shared information in social media: development and validation of the identity bubble reinforcement scale.» *Media Psychology*, 23(1), pp. 25–51.

KATO, H., & Bauer, R. (2021): "Mukokuseki and the Narrative Mechanics in Japanese Games", *Narrative Mechanics: Strategies and Meanings in Games and Real Life*, *82*(113).

KENNEDY, G. (2014): *An introduction to corpus linguistics*. Londres: Routledge.

KENT, S. L. (2001): *The Ultimate History of Video Games, Volume 1: From Pong to Pokemon and Beyond . . . the Story Behind the Craze That Touched Our Lives and Changed the World*. Prima Pub.

KENT, S. L. (2021): *The Ultimate History of Video Games, Volume 2: Nintendo, Sony, Microsoft, and the Billion-Dollar Battle to Shape Modern Gaming*. Prima Pub

KEY, M. R. (1975): *Paralanguage and Kinesics (Nonverbal Communication)*. Nueva Jersey: ERIC

KOCH, P. y Oesterreicher, W. (2007): «Schriftlichkeit und kommunikative Distanz». *Zeitschrift für germanistische Linguistik*, *35*(3), pp. 346–375.

KOCK, L. y G. DeMello (1997): *Lengua escrita y habla culta en América y España. Diez casos*. Salamanca: Ediciones Universidad de Salamanca

KOOTI, F., Aiello, L. M., Grbovic, M., Lerman, K. y Mantrach, A. (2015): «Evolution of conversations in the age of email overload», *Proceedings of the 24th international conference on world wide web*, pp. 603–613.

KRAUSE, J. y Hitzenberger L. (eds.) (1992): *Computer Talk*. Hildesheim: Olms Verlag,

KRESS, Gunther y van Leeuwen Theo (2001): *Multimodal discourse. The modes and media of contemporary communication*. Londres: Arnold.

Küster Boluda, I. y Hernández Fernández, A. H. (2013): «De la Web 2.0 a la Web 3.0: antecedentes y consecuencias de la actitud e intención de uso de las redes sociales en la web semántica», *Universia Business Review*, (37), pp. 104–119.

Lakoff, G., y Johnson, M. (1980): *Metáforas de la vida cotidiana*. Madrid: Cátedra.

Lamy, Marie-Noelle y Rosie FLEWITT (2011): «Describing online conversations: insights from a multimodal approach» en Christine Develotte, Richard Kern y Marie- Noëlle Lamy (eds.), *Décrire la Conversation en Ligne: Le Face à Face Distanciel*. Lyon: ENS Éditions, pp. 71–94.

Lapadat, J. C. (2002): «Written interaction: A key component in online learning», *Journal of computer-mediated communication*, *7*(4).

Lara-Cabrera, R., Nogueira-Collazo, M., Cotta, C. y Fernández-Leiva, A. J. (2015): «Game artificial intelligence: challenges for the scientific community», *II Congreso de la Sociedad Española para las Ciencias del Videojuego*. Barcelona

Latorre, M. (2018): *Historia de las web, 1.0, 2.0, 3.0 y 4.0*. Universidad Marcelino Champagnat, pp. 1–8.

Leathers, D. G. (1976): *Nonverbal communication systems*. Boston: *ERIC*.

Lee, M. K. y Takayama, L. (2011): «"now, i have a body": Uses and social norms for mobile remote presence in the workplace», *CHI 2011: Proceedings of the conference on human factors in computing systems*. New York: ACM, pp. 33–42.

Leech, G. (1991): «The state of the art in corpus linguistics» en Aijmer y Altenberg (eds.), *English Corpus Linguistics*. Londres: Routledge, pp. 20–41.

Leeuwen, V. (2005): *Introducing Social Semiotics*. New York: Routledge.

Levinson, Stephen C. (2013 [1983]): *Pragmatics*. New York: Cambridge University Press.

Levinson, Stephen C. (2000): *Presumptive meanings: The Theory of Generalized Conversational Implicature*. Cambridge: MIT Press

Levinson, Stephen C. (2004): «Deixis». en *The handbook of pragmatics*. Blackwell, pp. 97–121

Levinson, Stephen C. (2006): «On the human "Interaction Engine"», en N.J. Enfield y S.C. Levinson (eds.) *Roots of Human Sociality: Culture, Cognition and Interaction*, Oxford: Berg, pp. 39–69.

Levinson, Stephen C. (2013a): «Recursion in Pragmatics.» *Language,* 89, pp. 149–162. https://doi.org/10.1353/lan.2013.0005

Levinson, Stephen C. (2013b): «Action formation and ascription» en T. Stivers y J. Sidnell (eds.), *The handbook of conversation análisis*. Malden, pp. 103–130.

Levinson, Stephen C. (2019): «Interactional foundations of language: The interaction engine hypothesis», en P. Hagoort (ed.), *Human language: From genes and brain to behavior.* Massachusetts: MIT Press, pp. 189–200.

Levinson, Stephen C. (2020): «On the human" interaction engine". In *Roots of human sociality*». Londres: Routledge, pp. 39–69

Levinson, Stephen C. (2022): «The interaction engine: cuteness selection and the evolution of the interactional base for language», *Philosophical Transactions of the Royal Society B, 377*(1859).

Levinson, Stephen C. y Torreira, F. (2015): «Timing in turn-taking and its implications for processing models of language», *Frontiers in psychology*, 6, pp. 731–742.

Linell, P. y Markova, I. (1993): «Acts in discourse: From monological speech acts to dialogical inter-acts» *Journal for the Theory of Social Behaviour*, 2(2), pp. 174–196.

Llisterri, J. (1992): «Speaking styles in speech research», *Workshop on Integrating Speech and Natural Language.* Dublin.

Levinson, Stephen C. (1999): «Transcripción, etiquetado y codificación de corpus orales», *Revista española de lingüística aplicada*, (1), pp. 53–82.

Levinson, Stephen C. (2002): «Marcas fonéticas de la oralidad en la lengua de los chats: elisiones y epéntesis consonánticas», *Revista de investigación lingüística*, 5(2), pp. 61–100.

Levinson, Stephen C. (2007): «El español y las nuevas tecnologías» en Lacorte (coord.) *Lingüística aplicada del español.* Toledo: Arco/Libros, pp. 483–520.

Llisterri, J. (2003): «Lingüística y tecnologías del lenguaje», *Lynx. Panorámica de estudios lingüísticos*, 2, pp. 9–71.

Llisterri, J. (2007): «Los sistemas de diálogo» en Llisterri y Machuca (coord..) *Los sistemas de diálogo.* Barcelona: Servicio de Publicaciones/Servei de Publicacions, pp. 11–22.

Longacre, R. E. (1996): *The grammar of discourse.* Nueva York: Springer Science & Business Media.

López-Alonso, C. (2014): *Análisis del discurso.* Madrid: Síntesis.

López G., Á. (2014): *Los mecanismos neuronales del lenguaje: ensayo de fundamentación.* Valencia: Tirant Humanidades.

López-Serena, A. (2007): «El concepto de «español coloquial»: vacilación terminológica e indefinición del objeto de estudio», *Oralia*, 10, pp. 161–192.

López-Serena, A. (2016): «El establecimiento de niveles y unidades en el análisis del discurso. Una primera aproximación metateórica», en López Serena, A., Narbona Jiménez, A., y del Rey Quesada, S. (eds.): *El español a través del tiempo: estudios ofrecidos a Rafael Cano Aguilar*. Sevilla: Universidad de Sevilla, pp. 1153–1175.

López-Serena, A. (2019): *La lingüística como ciencia humana*. Madrid: Arco/Libros.

Lozano, J.; C. Peñamarín y G. Abril (1997): *Análisis del discurso: hacia una semiótica de la interacción textual*. Madrid: Cátedra.

Lyons, A. (2018): «Multimodal expression in written digital discourse: The case of kineticons». *Journal of Pragmatics*, *131*, pp. 18–29.

Magadan, Cecilia (1994): *Bla bla bla la conversación: entre la vida cotidiana y la escena pública*. Buenos Aires: La marca editora.

Mancera Rueda, A. y A. Pano Alamán (2014): *El español coloquial en las redes sociales*. Madrid: Arco/Libros.

Marcoccia, M. (2004): «On-line polylogues: conversation structure and participation framework in internet newsgroups», *Journal of pragmatics*, 36(1), pp. 115–145.

Marina, J. A. (1993): *Diseño de corpus textuales y orales*. Barcelona: Anagrama.

Martí, M. A., Antonín, M. A. M., Llisterri, J., & Boix, J. L. (Eds.) (2002): *Tratamiento del lenguaje natural: tecnología de la lengua oral y escrita*, vol. 53. Barcelona: Edicions Universitat Barcelona.

Martínez, I. M. M. (2001): «Efectos del anonimato en la comunicación de grupos que utilizan tecnologías asistidas por ordenador. Un estudio cuantitativo y cualitativo», *Anales de Psicología/Annals of Psychology*, 17(1), pp. 121–128.

McCullough, B. (2018): *How the Internet Happened: From Netscape to the Iphone*. Londres: Liveright.

Moirand, S. (1990): «Travailler avec les interviews dans la presse (Working with Interviews in the Media)», *Francais dans le Monde*, 236, pp. 53–59.

Mondada, Lorenza (2007): «Multimodal resources for turn-taking: pointing and the emergence of possible next speakers», *Discourse Studies*, 2(9), pp. 194–225.

Mondada, Lorenza (2013): «Interactional space and the study of embodied talk-in-interaction» en Auer *et al.* (eds.), *Space in language and linguistics: Geographical, interactional and cognitive perspectives*. Language & Literature, pp. 247–275

Mondada, Lorenza (2019): «Contemporary issues in conversation analysis: Embodiment and materiality, multimodality and multisensoriality in social interaction», *Journal of Pragmatics*, 145, pp. 47–62.

Montero-Fleta, B., Watts, F. y García-Carbonell, A. (2005): *Discourse analysis of internet-forum communication and its application to simulation and gaming.* No publicado. En línea, < https://d1wqtxts1xzle7.cloudfront.net/31045887/montero3-libre.pdf?1392142347=&response-content-disposition=inline>

Morales A., L. (2015). «La terminología "gamer" en el contexto del videojuego multijugador en línea», *Revista electrónica del lenguaje*, 3.

Morel, M.-A. (1989): «Computer-human communcation» en M. Taylor, F. Neel, y D. Bouhuis (eds.), *The Structure of Multimodal Communication.* Amsterdam: North-Holland Elsevier, pp. 323–330.

Mugford, G., y Montes, S. (2019): «La anticortesía», en *Guía práctica de pragmática del español*, pp. 105–114. Routledge.

Mulligan, K. (1997): «The essence of language: Wittgenstein's builders and Bühler's bricks», *Revue de Métaphysique et de Morale*, pp. 193–215.

Murillo, J. L. L. y Bautista, B. C. (2016): «A conversation análisis of virtual conversation among selected "*League of Legends*" players», *Ani: Letran Calamba Research Report*, *3*(1), pp. 1–1.

Murray, D. E (1985): «Composition as conversation: The computer terminal as médium of communication» L. Odell y D. Goswami (eds.), Writing in Nonacademic Settings, New York: Mouton de Gruyter, pp. 203–227.

Murray, D. E (1987): «The context of oral and written language: A framework for mode and médium switching», *Language in Society*, 17, pp. 351–373.

Myrendal, J. (2019): «Negotiating meanings online: Disagreements about word meaning in discussion forum communication», *Discourse studies*, 21(3), pp. 317–339.

Narbona, A. (1986): «Problemas de la sintaxis coloquial andaluza», *Revista de la Sociedad Española de Lingüística*, pp. 229–270.

Narbona, A. (1991): «Sintaxis coloquial y análisis del discurso», *Revista Española de Lingüística*, 21(2), pp. 187–204

Narbona, A. (1992): «Hacia una sintaxis del español coloquial», en *Congreso de la Lengua Española* (1992, Sevilla), Instituto Cervantes, pp. 721–740. En línea <https://idus.us.es/xmlui/handle/11441/29504> [consulta: 19/10/2019].

Narbona, A. (2001): «Movimientos centrífugos y centrípetos en la(s) norma(s) del español (Ponencia)». Congreso Internacional de la Lengua Española (2º. 2001. Valladolid).

Narbona, A. (2012): «Los estudios sobre el español coloquial y la lingüística», Revista española de lingüística, 2(42), pp. 5–32.

Neustaedter, C. (2018): «SIG on Telepresence Robots», *CHI'18 Extended Abstracts*, pp. 1–4.

Neustaedter, C., C., Venolia, G., Procyk, J. y Hawkins, D. (2016): «To beam or not to beam: A study of remote telepresence attendance at an academic conference», en *Proceedings of ACM Conference on Computer Supported Cooperative Work*. Nueva York: ACM.

Newon, L. (2011): «Multimodal creativity and identities of expertise in the digital ecology of a World of Warcraft guild», *Digital discourse: Language in the new media*, pp. 131–148.

Nølke, H. (2005): «Types d'êtres discursifs dans la ScaPoLine». *Langue française*, (4), pp. 81–96.

Nølke, H. (2013): «L'ancrage linguistique de la polyphonie||, Actes du Colloque Polyphonie: Perspectives théoriques et didactiques», *Recherches Linguistiques*, (31), Metz: Université Paul Verlaine-Metz, pp. 135–158.

Nølke, H. (2017): *Linguistic polyphony: the Scandinavian approach: ScaPoLine*. Brill.

Norris, S. y Maier, C. D. (eds.). (2014): *Interactions, images and texts: A reader in multimodality* (Vol. 11). Walter de Gruyter GmbH & Co KG.

Ochs, E. (1979): «Transcription as theory», en E. Ochs y B. Schiefflen (eds.), *Developmental Pragmatics*. Nueva York: Academic Press, pp. 43–72.

Olson, J. S., Olson, G. M. y Meader, D. K. (1995): «What mix of video and audio is useful for small groups doing remote real-time design work?», *Proceedings of the SIGCHI conference on Human factors in computing systems*, pp. 362–368.

Olza, I. (2011): *Corporalidad y lenguaje: la fraseología somática metalingüística del español*. Frankfurt: Peter Lang.

Olza, I. y Losada, M. (2011). «Apoyos co(n) textuales en el empleo discursivo de las unidades fraseológicas», *Revista signos*, 44(76), pp. 132–144.

Orihuela G., S. (2021): *Del lenguaje oral al lenguaje escrito: la transcripción como documento de archivo*. Barcelona: Universitat Autònoma de Barcelona.

Osman, G. y Herring, S. C. (2007): «Interaction, facilitation, and deep learning in cross-cultural chat: A case study», *The Internet and Higher Education*, 10, pp. 125–141

Padilla, X. A. (2023): «El código emoji: de la interfaz frecuencia-función a la identidad discursiva digital», *Círculo de Lingüística Aplicada a la Comunicación*, 93, pp. 243–257. En línea <https://doi.org/10.5209/clac.83394> [consulta: 3/02/2023]

Pagán Cánovas, C., Valenzuela, J., Alcaraz Carrion, D., Olza, I. y Ramscar, M. (2020): «Quantifying the speech-gesture relation with massive multimodal datasets: Informativity in time expressions». *Plos one*, 15(6).

Pascual A., E. (2015): «Aproximaciones a la caracterización prosódica de los subactos, la unidad discursiva mínima del sistema Val.Es.Co» en Adrían Cabedo (ed.), *Perspectivas actuales en el análisis fónico del habla. Tradición y avances en la fonética experimental.* Valencia: Tecnolingüística, pp. 137–150.

Pascual A., E. (2019): *Los truncamientos en la conversación coloquial: estudio de las huellas de formulación discursiva desde un modelo de unidades de lo oral.* València: Universitat de València.

Payrató, Ll. (1998): *Català Col·loquial. Aspectes de l'ús corrent de la llengua catalana.* Valencia: Universitat de València.

Peirce CH. S. (1987): *Obra lógico-semiótica*, Madrid: Taurus Comunicación

Peláez, P. (2023): «El kata como sistema de combate», *Asociación española de karate shotokan.* En línea <http://scialicante.blogspot.com/2023/02/blog-post_12.html?m=1>

Pereiro, J. C. (2019): «Sin palabras: génesis y desarrollos de los estudios sobre la comunicación no verbal», *Question*, 64, pp. 1–13.

Perera, K. (1984): *Children's Writing and Reading: analysing classroom language.* Blackwell: Oxford.

Pérez, I. A. (2009): «La comunicación no verbal en el discurso: perspectivas actuales», *Interlingüística*, 18, pp. 135–142.

Petzold, M. (2002): «Rezension: Chat-Kommunikation. Sprache, Interaktion und Sozialität in synchroner computervermittelter Kommunikation. Perspektiven auf ein interdisziplinäres Forschungsfeld», *Forum: Qualitative sozialforschung*, 3(2).

Pons, S. (2006): «A Functional Approach to the Study of Discourse Markers», en K. Fischer (Ed.), *Approaches to Discourse Particles.* Ámsterdam: Elsevier, pp. 77–100.

Pons, S. (ed.) (2014): *Discourse segmentation in Romance Language.* Amsterdam/Philadelphia: John Benjamins Publishing Company.

Pons, S. (2016): «Cómo dividir una conversación en actos y subactos» en *Oralidad y análisis del discurso. Homenaje a Luis Cortés Rodríguez.* Almería: Universidad de Almería, pp. 545–566.

Pons, Salvador (dir.) (2021): Corpus Val.Es.Co 3.0. <http://www.valesco.es>

Pons, S. (2022): *Creación y análisis de corpus orales: saberes prácticos y cuestiones teóricas.* Berna: Peter Lang

Pons, S. y M. Estellés (2014): «Absolute initial position» en Salvador Pons (ed.), *Discourse Segmentation en Romance Languages.* Amsterdam/Philadelphia: John Benjamins Publishing Company.

Pons, S., Pardo, A. y Alemany, A. (2023): *La marcación discursiva en español: descripción y análisis estadístico desde el DPDE*. Sevilla: Editorial Universidad de Sevilla (Colección Lingüística, n.º 85).

Poyatos, F. (1986): «Enfoque integrativo de los componentes verbales y no verbales de la interacción y sus procesos y problemas de codificación», *Anuario de psicología/The UB Journal of psychology*, pp. 125–156.

Poyatos, F. (1994): *La comunicación no verbal* (Vol. 13). Ediciones AKAL.

Poyatos, F. (2003): «La comunicación no verbal: algunas de sus perspectivas de estudio e investigación», *Revista de investigación lingüística*, 6(2), pp. 67–83

Poyatos, F. (2012): «Realidad y problemas del discurso verbal/no verbal en interpretación simultánea o consecutiva», *Oralia: Análisis del discurso oral*, 15, pp. 280–304.

Poyatos, F. (2018): «Los estudios de comunicación no verbal como rama interdisciplinar de la lingüística», *Lingüística en la red*, 16, pp. 1–31

Rabin, S. (ed.) (2010): *Introduction to game development, second edition*. Boston: Course Technology.

Rae, I., Mutlu, B. y Takayama, L. (2014): «Bodies in motion: mobility, presence, and task awareness in telepresence», *Proceedings of the SIGCHI conference on human factors in computing systems*, pp. 2153–2162.

Rauh, G. (ed.) (1983): *Essays on deixis* (Vol. 188). Gunter Narr Verlag.

Redecker, C. (2017). «European framework for the digital competence of educators». *DigCompEdu*. Publications Office of the European Union. En línea <https://ec.europa.eu/jrc/en/publication/eur-scientific-andtechnical-research-reports/european-framework-digitalcompetenceeducators-digcompedu>

Riot Games. (2021, noviembre 1): «Thank you to our global community for helping Runeterra reach new heights! 180 million players in October and still growing!». *Twitter.*

Ripamonti, L. A., Mannalà, M., Gadia, D. y Maggiorini, D. (2017): «Procedural content generation for platformers: designing and testing FUN PLEdGE», *Multimedia Tools and Applications*, 76, pp. 5001–5050.

Rodrigues, D., Prada, M., Gaspar, R., Garrido, M. V. y Lopes, D. (2018): «Lisbon Emoji and Emoticon Database (LEED): Norms for emoji and emoticons in seven evaluative dimensions», *Behavior research methods*, 50, pp. 392–405.

Rodríguez, L. B. (2007): «Aproximación al paralenguaje», *Hesperia: Anuario de filología hispánica*, 10, pp. 83–97.

Rogers, S. (2019): *Level Up!: The guide to Great Video Game Design*. Binding: Paperback

Rojo, A. (1999): *Álgebra*. Madrid: El Ateneo.

ROMERO, P. (1999): «Kinésica y análisis del comportamiento no verbal», en Fernando Poyatos (Ed.), *La comunicación no verbal. Nuevas perspectivas en novela y teatro y en su traducción*. Madrid: Ediciones Istmo.

ROMERO, J. R. y de Espinosa, M. P. L. (2015): «El fenómeno WhatsApp en el contexto de la comunicación personal: una aproximación a través de los jóvenes universitarios», *Revista ICONO 14. Revista científica de Comunicación y Tecnologías emergentes*, 13(2), pp. 73–94.

ROMISZOWSKI, A., y Mason, R. (2013): «Computer-mediated communication», *Handbook of research on educational communications and technology*. Londres: Routledge, pp. 402–436.

ROSENBAUN, L., Rafaeli, S. y Kurzon, D. (2016): «Participation frameworks in multiparty video chats cross-modal exchanges in public Google Hangouts», *Journal of Pragmatics*, 94, pp. 29–46.

ROULET, E. (1981): «Echanges, interventions et actes de langage dans la structure de la conversation (Exchanges, Turns at Talk and Speech Acts in the Structure of Conversation)», *Etudes de Linguistique Appliquee*, 44, pp. 7–39.

ROULET, E. (1991): «Vers une approche modulaire de l'analyse du discours», *Cahiers de linguistique française*, 12, pp. 53–81.

ROULET, E. (1997): «A modular approach to discourse structures», *Pragmatics. Quarterly Publication of the International Pragmatics Association (IPrA)*, 7(2), pp. 125–146.

ROULET, E. *Et al.* (1991): *L'articulation du discours en français contemporain*. 3.a edn. Berne: Peter Lang.

RUDMAN, R. y Bruwer, R. (2016): «Defining Web 3.0: opportunities and challenges», *The electronic library*, 34(1), pp. 132–154.

RUEDA, A. M., Alamán, A. P., Alamán, A. P. y Alamán, A. P. (2013): *El español coloquial en las redes sociales* (Vol. 121). Madrid: Arco/Libros.

RUIZ Cepero, C. (2017): *Estudio contrastivo alemán-español de la terminología del videojuego*. Universitat Autònoma de Barcelona.

SACKS, H. (1974): «An Analysis of the Course of a Joke's telling in Conversation» en R. Bauman y J.F. Sherzer (eds.), *Explorations in the Ethnography of Speaking*. Cambridge: Cambridge University Press, pp. 337–353.

SACKS, H., Schegloff, E. A. y Jefferson, G. (1974): «A simplest systematics for the organization of turn taking for conversation», *Studies in the organization of conversational interaction*, pp. 7–55. Academic Press.

SANMARTÍN Sáez, J. (1997): «La búsqueda etimológica en el argot de los delincuentes», *ELUA. Estudios de Lingüística*, (11), pp. 325–339.

SAMPIETRO, A. (2016): *Emoticonos y emojis: análisis de su historia, difusión y uso en la comunicación digital actual*. Valencia: Universidad de Valencia

De Saussure, F. (1916): «Nature of the linguistic sign». *Course in general linguistics*, 1, pp. 65–70.

Schandorf, M. (2019): *Communication as Gesture: Media (tion), Meaning, & Movement*. Londres: Emerald Group Publishing.

Schegloff, E. A. (1972): «Notes on a conversational practice: formulating place», en Sudnow, D. (ed.), *Studies in social interaction*. New York: Free Press, pp. 75–119.

Schegloff, E. A. (1984): «On Some Gestures' Relation to Talk», en J.M. Atkinson y J. Heritage (eds.), *Structures of Social Action*. Cambridge: Cambridge University Press, pp. 266–298.

Schegloff, E. A. (1992): «Repair after next turn: the las structurally provided defense of intersubjectivity in conversation», *American Journal of Sociology*, 5(97), pp. 1295–1345.

Schegloff, E. A. (1992): «In another context» en A. Duranti y C. Goodwin (eds.), *Rethinking context: Language as an interactive phenomenon*. Cambridge: Cambridge University Press, pp. 191–228.

Schegloff, E. A. (1999): «Discourse, pragmatics, conversation, analysis», *Discourse Studies*, 1(4), pp. 405–435.

Schegloff, E. A. (2000): «Overlapping talk and the organization of turn-taking for conversation», *Language in Society*, 1, pp. 1–63.

Schegloff, E. A. (2002): «Accounts of Conduct in Interaction: Interruption, Overlap, and Turn-Taking», en Turner, J. (ed.), *Handbook of Sociological Theory*. Nueva York: Sperger, pp. 287–321.

Schegloff, E. A. (2006): «On possibles», *Discourse studies*, 8(1), pp. 141–157.

Schegloff, E. A. (2007): *Sequence organization in interaction: A primer in conversation analysis I* (Vol. 1). Cambridge: Cambridge university press.

Schegloff, E. A. y H. Sacks (1973): «Opening up closings», *Semiotica*, 8(4).

Schelling, T. C. (1960): *The Strategy of Conflict*. Harvard: Harvard university press.

Schiffrin, D. (1994): *Approaches to discourse*. Oxford: Basil Blackwell.

Schmitt, R. (2005): «Zur multimodalen Struktur von turn-taking», *Gesprächsforschung*

Searle, J. R. (1962): «Meaning and speech acts», *The philosophical review*, 71(4), pp. 423–432.

Severinson Eklundh, K. (1986): *Dialogue processes in computer-mediated communication: A study of letters in the COM system* [tesis doctoral]. LiberFörlag.

Shannon, C. E. y Weaver W. (1949): «A Mathematical Model of Communication». *Urbana*, IL: University of Illinois Press

Simon, A. C. y Degand, L. (2011): «L'analyse en unités discursives de base : pourquoi et comment ?», *Langue francaise*, 170(2), pp. 45–59.

Sinclair, J. y Coulthard, M. (1975): *Toward an Analysis of Discourse: The English used by Teachers and Pupils*. Oxford: Oxford University Press.

Sinclair, J. Coulthard, M. y Coulthard, M. (1992): *The Advances in Spoken Discourse Analysis*. Londres: Rutledge.

Sinclair, J. Coulthard, M. y Coulthard, M. (1997): «"Narrative Analysis" Thirty Years Later». *Journal of narrative and life history*, 7(1–4), pp. 97–106.

Sindoni, M. G. (2012): «Mode-switching: How oral and written modes alternate in videochats» en M. Cambria, C. Arizzi y F. Coccetta (eds.), *Web genres and Web tools with contributions from the Living Knowledge Project*, pp. 141–153. Como & Pavia: Ibis.

Sindoni, M. G. (2014): *Spoken and written discourse in online interactions: A multimodal approach*. Londres: Routledge.

Sperber, D. y D. Wilson (1986): *Relevance*, Oxford: Basil Blackwell

Soto, U. G. y Osorio, J. (2010): «Sentir, decir y hacer: variedad expresiva y prototipos de emoción en el vocabulario juvenil», *Onomázein*, 22, pp. 125–163.

Stanton, R. (2015): *A brief history of Video Games*. Philadelphia: Robinson.

Steen, F. F., Hogar, A., Joo, J., Olza, I., Cánovas, C. P., Pleshakova, A., … y Turner, M. (2018): «Toward an infrastructure for data-driven multimodal communication research». *Linguistics Vanguard*, 4(1).

Storjohann, P. (2005): «Corpus-driven vs. corpus-based approach to the study of relational patterns», *Proceedings of the Corpus Linguistics Conference*. Birmingham: University of Birmingham, pp. 1–20.

Stubbs, M. (1987). *Análisis del discurso: Análisis sociolingüístico del lenguaje natural*. Madrid: Alianza Editorial.

Stukenbrock, A. (2014): «Pointing to an 'empty' space: Deixis am Phantasma in face-to-face interaction», *Journal of Pragmatics*, 74, pp. 70–93

Subtirelu, N. C. y Baker, P. (2017): «Corpus-based approaches» en Flowerdew y Richardson (eds.), *The Routledge handbook of critical discourse studies*. Londres: Routledge, pp. 106–119.

Summerley, R. (2020): «The development of sports: A comparative analysis of the early institutionalization of traditional sports and e-sports», *Games and Culture*, 15(1), pp. 51–72.

Tarín, M. L. B., Luisa, M. y Casado, L. R. (2011): «El trabajo colaborativo a través de la web: posibilidades y limitaciones» en *Univest 2011: III Congreso Internacional "La autogestión del aprendizaje". Girona.*

Taylor, T. L. (2012): *Raising the stakes: Esports and the professionalization of computer gaming.* Cambridge: The MIT Press.

Tejada Meseguer, P. P. (2019): *Análisis lexicográfico de la terminología traducida y adaptada al español del videojuego FIFA 19* [TFM]. Universitat Jaume I.

Torres Moreno, D. (2013): *El uso de préstamos y calcos como medio de inmersión cultural en la terminología militar de tres videojuegos* [TFM]. Universidad de Costa Rica.

Torruella, J. y Llisterri, J. (1999): «Diseño de corpus textuales y orales», *Filología e informática. Nuevas tecnologías en los estudios filológicos*, pp. 45–77.

Tree, J. E. F., Whittaker, S., Herring, S. C., Chowdhury, Y., Nguyen, A. y Takayama, L. (2021): «Psychological distance in mobile telepresence», *International Journal of Human-Computer Studies*, 151, pp. 1–10.

Tusón Valls, A. (1995): *Análisis de la conversación.* Barcelona: Ariel Letras.

UCI (2021): *Aniversario de Internet y la World Wide Web.*

Ulfe Ramírez, C. E., & Sec Brachowicz, Y. C. (2021): *Análisis de la terminología en español en el videojuego Dota 2* [tesis doctoral]. Universidad César Vallejo.

Unión Internacional de Telecomunicaciones (UIT) (2021): «ARPANET». *Wikipedia.* En línea, < https://en.wikipedia.org/wiki/ARPANET>

del Valle Agudo, D., Calle, J. y Martínez, P. (2006): «Enfoque Metodológico para Incorporar Conocimiento de Dominio a Sistemas de Diálogo Intencionales», *Procesamiento del Lenguaje Natural*, 37, pp. 25–32.

Van Dijk, T. (1977): «Context and Cognition. Knowledge frames and speech act comprehension», *Journal of Pragmatics*, 1, pp. 211–232.

Van Dijk, T. (1993): *Texto y contexto: semántica y pragmática del discurso.* Salamanca: Cátedra

Vicente-Mateu, J. A. (1994): *La deixis.* Murcia: Universidad de Murcia

Villalba Ibáñez, C. (2016): *Actividades de imagen, atenuación e impersonalidad en los juicios orales* [tesis doctoral]. Valencia: Universitat de València.

Villalta Páuca, M. A. (2009): «Análisis de la Conversación – Una propuesta para el estudio de la interacción didáctica en sala de clase», *Estudios Pedagógicos*, 1(15), pp. 221–238.

Wharton, T. (2017): «Paralanguage» en Barron, Gu y Steen (eds.), *The Routledge handbook of pragmatics.* Londres: Routledge, pp. 69–75.

Wiemann, J. M., & Knapp, M. L. (2017): «Turn-taking in conversations», *Communication theory*, 4, pp. 226–245.

Wilson, D. y D. Sperber (1993): «Linguistic form and relevance», *Lingua*, 90, pp. 1–25

WILSON, D. y D. Sperber (1994): «Outline of relevance theory». *Links & Letters*, (1), pp. 85–106.

WITTGENSTEIN, L. (1953): *Investigaciones filosóficas*. México: Trotta

WOODRICH, M. y Fan, Y. (2017): «Google Docs as a tool for collaborative writing in the middle school classroom.», *Journal of Information Technology Education: Research*, 16(1), pp. 391–410.

WU, Z. (2018): «Positioning (mis) aligned: The (un) making of intercultural asynchronous computer-mediated communication». *Language Learning & Technology*, 22(2), pp. 75–94.

WÜSTER, E. (2010): *Introducción a la teoría general de la terminología ya la lexicografía terminológica (Vol. 1)*. Barcelona: Documenta Universitaria.

YANG, L., Schiphorst, T. y Neustadter, C. (2017): «'Being home' over distance: Long distance couples and the use of telepresence robots», *Proceedings of the 2017 CHI Conference Extended Abstracts on Human Factors in Computing Systems (CHI EA '17)*, pp. 3027–3033. New York: ACM. En línea, doi>10.1145/3027063.3053240 [consulta: 10/09/2022].

YUS, F. (2001): *Ciberpragmática*. Barcelona: Ariel.

YUS, F. (2001): «El papel del contexto en la comunicación por Internet», *Jornades de Foment de la Investigació*. Universitat Jaume I.

YUS, F. (2002): «El chat como doble filtro comunicativo» en *Revista de Investigación Lingüística*, 5-2, pp. 141–169.

YUS, F. (2010): *Ciberpragmática* 2.0. Barcelona: Ariel.

YUS, F. (2011): *Cyberpragmatics: Internet-mediated communication in context*. Berna: John Benjamins Publishing Company.

YUS, F. (2014): «El discurso de las identidades en línea: El caso de Facebook», *Discurso & Sociedad*, (3), pp. 398–426.

ZAPATA, C. M. y Mesa, J. E. (2009): «Los modelos de diálogo y sus aplicaciones en sistemas de diálogo hombre-máquina: revisión de la literatura», *Dyna*, 76(160), pp. 305–315.

ZHAO, S., Djonov, E. y Van Leeuwen, T. (2014): «Semiotic technology and practice: A multimodal social semiotic approach to PowerPoint», *Text & Talk*, 34(3), pp. 349–375.

ZOEPPRITZ, M. (1985): *Computer talk? Technical Report TN 85.05*, IBM Heidelberg Scientific Center.

ZOLTAN-FORD, E. (1991): «How to get people to say and type what computers can understand», *International Journal of Man-Machine Studies*, nº 34, pp. 527–647

2. Videojuegos citados:

Aonuma, E.; Yoshiaki Koizumi; Shigeru Miyamoto; Tôru Ôsawa y Yoichi Yamada (dirs.) (1998): *The legend of Zelda: Ocarina of Time* (N64). Nintendo.

Beatrice, C. (dis.) (1999): *Faraón* (PC). Impressions Games y Break Away Games

Blizzard Entertaiment (2015): *Heroes of the Storm* (PC). Blizzard Entertaiment

Bungie Studios, Ensemble Studios, 343 Industries y Creative Assembly (2001): *Halo* (PC). Xbox Game Studios

Bushnell, N. (1972): *Pong* (Arcade). Atari

— , N. (1974): *Home pong* (Home Pong). Atari

Cadwell, T. y Oren Faz (dir.) (2009): *League of Legends* (PC). Riot Games

Capcom (1987): *Street Fighter* (Arcade). Capcom

— (1991): *Captain Commando* (Arcade). Capcom

— (1991): *Knights of the round* (Arcade). Capcom

CCP Games, Atari y Valve Corporation (2003): *Eve Online* (PC). Valve Corporation

CD Projekt RED (2015): *The Witcher III* (PC). CD Projekt RED

Dini, D. (1988): *Kick Off* (Spectrum). Anco

Dugas, Jean-François (2016): *Deus Ex: Mankind Divided* (PC). Feral Interactive, Square Enix.

EA Vancouver y EA Rumanía (2019): *Fifa 2020* (PC). Electronic Arts

— y Electronic Arts (2020): Fifa 2021 (PC). Electronic Arts

Edwards, J. (dis.) y Ed Boon (dir.); Graeme Bayless (prod.) y Gavin Freyberg (prog.) (2019): *Mortal Kombat XI* (PC). NetherRealm Studios, QLOC, Shiver Entertainment

Fondaumière, G. (prod.); David Cage y Adam Williams (escrs.) (2018): *Detroit: Become Human* (PC). Quantic Dream, Sony Interactive Entertainment

Harada, K. (2015): *Tekken 7* (Playstation 4). Namco Bandai Games

Higginbotham, W. (1958): *Tennis for Two* (Arcade).

Howard, T. (2011): *The Elder Scrolls V: Skyrim* (PC). Bethesda Game Studios

Hudson, C. (2012): *Mass Effect 3* (PC). Bioware

Iwatani, T. (dis.); Shigeo Funaki (prog.) (1980): *Pac-Man* (Arcade). Namco

Jaleco (1987): *Psychic 5* (Arcade). Jaleco.

Karpyshyn, D. y M. Walters (2010): *Mass Effect 2* (PC). Bioware

Kitase, Y. (1997): *Final fantasy VII* (Playstation 1). Square Enix y Squaresoft

KRISTJANSON, L. y D. Karpyshyn (2007): *Mass Effect* (PC). Bioware y Demiurge Studios

LE, M. y Jess Cliffe (dis.) (2000): *Counter-strike* (PC). Valve Corporation.

METZEN, C Chambers, A. y B. Kindregan (2010): *Starcraft 2*. Blizzard Entertaiment

Metzen, C. y J. Phinney (1998): *Starcraft* (PC). Blizzard Entertaiment

MIYAMOTO, S. (1981): *Donkey Kong* (Arcade). Nintendo y Atari

NISHIKADO, T. (1978): *Space Invaders* (Arcade). Taito y Midway.

NOMURA, T. y Naoki Hamaguchi (2020): *Final fantasy VII: remake* (PC). Square Enix y Square Enix First Development Division

PARDO, R.; J. Kaplan, T. Chilton (dis.) (2004): *World of Warcraft* (PC). Blizzard Entertainment

RUBIN, J. (dir.) (1996): *Crash Bandicoot* (Playstation 1). Naughty Dog.

RUSSELL, S (1962): *Spacewar!*

SEARS y Atari (1980): *Pele's Soccer* (Arcade). Atari

STREET, G. (dir.); Angelo Laudon (prog.) y Chris Ruppy (prod.) (1999): *Age of Empires II* (PC). Microsoft Game Studios

SUPERCELL (2016): *Clash Royal* (Android). Supercell.

SUZUKI, Y. (1993): *Virtua fighter* (Mega Drive). Sega.

TECHNŌS JAPAN (1984): *Karate champ* (Arcade). Data East.

UEDA, Kazutoshi (dis.) (1981): *Lady Bug* (Arcade). Universal Entertainment.

VALVE CORPORATION (2007): *Team Fortress 2* (PC). Valve Corporation

— (2013): *DOTA 2* (PC). Valve Corporation

— (2019): *NBA2k20* (PC) 2kGames

WEST, J. (dir.) (2005): *Call of Duty 2* (PC). Infinity Ward y Aspyr Media

WESTONE BIT ENTERTAINMENT, Activision y Sega (1986): *Wonder Boy* (Arcade). Sega y Westone.

www.ingramcontent.com/pod-product-compliance
Ingram Content Group UK Ltd.
Pitfield, Milton Keynes, MK11 3LW, UK
UKHW021822290926
8980IPUK00004B/219

9 783631 910283